짱워 중국 운남성 관광여행 명소

이수헌 편저

中友

머리말

윈난(云南)에 대해 사람들은 읊기를 '꽃구름이 피어오르는 남쪽 땅이고, 돌아가고 싶은 마음의 고향이며, 그 어떤 표현으로도 이루 다 들어내 보일 수 없는 한 떨기 아름다운 땅'이라고 한다.

그러한 윈난의 매력에 솔깃하여 그곳엘 다녀온 지가 10년이 훌쩍 넘었다. 여행을 나서기 전에 관련 자료를 모아 스스로의 "운남성여행가이드"를 만들고 그것을 앞세워 운남성의 서부지역부터 동부지역으로 밟아 돌면서 기왕에 준비했던 가이드 내용을 복기하는 그런 여정이었고, 그렇게 마련된 내용을 책자로 엮어낸 것이 "짱워 중국운남성관광명소"였다.

운남성에 관한 여행자료들이 다양하지 않아서인지 졸작인 책이 품절 되고, 재판 발간이 언제쯤일지를 물어오는 일이 있어 이에 부응하고자 "짱워운남성관광여행명소"의 이름으로 판형을 달리한 수정판을 내기로 하였다.

돌이켜보면, 운남성의 볼거리들은 자연에 침잠해 있다가 알아보는 이가 나타나면 수줍은 듯 들어내 보이는 다소곳함을 지닌 것 같다. 메이리설산(梅里雪山), 샹그리라(香格里拉), 리쟝(丽江), 다리고성(大理古城), 시솽반나(西双半那), 노강(怒江), 운남삼림(云南三林: 石林·土林·热带雨林), 석회암동굴, 소수민족의 정겨운 풍정들이 아련하다.

자연경관과 풍속이 그리 빠르게 변해가는 것은 아니라 하더라도 10년이면 강산도 변한다고 했으니 기술된 내용에 현실과 괴리된 면도 없지않을 것 같아 염려도 되나 이 책이 윈난을 여행하는 분들에게 다소나마 도움이 되기를 바라는 마음이 앞서 이 책을 낸다.

2024 10. 저자 씀

Contents

云南省

01 여행지식

제1장 운남성의 위치와 지형	8
제2장 윈난의 모습	10
제3장 여행여건	32

02 권역별 관광

- 제1장 누쟝리수족자치주(怒江傈僳族自治州) ······ 48
- 제2장 바오샨시(保山市) ······ 69
- 제3장 더훙다이족징푸오족자치주(德宏傣族景颇族自治州) ······ 81
- 제4장 다리빠이족자치주(大理白族自治州) ······ 87
- 제5장 리쟝시(丽江市) ······ 117
- 제6장 디칭장족자치주(迪庆藏族自治州) ······ 157
- 제7장 린창시(临沧市) ······ 191
- 제8장 푸얼시(普洱市) ······ 194
- 제9장 시쐉반나다이족자치주(西双版纳傣族自治州) ······ 196
- 제10장 츄숑이족자치주(楚雄彝族自治州) ······ 218
- 제11장 쿤밍시(昆明市) ······ 234
- 제12장 위씨시(玉溪市) ······ 261
- 제13장 훙허하니족이족자치주(红河哈尼族彝族自治州) ······ 263
- 제14장 원샨쫭족자치주(文山壮族苗族自治州) ······ 275
- 제15장 취징시(曲靖市) ······ 278
- 제16장 쨔오통시(昭通市) ······ 281

03 부록

- 부록1. 윈난의 주요 볼거리 목록 ······ 284
- 부록2. 중국고유명사의 한국어 표기규준 ······ 289

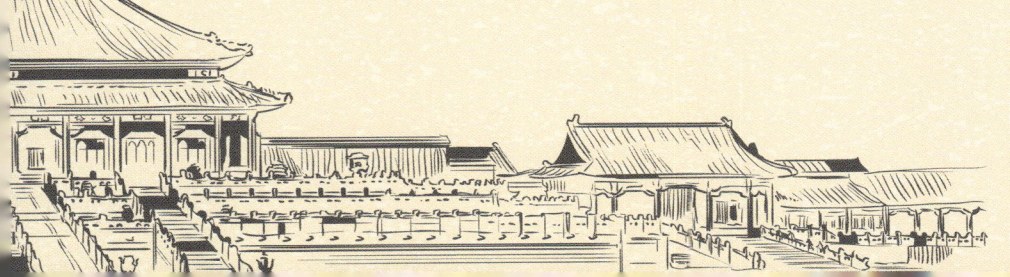

01부 여행지식

제1장. 운남성의 위치와 지형

제2장. 윈난의 모습

제3장. 여행여건

제1장
운남성의 위치와 지형

운남성(云南省, 윈난성)은 한반도의 2배 넓이로 성회(省会, 수도)인 쿤밍(昆明, 곤명)과 우리나라의 서울을 기점으로 놓고 볼 때, 어림잡아 동쪽방향으로 2,600km, 남쪽방향으로 1,410km 거리의 서남쪽에 위치해 있다.

운남성은 중국 남서부에 위치하고, 서쪽과 남쪽으로 미얀마와 라오스, 베트남과 경계를 이루며, 동쪽으로는 같은 중국의 광시 쫭족자치구(广西壮族自治区)와 귀주성(贵州省, 꾸이쬬우성)이 있고 북쪽으로는 사천성(四川省, 쓰촨성)과 서장자치구(西藏自治区, 씨짱/티베트)에 접한다.

이러한 윈난지역의 평면 모습은 얼핏 보기에 목에 걸어 입는 에이프런 앞치마 같기도 하다. 윗 단의 앞이 페인 양쪽 어깨로는 깃이 있고, 깃 아래쪽으로 내려오면서 치마폭이 살짝 펼쳐져 있는 느낌의 모양인데 왼쪽 깃 이곳이 헝두안 산맥(橫斷山脉)의 남쪽 자락이자 윈난성의 가장 높은 북쪽 끝의 시작인 것이다.

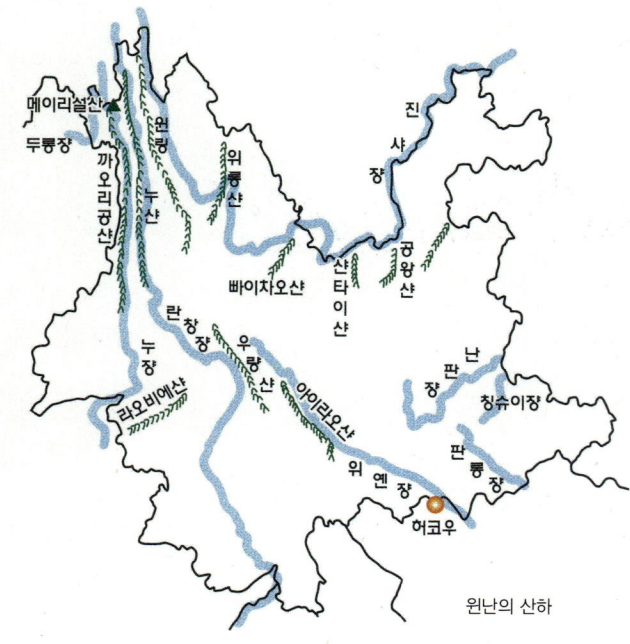

원난의 산하

형두안 산맥은 니앤칭탕구라산(年青塘古拉山)등 이제까지 동-서 방향으로 놓여있던 여러 산맥들의 동쪽 끝단이 남쪽 방향으로 휘어지면서 지형과 지층이 매수 복잡하게 뒤엉킨 지역으로 세계적인 지질박물관으로도 불리게 됐는데, 이 지역에 메이리설산(梅里雪山), 쌍거리라(香格里拉), 3강 병류(三江瓶流)등 명승지가 분포돼 있다.

티베트 고원에 내리는 비는 대체로 3줄기의 큰 강이되어 형두안산맥(橫斷山脈)을 뚫고 나오는데, 서쪽에서 동쪽으로 흘러 노강(怒江, 누쟝), 난창강(瀾滄江, 란창쟝), 금사강(金沙江, 진샤쟝)이 그들이다. 맨 동쪽의 진샤쟝(金沙江)은 형두안산맥(橫斷山脈)을 벗어나 쓰촨 분지(四川盆地)로 들어가 장강(长江, 창장강)의 상류가 되고, 난창강(瀾滄江, 란창쟝)은 남쪽으로 계속 흘러 운남성의 중서부를 적신후 라오스를 거쳐 남중국해로 들어간다. 또한 누쟝은 운남성의 서부가장지리를 흘러 내려오다가 미얀마로 들어간다.

한편 원난성의 중동부 수계(水系)는 그 물목이 원강(元江, 위엔쟝)이며, 모인 물 역시 남쪽으로 흘러 베트남으로 들어간다.

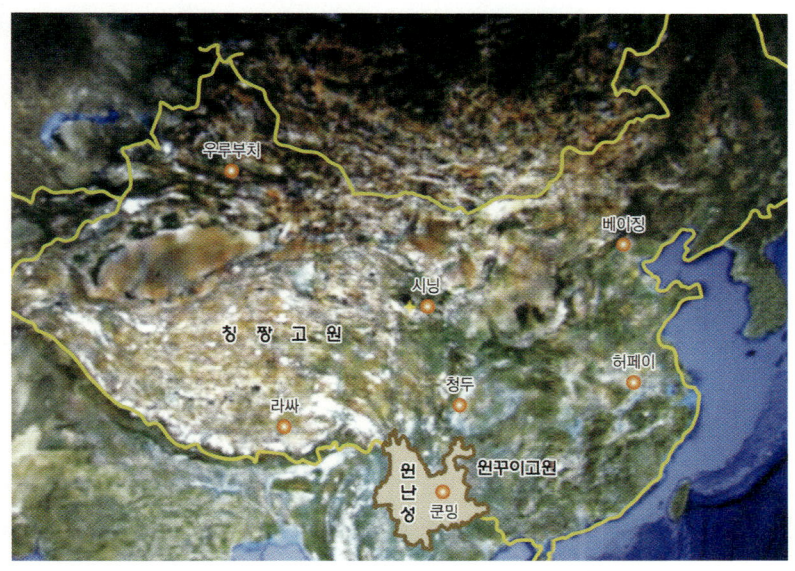

원난의 지리적 위치

1부 여행지식_ 9

제2장
윈난의 모습

가. 정서

윈난은 그 이름부터가 친근하게 다가온다. 그리고 사람들은 이곳을 일러 "꽃구름이 피어오르는 남쪽 땅(彩云之南)"이라고 하는데 인색하지 않다. 이는 아마도 이 고장이 천지조화가 미치지 않은 곳이 없으리만치 아름답고 신비하기 때문일 것이다.

카거부어펑(卡格博峰)을 일년 내내 덮고 있는 눈, 동촨(东川)의 눈부시게 아름다운 붉은빛 흙, 기기괴괴한 모양의 석림(石林), 유유히 흐르는 챵쟝(长江) 상류의 여유로운 구비, 모양도 가지가지인 동물과 식물, 소수민족의 각가지 사는 모습 등, 이 모든 것들이 윈난 땅을 밟는 사람들에게 색다른 감흥을 불러 일으킨다.

윈난땅에 들어와 발품을 팔아가며 이곳저곳을 둘러보는 가운데 이 고장에 대한 애착과 미련은 그 깊이를 더하게 된다. 짙푸른 하늘과 황금빛 유채꽃바다, 소용돌이치며 내달려가는 강물, 험준하고 웅장한 고산협곡, 들판에 떠있는 아름다운 마을들, 전통복장의 소수민족 소년소녀들의 천진난만한 미소, 거

칠지만 순박해 보이는 사람들의 무뚝뚝한 친절 ..., 이런 것들에 매료되어 이국만리(异国万里)가 그렇게 멀게 느껴지지 않는다.

 윈난의 4계(四季)는 저마다 나름대로의 풍치를 지니고 있다. 윈난이 언제가 봐도 좋은 이유이기도 하다. 윈난의 4계절이 연출하는 그곳 자연의 아름다움은 보는 이의 심금을 울린다. 마바리장사꾼들이 지나다녔을 차마고도(茶马古道)의 산길을 걸을 때, 밀림 속에 꽁꽁 숨어있는 듯한 마을과 마주할 때, 아슬아슬한 절벽 길을 타고 넘을 때, 고색이 창연한 옛 성을 유유자적의 마음으로 거닐 때, 쿤밍호(昆明湖)에서 뱃놀이를 할 때, 루구호(泸沽湖)에 뜨는 달을 구경할 때 ..., 그럴 때마다 느껴지는 그 고요함, 그 편안함, 그 순박함, 그 아득함은 어디선가 한 번쯤은 느껴봤음직하고, 그 찬란함, 그 아름다움, 그 매력, 그 다양한 자태는 마치 한 편의 채색영화를 보는 듯하다.

 쿤밍에서는 대도시의 조금쯤은 사치스런 겉 치례를 보게 되고, 다리(大理) 사람들의 온정 넘치는 분위기는 낭만이 깃든 한 편의 시(诗)이다. 리쟝고성(丽江古城)의 마을 안을 여러 갈래로 나뉘어 흐르는 냇물이 집집마다에 안부를 전하듯 훑고 지나가는 것을 볼 때면 가슴에 이는 잔잔한 감동이 느껴지고,

다이족(傣族) 사람들의 대나무다락집 지붕에서 바람에 한들거리는 호롱 박 넝쿨손은 자신도 모르게 발걸음을 가볍게 한다. 천상도원(天上桃园)이라는 썅거리라(香格里拉)의 설산 방목지는 사람들로 하여금 평생 그곳에서 살아도 좋겠다는 마음을 갖게 하고, 누쟝(怒江) 대협곡과 헝두안산맥(横断山脉)의 험준함을 보면서는 자신이 한없이 왜소해짐을 느낀다. 배낭을 메고 길을 걷다가 불쑥 예기치 않은 마을에 맞닥뜨릴 때면 마치 깊은 꿈속에서 먼지 쌓인 천년 역사가 일거에 몰려온 것 같은 느낌이 들면서 자신도 모르게 그 안으로 빨려 들어간다. 이러한 경지가 사람들로 하여금 윈난땅을 오색구름이 피어나는 남쪽의 땅, 흐르는 강물위의 한 떨기 꽃, 온갖 자태의 봉미죽(凤尾竹), 광대무변의 화폭, 기풍이속(奇风异俗)의 고장이라 부르게 하는가 보다.

윈난을 여행하면서 자신이 마치 윈난이라는 그림 속에 들어가 있는 듯한 착각을 하게 된다는 말도 그리 큰 과장은 아닌 듯싶다. 윈난은 아직도 진행 중인, 영원히 끝나지 않을 미완성의 화폭이 아닌가 싶다.

나. 역사

윈난(云南)이라는 이름은 일찍이 서한(西汉, BC206~AD25) 때부터 있어왔다. 한무제(汉武帝, BC141~BC87)가 지금의 다리자치주(大理自治州)의 샹윈(祥云)에 윈난(云南)이라는 이름의 현(县)을 설치한 것인데, 당시 현의 이름을 윈난, 즉 운남(云南)이라고 한 데는 다음과 같은 두 가지 설이 있다.

> 현(县)의 서북쪽 100여리 되는 곳에 온종일 운무(云雾)에 묻혀있는 운산(云山)이라는 이름의 산이 있고, 현은 그 남쪽에 있어서 운남이라고 했다는 설이 그 하나이고, 다른 하나는 한무제가 꿈에서 백암(白岩, 지금의 大理 弥渡 / 다리 미도)에 상서로운 오색 꽃구름이 나타난 것을 보고, "꽃구름이 남쪽에 나타나는 걸 보니 그곳 사람들에게 좋은 일이 있겠다(彩云南现, 人以为祥)." 고 한 데서 비롯되었다는 것이다.

전국(战国, BC475~BC221)말년에 초(楚)나라의 장수 쫭쟈오(庄跤)가 이 지역에 들어와 디앤(滇, 전)이라는 이름의 나라를 세웠고, 당(唐, AD618~907)나라로부터는 이곳의 남소왕(南诏王)이 "윈난왕(云南王)"으로 봉해졌다. 이후 원(元, 1271~1368)나라 때에 이르러 윈난(云南)이라는 이름의 성(省)이 설치되었다. 윈난은 이렇듯 현(县)의 이름으로부터 시작하여 군(郡)을 거쳐 성(省)의 이름으로까지 되었는데, 그간의 천년 세월동안 계속하여 아름다움과 낭만을 지닌 이름으로 이어져오고 있다.

윈난은 인류기원지(人类起源地)의 하나이다. 이곳에서 윈모원인(元谋猿人) 화석이 발견되었으며, 고고학에서의 검증결과 170만 년 전의 것으로 확인되었다. 이 장구한 세월이 흐르는 동안 윈난에는 다채롭고 풍부한 관광자원이 쌓여왔다. 일년 내내 눈에 덮여있는 아름답고 웅장한 산천, 인간세계에 떨어져 내린 천상의 진주 같은 호수, 희귀동식물이 번창해가는 원시삼림, 유구한 역사문화와 수많은 문물고적, 화려하고 다채로운 민족풍정, 천년의 차마고도(茶马古道)와 촉신독도(蜀身毒道) 등이 그것으로 많은 사람들의 관심을 끌고 있다.

 여기서 잠깐

차마고도(茶马古道, 챠마구다오)

챠마구다오(茶马古道)는 중국 서남부 지역에 있는, 옛 마바리꾼들의 통행로(通行路)를 일컬음이다. 이 통행로는 말을 주요 교통수단으로 하는, 중국 서남부 민족의 경제 문화교류 통로였으며, 부탄·네팔·인도 등과의 민간 국제무역통로였다. 챠마구다오는 매우 특수한 개념의 지역을 일컬음이며, 이 지역은 세계적으로도 자연풍광이 장관이고, 문화적으로도 신비한 자연유산으로 명성이 나 있다.

챠마구다오(茶马古道)는 고대 중국의 서남변방에서 차(茶)와 말(马)을 서로 맞바꾸던, 물물교환의 시장에 그 기원을 두고 있다. 말(马)의 고장인 서역(西域)과 차(茶)의 고장인 중국의 서남지역 간에 서로 끌리듯 이어진 통로로서 당(唐, 618~917)·송(宋, 960~1279) 시대에 활기를 띠고, 명(明, 1368~1644)·청(清, 1616~1911) 시대에 흥성했으며, 2차 세계대전 중·후기에 가장 번성하였다.

챠마구다오(茶马古道)는 쓰촨(四川)에서 시작되는 촨짱(川藏:四川-西藏)과 윈난(云南)에서 시작되는 디앤짱(滇藏:云南-西藏)의 두 갈래 길이 있으며, 이들이 시짱(西藏)에서 만나 한편으로는 라싸(拉萨)에 이르고, 다른 한 편으로는 부탄·네팔·인도로 진입한 후 서아시아(西亚)의 끝인 홍해(红海)까지 이어졌다.

디앤짱챠마구다오(滇藏茶马古道)는 BC6세기 후반, 차가 많이 생산되던 윈난성의 쓰마오(思茅)와 푸얼(普洱) 지방에서부터 시작하여 다리(大理)·리쟝(丽江)·샹거리라(香格里拉)를 거쳐 시짱(西藏)으로 들어갔다. 당시 챠마구다오의 으뜸상품은 푸얼챠(普洱茶)였으며, 지금의 쨔오통(昭通)지방이 푸얼챠(普洱茶)의 집산지로서 그 위세를 떨쳤다.

챠마구다오(茶马古道)는 윈난고원(云南高原)에서 칭짱고원(青藏高原)으로 올라가는 길목의 헝두안산맥(横断山脉) 안에 들어있으며, 이 지역은 윈난(云南)·쓰촨(四川)·시짱(西藏)의 세 지역이 맞닿는 삼각지대(三角地带)이다. 챠마구다오의 비교적 잘 보존된 유적이 윈난성(云南省)의 리쟝고성(丽江古城) 부근에 있다.

슈위엔두다오(蜀身毒道, 촉견독도)

슈위엔두다오(蜀身毒道)의 '슈(蜀, 촉)'는 역사적으로 주대(周代)의 제후국으로 지금의 쓰촨성(四川省) 청두(成都)일대에 있었으며, 지리적으로는 쓰촨성의 다른 이름이기도 하다. 그리고 '위엔두(身毒, 견독)'은 옛날 인도(印度)를 일컫던 말이다. 슈위엔두다오는 그 이름대로 쓰촨(四川)과 인도(印度)를 잇는 중국 서남부지역의 실크로드(丝绸之路)로 윈난(云南)의 쨔오통(昭通)·취징(曲靖)·다리(大理)·바오샨(保山)을 지나 미얀마(缅甸)·비에트남(越南)·인도(印度)로 연결되었다. 옛날 이 길을 따라 중국의 비단과 대나무제품이 동남아와 인도로 나갔으며, 그곳 지역의 금(金)·은(银)·호박(琥珀) 등 귀금속들이 중국으로 들어왔다.

이 슈위엔두다오는 BC122년, 서역으로의 실크로드(丝绸之路)를 개척한 쨩치앤(张骞, 장건)이 아프간에 머물 때 인도를 통해 그곳 지역으로 들어온 중국의 비단과 쓰촨의 대나무제품을 발견하고, 그 이동경로를 추적하던 과정에서 밝혀진 길이다. 이 길의 대부분은 오늘날 현대식 도로로 발전해 있다.

중국의 대표적인 옛길 고도(古道)에는 위의 챠마구다오(茶马古道, 차마고도)와 슈위엔두다오(蜀身毒道, 촉신독도) 외에 실크로드로 알려진 쓰쵸우쯔루(丝绸之路, 사조지로), 당(唐)나라와 투판(吐蕃) 간의 교역로였던 탕판구다오(唐蕃古道, 당번고도), 그리고 멍구(蒙古) 고원의 남쪽초원과 북쪽초원을 통과하는 차오위옌쯔루(草原之路, 초원지로)가 있었다. 다음 그림은 이들 고도(古道)의 노선을 나타낸 것이다.

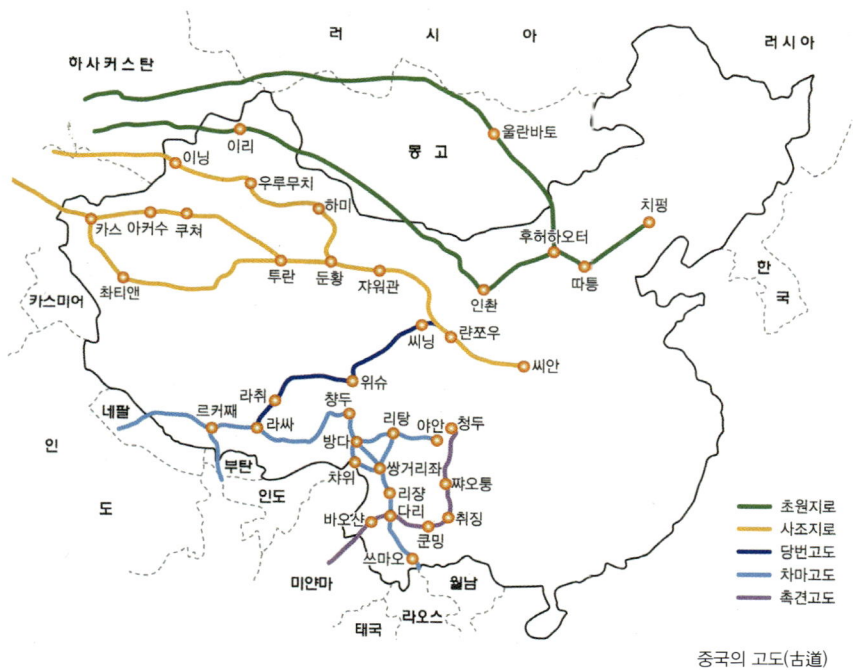

중국의 고도(古道)

다. 지리와 기후

윈난성(云南省)은 중국의 서남부 지역이며, 위도 상으로는 북회귀선(北回归线, 북위 23° 27″)에 걸쳐있다. 북회귀선은 추분(秋分)에 태양이 수직으로 내려쬐는 위도대(纬度带)이며, 동쪽으로는 광시(广西)·광뚱(广东)·타이완(台湾)이 있다. 윈난의 전체 면적은 39만4,000km² 로 우리나라 남한의 네 배 넓이이며, 전체 중국으로는 여덟 번째 크기이다.

윈난성(云南省)은 미얀마·라오스·비에트남 등 동남아시아 국가들과 경계를 이루고 있으며, 그 접경의 총 길이는 4,060km이다. 이 국경지대에 있는 윈난의 도시들은 국제적인 무역과 문화교류의 문호인 것이다.

윈난(云南)은 고원 산간지대로서 평탄한 지역은 그리 많지 않다. 전반적인 지세는 서북쪽이 높고, 동남쪽이 낮다. 가장 높은 지역은 시짱(西藏)과의 경계가 되는 더친현(德钦县)의 메이리샨(梅里山)이며, 그 주봉인 카거부어봉(卡格博峰)은 해발높이가 6,740m이다. 한편, 가장 낮은 지역은 베트남과의 경계가 되는 위옌쟝(元江)강 유역의 허코우현(河口县)으로 해발높이가 76.4m이다. 윈난고원(云南高原)을 하늘에서 내려다보면 서쪽으로부터 동(东)·남(南)·서(西)의 각 방향으로 계단을 이루며 낮아지는데, 전반적으로는 서쪽을 향한 반원형의 오르는 계단 같고, 그 기울기는 대체로 1km당 6m이다.

윈난(云南)은 위도가 낮고, 고원지대인 데다가 여러 갈래의 높은 산맥들이 있어 이곳의 기후는 매우 복잡하고, 특이하다. 윈난의 기후는 평면적으로는 저위도기후(低纬度气候)·계절풍기후(季节风气候)·고원기후(高原气候)의 특징이 있고, 수직적으로는 열대(热带)·온대(温带)·한대(寒带)의 기후를 나타낸다. 이른바, 입체기후를 나타내는 것이다.

윈난의 총체적인 기온분포는 남쪽이 높고 북쪽이 낮은데, 같은 고도에서의 남북간 기후차이는 중국대륙의 남쪽인 하이난다오(海南岛)와 동북쪽인 헤이롱쟝(黑龙江) 간의 기후 차와 맞먹는다. 예컨대, 윈난의 서남쪽 미얀마와의 국경지대인 시솽반나(西双版纳)로부터 윈난의 서북지역, 시짱(西藏)과 경계를 이루는 디칭(迪庆)까지의 약 1,000km 사이에는 열대(热带)·아열대(亚热带)·난온대(暖温带)·온대(温带)·한온대(寒温带)의 5개 기후가 모두 존재한다. 입체기후인 것이다. 이곳을 여행하는 사람들은 불과 며칠 만에 춘하추동 4계절의 전형적인 기후현상을 경험하는 것이다. 이러한 특징의 기후를 일컬어 사람들은 "한 자리의 산에 4계절이 모두 들어있고(一山分四季), 10리도 가기 전에 날씨가 달라진다(十里不同天)."고 말한다.

국지적으로 볼 때, 연간 기온 차는 그리 크지 않으나 기온의 일교차는 비교적 커서 겨울철과 봄철의 경우 하루 중의 기온차가 20℃까지 벌어지기도 하며, 비라도 오는 날이면 기온이 급작스레 떨어진다. 같은 지역이라 하더라도 수직고도에 따라 온도 차이가 많이 난다. 강수량은 많지만, 건기와 습기가 확연하게 구분되고, 강수량 역시 지역차가 크다.

윈난의 지역별 월별 기온분포를 보면 다음과 같다.

(표) 운난성 지역별 기온분포표 (단위: ℃)

구 분	쿤밍(昆明)	다리(大理)	시솽반나(西双版纳)	리쟝(丽江)	디칭(迪庆)
1월	7.7	8.6	15.7	5.9	-3.8
2월	9.6	10.5	17.7	7.5	-1.6
3월	13.2	14.5	20.9	10.4	1.7
4월	16.5	17.8	24.1	13.3	5.2
5월	19.3	20.3	25.6	16.6	9.5
6월	19.5	20.8	25.6	17.8	12.5
7월	19.7	20.8	25.8	18.1	13.2
8월	19.2	20.1	24.9	17.3	12.5
9월	17.6	18.5	24.4	16.0	11.1
10월	15.0	16.0	22.5	13.3	6.5
11월	11.5	11.7	19.3	9.0	0.8
12월	8.3	8.3	16.2	6.3	-2.9

라. 민족과 문화

윈난의 민족

윈난은 소수민족의 수가 가장 많은 성(省)이다. 한족(汉族) 외에 모두 51개의 소수민족이 살고 있으며, 그 중 25개의 소수민족은 5,000명 이상이 모여 사는, 자신들만의 거주지역을 가지고 있다. 또한 윈난 지역에서만 사는 소수민족도 15개나 된다. 다음 표는 중국의 56개 민족의 명칭과 인구 및 주요 거주지역을 정리한 것이다(2005년 기준). 윈난에만 있는 소수민족도 따로 열거 하였다.

(표) 중국의 민족 (인구단위: 천명)

한 글 명	한어명	병 음	한글발음	인 구	주요거주지역
아챵족	阿昌族	Achangzu	아챵쭈	34	윈난
백족	白族	Baizu	빠이쭈	1,858	윈난, 쓰촨
보안족	保安族	Baoanzu	빠오안쭈	17	깐수·칭하이 경계

한글명	한어명	병음	한글발음	인구	주요거주지역
포랑족	布朗族	Bulangzu	부랑쭈	92	윈난
포의족	布依族	Buyizu	부이쭈	2,545	꾸이쪼우
조선족	朝鮮族	Chaoxianzu	챠오시앤쭈	1,924	랴오닝, 지린, 헤이롱쟝
태족	傣族	Daizu	다이쭈	1,260	윈난
다우르족	达斡尔族	Dawoerzu	다워얼쭈	132	네이멍구
덕앙족	德昂族	De'angzu	더앙쭈	15	윈난
동향족	东乡族	Dongxiangzu	동썅쭈	514	깐수
동족	侗族	Dongzu	동쭈	2,960	꾸이쪼우, 후난, 광시
독룡족	独龙族	Dulongzu	두롱쭈	7	윈난
오르죤족	鄂伦春族	Elunchunzu	어룬츈쭈	8	네이멍구
러시아족	俄罗斯族	Eluosizu	어루워스쭈	16	전국
오원커족	鄂温克族	Ewenkezu	어원커쭈	26	네이멍구, 헤이롱쟝
고산족	高山族	Gaoshanzu	까오샨쭈	4	타이완
흘로족	仡佬族	Gelaozu	거라오쭈	438	꾸이쪼우 윈난
하니족	哈尼族	Hanizu	하니쭈	1,253	윈난
카자흐족	哈萨克族	Hasakezu	하사커쭈	1,352	신쟝
한족	汉族	Hanzu	한쭈	13억	전국
혁철족	赫哲族	Hezhezu	허쪄쭈	5	헤이롱쟝
회족	回族	Huizu	후이쭈	9,820	전국
기낙족	基诺族	Jinuozu	지누워쭈	21	윈난
경파족	景颇族	Jingpozu	징포쭈	119	윈난
경족	京族	Jingzu	징쭈	23	광시
키르키즈족	柯尔克孜族	Ke'erkezizu	커얼커즈쭈	161	신쟝
라후족	拉祜族	Lahuzu	라후쭈	410	깐수, 칭하이
리수족	傈僳族	Lisuzu	리수쭈	570	윈난, 쓰촨, 시짱
여족	黎族	Lizu	리쭈	1,248	하이난
락파족	珞巴族	Luobazu	루워빠쭈	3	시짱

한글명	한어명	병음	한글발음	인구	주요거주지역
만족	满族	Manzu	만쭈	1,068	전국
모남족	毛南族	Maonanzu	마오난쭈	77	남부산간지
문파족	门巴族	Menbazu	먼빠쭈	50	시짱
몽고족	蒙古族	Mengguzu	멍구쭈	5,810	전국
묘족	苗族	Miaozu	먀오쭈	894	꾸이쪼우, 후난, 윈난
무라오족	仫佬族	Mulaozu	무라오쭈	207	광시
납서족	纳西族	Naxizu	나시쭈	325	윈난
노족	怒族	Nuzu	누쭈	29	윈난
보미족	普米族	Pumizu	푸미쭈	34	윈난
강족	羌族	Qiangzu	챵쭈	320	쓰촨
살라족	撒拉族	Salazu	살라쭈	105	칭하이
사족	畲族	Shezu	셔쭈	710	푸지앤, 쩌쟝
수족	水族	Shuizu	슈이쭈	345	꾸이쪼우
타타르족	塔塔尔族	Tata'erzu	타타얼쭈	5	신쟝
타지크족	塔吉克族	Tajikezu	타지커쭈	42	신쟝
토가족	土家族	Tujiazu	투쟈쭈	8,020	후베이, 후난, 꾸이쪼우
토족	土族	Tuzu	투쭈	241	칭하이
와족	佤族	Wazu	와쭈	350	윈난
위구르족	维吾尔族	Weiwu'erzu	웨이우얼쭈	987	신쟝
우즈벡족	乌孜别克族	Wuzibiekezu	우즈비에커쭈	14	신쟝
시브오족	锡伯族	Xibozu	시보쭈	190	랴오닝, 지린, 신쟝
요족	瑶族	Yaozu	야오쭈	2,637	광시, 후난, 윈난
이족	彝族	Yizu	이쭈	7,762	윈난, 쓰촨, 꾸이쪼우
유고족	裕固族	Yuguzu	위구쭈	14	깐수
장족	藏族	Zangzu	짱쭈	6,000	시짱, 칭하이, 깐수
장족	壮族	Zhuangzu	쫭쭈	16,179	광시, 윈난, 광뚱, 꾸이쪼우

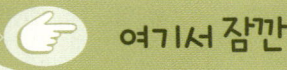

윈난에만 있는 소수민족

①빠이족(白族), ②하니족(哈尼族), ③다이족(傣族), ④리수족(傈僳族), ⑤라후족(拉祜族), ⑥와족(佤族), ⑦나시족(纳西族), ⑧징포족(景颇族), ⑨부랑족(布朗族), ⑩푸미족(普米族), ⑪누족(怒族), ⑫아창족(阿昌族), ⑬지누워족(基诺族), ⑭더앙족(德昂族), ⑮두룽족(独龙族)

윈난을 여행하면서 흠뻑 빠지게 되는 것은 그곳의 풍경도 풍경이려니와 그곳에 사는, 이들 소수민족의 독특한 분위기도 크게 한몫하는 것이다. 독특한 풍격을 지닌 그들의 가옥, 그들의 다채로운 옷차림, 생소하면서도 신비로운 그들의 축제행사, 아름답고 감동적인 그들의 신화 등 정신을 홀리지 않는 것이 없을 정도다.

이러한 저들의 문화와 사는 모습에 대하여, 도시생활에 젖은 사람들은 그것을 미개하고 낙후된 삶이라고 말하기도 한다. 그러나 그곳은 저들이 세세대대로 물려받은 삶의 터전이며, 조상대대로 전해오는 삶의 모습이 그대로 담겨있는 것이다. 도시 콘크리트 숲 속에서 살기위해 쫓기며 발버둥치는 사람들에게서 찾아볼 수 없는, 전통미덕으로서의 소박함과 남을 배려하는 마음들이 거기에는 옛 모습 그대로 남아있어 낯선 여행객을 편하게 한다.

윈난 사람들

총체적으로 볼 때, 윈난 사람들은 소박하고, 우호적이며, 자신들을 존중하는 사람들을 존중한다. 소수민족의 주거지는 대부분 산간오지의 외딴 곳에 있다. 길이 마땅치 않고, 그래서 평생 마을을 떠나 대처로 나와 본 적이 없는 사람들도 상당수 있다. 그들은 외지 사람들과 접촉해본 경험이 없기 때문에 낯선 사람과의 교류에 서투르다. 게다가 말이 통하지 않는 경우가 대부분이어서 본의 아닌 오해가 생길 소지가 참으로 많다. 하지만 성실한 태도는 말로 표현할 수 없는 그 이상의 효과를 거두기도 하고, 멋쩍어하는 웃음은 상대방의 이해를 이끌어내는 수단이 되기도 한다. 기본적으로 상대방을 존중하는 자세를 갖는 것이 상대방과의 좋은 관계유지를 위해 중요하다.

호기심은 누구에게나 있게 마련이다. 윈난 사람들도 자신들에게 호기심을 느끼는 사람들에게 호기심을 느낄 것이다. 그러한 표현의 하나일 수도 있겠는데, 여행객을 잡아끌기도 하고, 여행객의 장비에 손을 대는 등 무례하게 보이는 행동을 하기도 한다. 이러한 행동을 악의적인 것으로 보기보다는 인지상정인 호기심의 발로라고 이해하는 것이 편하다.

윈난은 지리적인 특수성으로 말미암아 마약단속을 엄하게 하는 지역이다. 어느 지역에서나 하루 24시간 그러한 단속이 지속되고 있음을 유의하고, 부당한 행위를 하지 않는 것이 자신을 안전하게 보호하는 길임을 명심해야 한다.

윈난의 문화

윈난의 문화유적은 그 역사가 유구하다. 고고학의 발굴조사로 입증된 바에 의하면, 린창시(临沧市) 창위옌(沧源)의 산간 절벽에 새겨진 무용도(舞踊图)는 신석기시대의 것이고, 쿤밍시(昆明市) 진닝현(晋宁县)의 석채산(石寨山)에서 출토된 취생악무(吹笙乐舞) 조각상과 위시시(玉溪市) 쟝촨현(江川县)의 이가산(李家山)에서 출토된 전인우무(滇人羽舞) 조각상은 그 뿌리가 신석기시대에 닿아 있는 윈난가무(云南歌舞)로 되어있다. 이렇듯 윈난 소수민족의 예술은 그 뿌리가 유구하다.

취생악무의 조각상

윈난가무의 한 장면

취생악무의 조각상

윈난의 40만km² 땅에는 종횡으로 놓인 대협곡이 있고, 그 안에는 면면히 이어 흐르는 강들과 하늘을 가리는 원시림들이 들어있다. 그곳에서 소수민족의 사람들은 일상적으로 정감이 넘치는 민가를 부름으로써 이웃하고 있는 사람들과 감정교류를 한다. 민가를 부르는 사람들 중에는 글을 모르는 사람들도 많다. 재치와 기억력으로 일상생활에서 소재를 얻고 간직했다가 그곳이 산천이든, 호수든, 목장이든, 산채든 간에 기회가 닿는 대로 구성진 음률에 실어 풀어내는 것이다.

이렇듯 민가가 저들의 생활 속에서 자연발생적으로 퍼져가는 가운데, 민족에 따라 형식화된 연극도 발전하고 있다. 대표적인 것으로 전극(滇剧)·백극(白剧)·장극(壮剧)·태극(傣剧)이 있고, 말(说)과 창(唱)으로 이어지는 화등(花灯)이라는 것도 있다.

윈난에는 불교·도교·이슬람교·천주교·기독교 등 세계적으로 널리 퍼져 있는 5대 종교가 있으며, 그 신도들도 고르게 많다. 그 중에 불교는 파리어계(巴利语系)·장어계(藏语系)·한어계(汉语系) 등의 3대파가 공존하는데, 이러한 예는 중국의 다른 고장에서 볼 수 없는 현상이다. 이렇듯 윈난에서는 어느 종교이든, 어느 종파든 간에 자유로이 신봉할 수 있으며, 토착신앙과도 잘 융화되고 있다.

마. 희귀동식물과 특산물

윈난은 땅이 넓고, 자연조건이 복잡하다. 이러한 여건에 기인하여 윈난에는 자연자원이 풍부하다. 진귀한 관상식물과 이름난 약재가 많으며, 독특한 모양의 조수(鸟兽)·물고기(鱼)·곤충(昆虫)들이 서식하고 있다. 윈난은 천연자원의 보고인 것이다.

중국의 고등식물 2만 6,000여 종 가운데 1만 8,000여 종이 윈난에서도 서식하고 있으며, 그 중에는 윈난에만 있는 것도 상당수 있다. 윈난에는 멸종의 우려가 있어 보호하는 식물 151종이 있는데, 이는 전국적으로 보호되는 식물 가짓수의 43%에 상당하는 규모이다.

윈난은 "죽림의 고향(竹林故乡)", "약재보고(药材宝库)", "향료박물원(香料博物园)", "균류대세계(菌类大世界)" 등의 애칭을 가지고 있다. 그 명성에 걸맞게 윈난에는 4,700여 종의 약용식물이 있으며, 수출량도 전국 으뜸이다. 365종의 향료식물이 있으며, 관상화훼도 유명하다. 윈난의 8대 명화로 용담(龙胆) · 백합(百合) · 란화(兰花) · 산다(山茶) · 두견(杜鹃) · 보춘(报春) · 녹용고(绿绒篙) · 옥란(玉兰) 등이 꼽힌다.

용담화　　　　　　백합화　　　　　　란화

산다화　　　　　　두견화　　　　　　바오츈화

녹용고　　　　　　옥란

중국의 중점보호야생동물 335종 중 199종이 윈난에도 서식하고 있으며, 그 중에는 윈난에만 있는 것도 상당수가 있다. 예컨대, 애기팬더(小熊猫)·공작(孔雀)·쌍각조(双角鸟)·쌍각코뿔새(双角犀鸟)·수압(水鸭)·적색들닭(原鸡)·흰공작(白孔雀)·공작꿩(孔雀雉)·붉은배공작(红腹孔雀)·삵괭이(豹猫) 등이다.

| 공작 | 수압 | 쌍각코뿔새 |
| 들닭 | 샤오송마오 | 삵괭이 |

윈난의 특산물로는 엽연초(烤烟), 금속공예품인 반동(斑铜), 다이족(傣族)의 채색무늬 공단 등과 더불어 천마(天麻)·동충하초(冬虫夏草) 등 700종이 넘는 약재들이 있다.

바. 관광자원

윈난은 그곳만의 독특한 지리와 기후조건으로 말미암아 관광자원이 매우 풍부한 편이다. 그러한 자연경관에 소수민족의 민속풍정이 엮어내는 인문경관이 한데 어우러져 평생에 한번은 가봐야 할 고장으로 회자되고 있다. 다음은 윈난의 이름난 관광자원을 표로 정리한 것이다.

(표) 윈난의 관광자원

구 분	명 소	한글발음표기	중국어발음표기
세계급 관광자원	三江并流 保护区	삼강병류 보호구	싼쟝빙리유 바호후취
	丽江 古城	려강 고성	리쟝 구쳥
	西双版纳	서쌍판납	시솽반나
	哀劳山	애로산	아이라오샨
	剑川寺 登街	검천사 등가	지앤촨스 덩지에
	陆良 九乡	육량 구향	루량 지유쌍
국가급 삼림공원	昆明 金殿	곤명 금전	쿤밍 진디앤
	棋盘山	기반산	치판샨
	宜良 小白龙	의량 소백룡	이량 샤오바이롱
	寻甸 钟灵山	심전 종령산	쉰디앤 쫑링샨
	石林 圭山	석림 규산	쉬린 꾸이샨
	曲靖 富源 十八连山	곡정 부원 십팔련산	취징 푸위옌 쉬빠리앤샨
	曲靖 沾益 珠江源	곡정 첨익 주강원	취징 짠이 쮸쟝위엔
	曲靖 罗平 鲁布革	곡정 라평 로포혁	취징 루워핑 루부거
	曲靖 陆良 五峰山	곡정 육량 오봉산	취징 루량 우펑샨
	玉溪 新平 磨盘山	옥계 신평 마반산	위시 신핑 무어판샨
	易门 龙泉	역문 용천	이먼 롱취앤
	昭通 威信 天星	소통 위신 천성	쨔오통 웨이신 티앤싱
	昭通 水富 铜锣坝	소통 수부 동라패	쨔오통 슈이푸 통루워바
	红河 河口 花鱼洞	홍하 하구 화어동	홍허 허코우 화위동
	思茅 菜阳河	사모 채양하	쓰마오 차이양허
	临沧 五老山	임창 오로산	린창 우라오샨
	德宏 龙川 章凤	덕굉 용천 장봉	더홍 롱촨 쨩펑
	保山 腾冲 来凤山	보산 등충 래봉산	바오샨 텅충 라이펑샨
	大理 南涧 灵宝山	대리 남간 영보산	다리 난지앤 링바오샨
	大理 弥渡 东山	대리 미도 동산	다리 미두 동샨
	大理 祥云 清华洞	대리 상운 청화동	다리 쌍윈 칭화동
	大理 巍宝山	대리 외보산	다리 웨이바오샨
	楚雄 紫金山	초웅 자금산	츄숑 쯔진샨
	迪庆 德钦 飞来山	적경 덕흠 비래산	디칭 더친 페이라이샨

구 분	명 소	한글발음표기	중국어발음표기
국가급중점 풍경명승구	昆明 滇池	곤명 전지	쿤밍 디앤치
	石林	석림	쉬린
	大理	대리	다리
	西双版纳	서쌍판납	시솽반나
	玉龙雪山	옥룡설산	위룽쉐샨
	三江幷流	삼강병류	싼쟝빙리유
	建水 燕子洞	건수 연자동	지앤슈이 앤즈동
	泸西 阿卢古洞	로수 아로고동	루시 아루구동
	陆良县 九乡	육량현 구향	루량시앤 지유썅
	瑞丽江-大盈江	서려강-대영강	루이리쟝-다잉쟝
	腾冲 火山热	등충 화산열	텅충 훠샨러
국가급역사 문화명성	昆明	곤명	쿤밍
	大理	대리	다리
	丽江	려강	리쟝
	建水	건수	지앤슈이
	巍山	외산	웨이샨
국가급 자연보호구	西双版纳	서쌍판납	시솽반나
	高黎贡山	고리공산	까오리공샨
	白马雪山	백마설산	빠이마쉐샨
	苍山洱海	창산이해	창샨얼하이
	哀劳山	애로산	아이라오샨
	南滚河	남곤산	난군샨
	无量山	무량산	우량샨
	版纳河流域	판납하유역	반나허리유위
	澄江冒天山	징강모천산	딩쟝무오티앤샨
	怒江大峡谷	누강대협곡	누쟝다시아구
국가급 습지보호구	腾冲北海	등충북해	텅충베이하이
독룡들소종원 보호기지	怒江贡山	누강공산	누쟝공샨

구 분	명 소	한글발음표기	중국어발음표기
화산·토림	腾冲火山群	등충화산군	텅충훠샨췬
	屏边火山	병변화산	빙비앤훠샨
	元谋土林	원모토림	위엔모우투린
국가지질공원	云南 石林 岩溶峰林	운남 석림 암용봉림	윈난 쉬린 앤롱펑린
	云南 澄江 动物群 古生物	운남 징강 동물군 고생물	윈난 덩쟝 동우췬 구성우
	云南 腾冲火山地热	운남 등충화산지열	윈난 텅충훠샨디러
봉림·석림	个旧峰林	개구봉림	거지유펑린
	路南乃古石林	로남내고석림	루난나이구쉬린
	邱北 普者黑峰林峰丛	구북 보자흑봉림봉총	치유베이 푸쪄헤이펑린펑총
	广南 八宝峰林峰丛	광남 팔보봉림봉총	광난 빠바오펑린펑총
빙하	明永冰川	명영빙천	밍용빙촨
	乃诺戈汝	내낙과여	나이누워거루
	森林堡	삼림보	선린바오
	玉龙雪山冰川	옥룡설산빙천	위롱쉐샨빙촨
	哈巴雪山冰川	합파설산빙천	하바쉐샨빙촨
협곡·물굽이	怒江大峡谷	노강대협곡	누쟝다시아구
	虎跳峡	호도협	후탸오시아
	小江峡谷	소강협곡	쌰오쟝시아구
	裴脚深谷	배각심곡	페이쟈오선구
	长江第一湾	장강제일만	챵쟝디이완
	怒江第一湾	노강제일만	누쟝디이완

사. 윈난의 18괴(十八怪)

윈난은 그 독특한 지형·지세와 특수한 기후상황, 그리고 다채로운 민족풍정으로 말미암아 그곳에 사는 사람들의 풍속도 가지가지이다. 오랜 세월에 걸쳐 윈난 땅을 여행하는 사람들에게 생소하고 신기하게 보인 것들이 그들을 통해 바깥세상에서 되풀이 회자되는 가운데 자연발생적으로 윈난의 18괴(十八怪)라는 것이 뭉뚱그려졌다.

윈난제1괴 : 계란을 꾸러미로 엮어 판다(鸡蛋用草串着卖).

시골 사람들이 계란을 내다 팔 때 드다르기 편하게 풀이나 짚으로 10개씩 꾸러미를 짓는다. 계란을 사가는 사람들은 이 꾸러미를 벽에 걸어놓고, 계란이 필요할 때 빼내어 쓴다.

윈난제2괴 : 삿갓을 솥뚜껑으로 쓴다(摘下斗笠当锅盖).

윈난에는 대나무가 많다. 따라서 많은 생활용구를 대나무로 만들어 쓰는데, 그 중에 솥뚜껑도 있다. 그 솥뚜껑의 모양이 마치 다른 지방의 삿갓 같다하여 생겨난 말이다. 대나무로 만든 솥뚜껑은 통기와 보온이 잘되고, 대나무 향기까지 음식에 배어 정갈한 느낌을 갖게 한다.

윈난제3괴 : 모기 세 마리면 한 접시 요리가 된다(三只蚊子一盘菜).

윈난 대부분의 지역은 기온이 알맞아 일년 내내 모기와 파리가 기승을 부린다. 특히 들판이나 가축의 우리에 서식하는 모기들은 징그럽게 큰데, 그래서 사람들은 이를 과장하여 그렇게 말들 하는 것이다.

윈난제4괴 : 화통으로 담배를 핀다(火筒能当水烟袋).

일반적으로 화통은 함석을 둥글게 말아 만든 연통을 말한다. 윈난 사람들의 물담뱃대가 마치 화통 같다는 데서 연유된 말이다. 물 담뱃대는 빨아들인 담배연기가 담뱃대 속에서 물을 거쳐 입으로 들어오도록 만든 것이다.

물담배 흡연모습

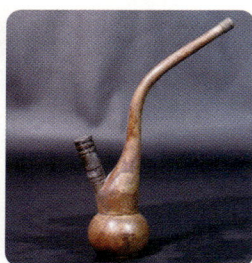

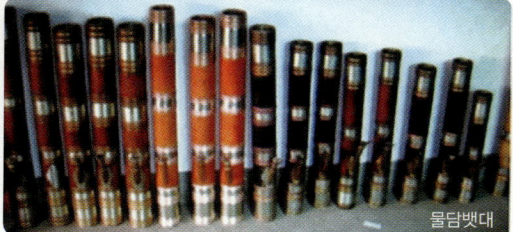
물담뱃대

윈난제5괴 : 참파를 얼콰이라고 한다(糌粑被叫做饵块)。

참파는 청과맥(青稞麦)의 볶은 가루를 소주차(酥酒茶)나 청과주(青稞酒)에 개어 만든 경단으로 티베트 장족(藏族) 사람들의 주된 음식이다. 얼콰이는 쌀을 원료로하는 경단으로 윈난 사람들의 간식거리이다. 윈난 쌀은 향기롭고 찰기가 있는데, 이것을 쪄서 메로 친 다음 길고 조붓한, 얼콰이라는 이름의 덩어리로 만들어 저장했다가 볶거나 찌는 등 여러 가지 방법으로 조리해 먹는다. 다른 지방 사람들의 눈에는 얼콰이와 참파가 같아 보이는 데서 비롯된 말이다.

윈난제6괴 : 아이를 낳아 업고서야 사랑을 속삭인다(背着娃娃谈恋爱)。

소수민족의 처녀들은 결혼식을 올리고 얼마간 시집에서 지내다가 친정으로 간다. 그리고 아이를 낳아 업고서야 시집으로 오며, 남편과 사랑을 나누며 함께 지내게 된다.

윈난제7괴 : 4계절 복장을 함께 입는다(四季服装同穿戴)。

윈난의 기후는 참으로 변덕스럽다. 낮과 밤의 기온차가 커서 흔히들 말하기를 냉탕과 온탕을 넘나드는 것 같다고 한다. 때문에 거리에 나서면 긴 옷과 짧은 옷, 두꺼운 옷과 얇은 옷 등 구구각색의 4계절 복장을 한 눈에 볼 수 있으며, 색채들 또한 다양하다.

윈난제8괴 : 메뚜기도 술안주가 된다(蚂蚱能作下酒菜)。

윈난의 곳곳에는 벌레를 즐겨먹는 사람들이 꽤 있다. 해충이 훌륭한 술안주가 되고, 곤충들을 맛있는 음식으로 만들어 먹는다. 메뚜기뿐만 아니라 심지어는 보기에도 징그러운 누리까지도 삶아서 술안주르 삼는다.

윈난제9괴 : 아가씨라고 부른 것이 아주머니를 부른 꼴이 된다
(姑娘被叫做老太)。

꾸냥(姑娘, guniang)의 발음에 있어 뒤 글자 "냥"의 꼬리를 길게 하여 끌어올리면 손위의 부인을 부르는 의미가 되고, 꼬리를 짧게 하여 낮추면 미혼의 아가씨를 의미한다. 그런데, 윈난의 일부 지역에서는 그러한 발음구분이 애매모호할 뿐만 아니라 손위의 부인을 의미하는 구구(姑姑)와 한 세대 위의 나이든 부인을 의미하는 양냥(娘娘)을 함께 일컫기도 한다. 따라서 미혼의 아가씨를 다른 지방에서처럼 무심코 꾸냥(姑娘)이라고 부를 때 상대방은 나이가 든 부인으로 잘못 알아듣는 일이 생긴다.

윈난제10괴 : 4계절 꽃이 지지 않는다(鲜花四季开不败).

한겨울 섣달, 북부지방에 한설이 분분해도 윈난의 산하는 푸르고, 온갖 꽃이 만발해 있다.

윈난제11괴 : 할머니가 원숭이보다 산을 더 잘 탄다(老太太爬山比猴).

윈난에는 높은 산과 깊은 계곡이 많고, 그곳에 사는 부녀자들은 어릴 때부터 일상적으로 산에 올라 나무를 해 내리는 등 힘든 일을 한다. 때문에 몸은 단련되어 강건하고, 다리 근육은 탄탄하다. 나이 7,80이 넘어도 평지를 걷듯 산에 오른다.

윈난제12괴 : 새 신발에 뒤꿈치를 덧대다(新鞋后面补一块).

소수민족의 부녀자들은 수를 놓은 꽃신의 뒤꿈치에 곱게 수를 놓은 천을 덧대어 신는다. 보기에도 좋을 뿐만 아니라. 먼지나 진흙이 신발 속으로 들어오는 것을 방지하는 실용성도 있다.

윈난제13괴 : 자동차가 기차보다 더 빠르다(汽车还比火车快).

윈난에는 높은 산과 깊은 골짜기가 많기 때문에 철도가 지나가려면 완만하게 굽을 돌아 오르내려야 하는 곳 또한 많을 수밖에 없다. 이로 인해 윈난에서는 자동차가 기차보다 빠른 구간이 많다.

윈난제14괴 : 발가락이 일년 내내 신발 밖에 나와 있다(脚趾常年都在外).

윈난에는 도처에 고산준령이 있기 때문에 다니는 길의 불편함을 이루 다 말할 수 없다. 그러다 보니 발은 늘 땀에 젖어 있게 마련인데, 이 때 발가락을 내놓으면 그렇게 시원할 수가 없다. 그래서 사람들은 발가락을 신발 밖으로 내놓고 다니는 경우가 종종 있다.

윈난제15괴 : 아이들 돌보는 것은 남자들의 몫(娃娃全由男人带).

윈난에서는 예로부터 여인네들이 바깥의 고된 일을 해온 반면, 남정네들은 대부분 집에서 빈들거리며 아이들을 보살펴 왔다.

윈난제16괴 : 산굴은 선경마을이나 진배없다(山洞能跟仙境寨).

윈난에는 연자동(燕子洞) · 아루고동(阿泸古洞)과 같은 용동(溶洞)이나 산동(山洞)들이 많다. 이들 동굴의 내부는 그 풍경의 수려하기가 마치 신선들이 노닌다는 선경과 같다.

윈난제17괴 : 이쪽은 비가 오는데, 저쪽은 햇볕이 쨍쨍하다 (这边下雨，那边日洒)。

윈난에서는 종종 눈앞의 한쪽에서는 비가오고, 다른 한쪽에서는 햇볕이 쨍쨍한 현상을 목격하게 된다. 이런 현상은 윈난의 지리적 위치에서 비롯되는 변덕스런 날씨에서 비롯되는 것이다.

윈난제18괴 : 대나무쥐 네 마리면 자루가 찬다(四个竹鼠一麻袋)。

윈난의 산에는 대나무 밭이 많다. 자연히 죽순이 많게 마련인데, 이들 죽순을 먹고 사는 쥐들은 영양상태가 좋아 집쥐는 비교도 안 될 만큼 크고 투실투실하다. 이들 쥐를 재료로 하여 만든 요리는 닭이나 오리로 만든 요리보다도 훨씬 나은 산해진미로 꼽힌다.

 여기서 잠깐

대나무쥐

대나무쥐는 야생 외에도 인공으로 사육되고 있으며, 수익성이 좋아 농가소득 작목으로 각광을 받고 있다. 6월령이 경과하면 번식을 하는데, 1회에 3~8마리를 낳으며, 평균적으로 연간 10마리 정도를 분만한다. 품종에 따라 차이가 있으나 대체로 3개 월령일 때 0.5kg이고, 5개월이 되면 1kg에 이르며, 다 자랐을 때는 길이 16~23cm에 무게 2~3kg이 된다. 주로 션쩐•쮸하이•광쪼우•하이난•홍콩을 비롯한 남쪽 지방에서 연간 600여만 마리가 소비되고 있으며, 생고기 1kg에 100위안 정도의 시세(2009년)를 보이고 있다.

대나무쥐

상품화된 쥐고기

제3장
여행여건

가. 지역구분

원난성은 16개의 지급(地级) 행정단위로 나뉘어 있다. 또한 방위에 따라 8개 권역으로 나누기도 한다. 서쪽으로부터, 그리고 북에서 남으로 향해 진서북(滇西北), 진서(滇西), 진서남(滇西南), 진중(滇中), 진남(滇南), 진동북(滇东北), 진동(滇东), 진동남(滇东南) 등으로 나누는 것이다. 여기서 진(滇)은 원난성(云南省)의 간칭(简称)이다.

각 권역에 해당하는 지급행정단위는 다음 표와 같다.

원난의 지급 행정구역

(표) 권역별 지급행정단위

권역별	지급시(地级市) · 자치주(自治州)		
	명 칭	한글발음표기	중국어발음표기
진서북 (滇西北)	迪庆藏族自治州 怒江傈僳族自治州 丽江市	적경 장족 자치주 노강 이수족 자치주 려강시	디칭 짱주 즈쯔쪄우 누쟝 리수주 즈쯔쪄우 리쟝시
진서 (滇西)	大理白族自治州 保山市 德宏傣族景颇族自治州 临沧市	대리 백족 자치주 보산시 덕굉 태족 경파족 자치주 림창시	다리 빠이주 즈쯔쪄우 바오샨시 더훙 다이주 징포주 즈쯔쪄우 린창시

권역별	지급시(地级市) · 자치주(自治州)		
	명칭	한글발음표기	중국어발음표기
진서남(滇西南)	西双版纳傣族自治州 普洱市	서쌍판납 태족자치주 보이시	시솽반나 다이주 쯔쯔쪼우 푸얼시
진중(滇中)	楚雄彝族自治州 昆明市	초웅 이족자치주 곤명시	츄슝 이주 쯔쯔쪼우 쿤밍시
진남(滇南)	红河哈尼族彝族自治州 玉溪市	홍하 합니족 이족 자치주 옥계시	홍허 하니주 이주 쯔쯔쪼우 위시시
진동북(滇东北)	昭通市	소통시	쨔오통시
진동(滇东)	曲靖市	곡정시	취징시
진동남(滇东南)	文山壮族苗族自治州	문산 장족 묘족 자치주	원샨 쫭주 먀오주 쯔쯔쪼우

나. 여행적기

윈난의 여행시기와 관련하여 고려할 요인으로 기상과 볼거리의 다양성을 들 수가 있다. 윈난의 대부분 도로는 산을 끼고 있는데다가 비포장이다. 때문에 5~10월의 우기에는 산에서 쏟아져 내리는 물로 도로가 유실되거나 산사태로 길이 막히곤 한다. 여행길이 지체되는 것은 차치하고라도 생명이 위험할 수 있다. 따라서 우기가 지난 10월부터 이듬해 4월까지를 여행적기로 볼 수 있다.

볼거리 면에서는 소수민족의 축제시기에 맞춰가는 것이 좋다. 소수민족의 생활수준도 이제는 많이 향상되어 평시에는 외지인과 마찬가지의 복장을 하고 있다. 따라서 축제 시기나 특별한 일이 아닌 때에는 저들의 색채 다양한 전통의상을 보기가 쉽지 않다. 소수민족의 축제는 대체로 봄철에 몰려있다.

다. 교 통

교통문제는 어디를 여행하든지간에 신경이 많이 쓰이는 사항이다. 윈난은 내륙에 위치하고, 산이 많은 편이지만 철도·도로·항공편이 결합된 운수체계가 확립되어 있어 교통은 비교적 편리하다. 시간과 경제사정을 고려하여 교통

수단을 정하면 된다.

항공편

쿤밍의 우쟈바(巫家坝) 공항은 중국의 5대 공항의 하나이며, 국제선과 국내선이 모두 들어온다. 중국 국내의 47개 도시가 항로로 연결되어 있으며, 성(省) 내에서도 징훙(景洪)·쓰마오(思茅)·린창(临沧)·쨔오퉁(昭通)·바오샨(保山)·루시(潞西)·쌍거리라(香格里拉)·다리(大理)·리쟝(丽江)의 9개 공항과 연결된다. 이들 공항은 윈난의 동서남북에 있는 관광명승지를 끼고 있다.

윈난은 관광명성(观光名城)이다. 관광 성수기가 되면, 단체관광객들이 비행기를 전세 내다시피 하기 때문에 표를 구하기가 매우 어렵다. 이런 경우를 대비해서 비행기표를 미리 예약해 두는 것이 바람직하다.

열차편

기차교통은 윈난에서도 일찍부터 발달하였다. 국제표준의 준궤철로(准轨铁路, 양쪽 레일 간의 노폭이 1,435mm인 철로로 관궤라고도 함), 미궤철로(米轨铁路, 노폭 1,000mm이상~1,435mm미만), 촌궤철로(寸轨铁路, 노폭762mm) 등 세 종류의 철도가 있었으며, 그런 배경에서 윈난이 철로박물관의 영예를 안고 있었다. 현재 촌궤는 철거되고 없다. 미궤철로는 쿤밍에서 월남과의 국경인 허코우(河口) 간 468km에 놓여 있는데, 이는 19세기 프랑스 등 외세가 중국을 침략할 때 부설한 것으로 화물열차만 운행하고 있다. 현재 준궤철로로 다시 놓고 있으며, 개통이 되면 윈난 홍허지역의 발전에 크게 기여할 것으로 전망하고 있다.

윈난의 도로와 철도

외지에서 윈난으로 들어오는 철도로는 ❶ 성곤선(成昆线: 成都-昆明), ❷ 귀곤선(贵昆线: 贵阳-昆明), ❸ 남곤선(南昆线: 南宁-昆明)이 있으며, 이들 철도를 통해 윈난성(云南省)에서 쓰촨성(四川省)·꾸이쬬우성(贵州省)·광시장족자치구(广西壮族自治州) 등지로 나가며, 전국 각지로 연결된다. 이들 간선철도 외에도 광대선(广大线: 广通-大理, 206km), 곤하선(昆河线: 昆明-河口, 468km) 등 관내에서 운행되는 철도노선들이 있다.

(표) 윈난의 철도노선

노 선	윈난성 성내의 경유지	관내거리 (km)
성곤선(成昆线)	쿤밍(昆明)-광통(广通, 츄숑시)-위엔모우(元谋, 츄숑시) → 쓰촨성(四川省)	250
광대선(广大线)	광통(广通, 츄숑시)-츄숑(楚雄, 츄숑)-난화(南华, 츄숑)-미두(弥渡, 다리빠이족자치주)-다리(大理)	206
귀곤선(贵昆线)	쿤밍(昆明)-탕즈(塘子, 취징시)-짠이(沾益, 취징)-거이토우(格以头, 취징)-쉬엔웨이(宣威, 취징) → 꾸이쬬우성(贵州省)	260
동천선(东川线)	탕즈((塘子, 취징시)-쉰디앤(塘子, 취징)-동촨(东,II, 쿤밍시)	83
반서선(盘西线)	짠이(沾益, 취징시)-푸위엔(富源, 취징) → 꾸이쬬우성(贵州省)	137
양장선(羊场线)	거이토우(格以头, 취징시)-시췌락(喜鹊乐, 취징)	54
남곤선(南昆线)	쿤밍(昆明)-쓰쫑(师宗)-루워핑(罗平) → 광시장족자치구(广西壮族自治区)	235
곤하선(昆河线)	이량(宜良, 쿤밍시)-카이위엔(开远, 홍허하니족이족자치주)-차오빠(草坝, 홍허)-허코우(河口, 홍허)	468
몽보선(蒙宝线)	멍즈(蒙自, 홍허하니족이족자치주)-지앤슈이(建水, 홍허)-바오슈이(宝水, 홍허)	142
곤옥선(昆玉线)	쿤밍(昆明)-진닝(晋宁, 쿤밍시)-위시(玉溪, 위시시)	64

대중교통편

윈난은 중국의 서남지역 요새이다. 이러한 지리적 위치로 말미암아 다른 내륙지방보다 일찍부터 교통이 발달하였다. 더욱이 근래에 들어 중국경제가 빠르게 발전하면서 이 지역의 도로망도 상당히 확충되었다. 성회인 쿤밍을 중심으로 하는 4통8달의 도로망이 성 내의 웬만한 지역은 대부분 망라한다. 또한 전국의 주요도시를 경유하는 국도가 쿤밍에 닿아있으므로 자동차편을 이용하는 윈난의 진출입도 편리하다. 윈난의 국도를 일별하면 다음 표와 같다.

(표) 윈난의 국도노선

국도번호	관외의 주요경유지	관내의 주요경유지	관내 도로길이
108	베이징(北京)-타이위엔(太原) -씨안(西安)-청두(成都)- 판쯔화(攀枝花)	판쯔화(攀枝花)-위엔모우(元谋)- 우딩(武定)-쿤밍(昆明)	478km
213	란쪼우(兰州)-청두(成都)- 이빈(宜宾)	이빈(宜宾)-짜오통(昭通)-쿤밍(昆明)- 위시(玉溪)-쓰마오(思茅)-무오한(磨憨)	1,438km
214	챵두(昌都, 西藏)-망캉(芒康)	망캉(芒康)-더친(德钦)-썅거리라 (香格里拉)-지앤촨(剑川)-다리(大理) -징훙(景洪)	1,343km
320	항쪼우(杭州)-난챵(南昌)- 챵샤(长沙)-꾸이양(贵阳)- 안쉰(安顺)	안쉰(安顺)-취징(曲靖)-츄송(楚雄) -다리(大理)-바오샨(保山)-루시(潞西) -루이핑(瑞平)	1,030km
323	간쪼우(赣州)-류쪼우(柳州)- 빠이서(百色)	빠이서(百色)-앤샨(砚山)-카이위엔 (开远)-지앤슈이(建水)-푸얼(普洱) -린창(临沧)	942km
324	푸쪼우(福州)-썅강(香港)- 난닝(南宁)-싱이(兴义)	싱이(兴义)-루워핑(罗平)-스쫑 (师宗)-이량(宜良)-쿤밍(昆明)	293km
326	비지에(毕节)	비지에(毕节)-취징(曲靖)-쉬린(石林) -카이위엔(开远)-멍즈(蒙自) -허코우(河口)	394km

윈난의 도로는 대부분 지형관계로 똬리 틀 듯 산을 돌며 오르내리는데, 이에 따른 위험이 만만치 않다. 따라서 윈난성 교통부는 차량의 안전운행을 위해 요소요소에 단속초소를 설치하고, 운행규정 위반여부를 철저하게 단속하고 있다. 교통수요자 입장에서는 그만큼 안전이 보장된다는 이야기가 된다.

윈난의 각 시주(市州)와 현(县) 간에는 정기노선버스가 다닌다. 윈난은 중국 국내에서도 제일 먼저 야간 장거리 침대버스가 운행된 성(省)이다. 침대버스의 침상과 침구는 중국 사람들의 평가로는 비교적 정갈하다. 야간 장거리 침대버스를 타면 시간도 절약되고, 숙박문제도 해결되기 때문에 자유여행자에게는 도움 되는 바가 크다. 주의해야할 것은 운행시간표가 수시로 바뀐다는 점이다. 매표소에 수시로 확인하고, 표를 미리 사두는 것이 좋다. 침대의 배열은 2층 3열이며, 자리는 되도록이면 앞쪽 아랫자리가 좋다. 맨 뒷자리는 5명이 정원이다. 나란히 눕게 되어있는데, 어쩔 수 없는 경우가 아니면, 뒷자리는 피하도록 한다.

일단 승차하여 침대에 오르면 신발을 비닐주머니에 담아 침상에 올려놓고, 다른 소지품과 더불어 잘 관리한다. 장거리 버스여행에서 신경 쓰이는 일 중의 하나가 용변(用便)이다. 되도록이면 여행 전에 덜 먹고 덜 마시는 것이 현명하다. 여행 중에 식사 때가 되면 운전기사는 음식점에 차를 댄다. 그 음식점은 운전기사의 단골집인 경우가 많고, 음식의 질은 떨어지면서 값은 비싸다. 따라서 요깃거리는 미리 사가지고 가는 것이 좋다. 식사 때는 차에서 멀리 떨어지지 않도록 한다.

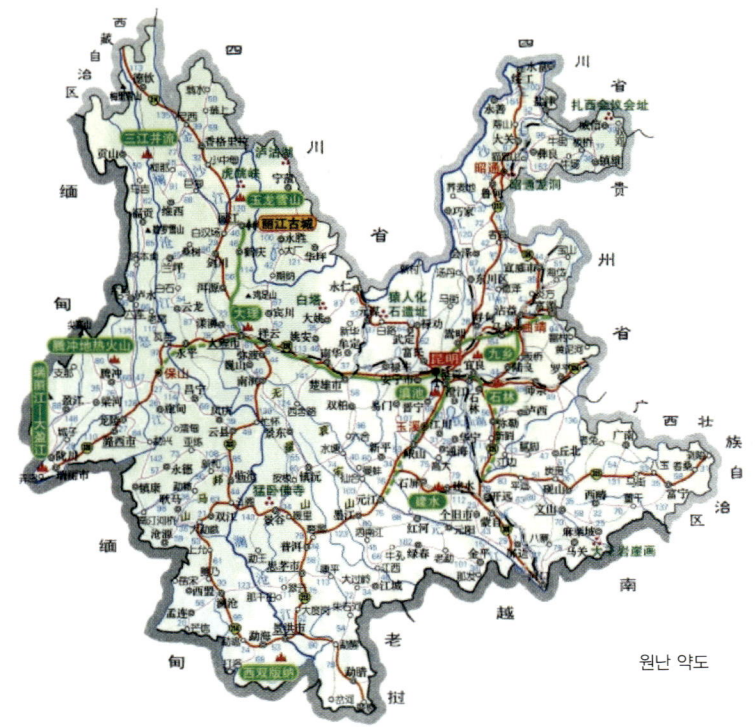

원난 약도

대절차편

대중교통편이 닿지 않는 곳이거나 새로 개발된 관광지는 교통이 불편할 수밖에 없다. 걸어서 가기에는 엄두가 안 나고, 설사 걸어서 간다 하더라도 오가는데 시간을 허비할 뿐만 아니라 걷느라고 지쳐서 막상 목적지에 도착했을 때에는 만사가 귀찮아질 터이다. 대중교통이 닿는다 하드라도 여행의 주된 목적이 사진을 찍는 것이라면 그 또한 불편한 것이다. 이런 사정을 배경으로 생겨난 것이 대절차(包车, Baoche, 바오쳐)이다.

바오쳐 또는 빠오쳐로 불리는 대절차의 차종은 일반적으로 지프차, 소형미앤빠오쳐(微型面包车), 소형승용차 등이다. 미앤빠오쳐는 그 이름이 중국 빵 미앤빠오(面包)에서 비롯된 것으로 차의 생김새가 미앤빠오 빵처럼 네모져 있다. 낯선 사람들과 함께 빠오쳐를 타게 되는 경우 사전에 요금분담, 식사와 잠자리에 있어서의 개별적인 사정 등에 관하여 협의해 두도록 한다.

대절차의 운전기사는 대부분이 그 지방 사람들이므로 지리에 밝고, 여러 가지 편리한 면이 있으나 유념해 둬야할 사항도 있다. 차 대절은 호텔이나 초대소에서 추천받는 것이 좋다. 대절료는 다소 비싸지만 만약에 사고가 났을 경우 추천한 측에서도 문제해결에 나서줄 수 있겠기 때문이다. 또한 운전기사들은 현지인들이기 때문에 행동이 분방할 때가 있다. 음주를 하지 못하도록 하고, 과속을 할 때는 주의를 환기시킨다.

자전거편

윈난을 자전거로 여행하는 경우, 산을 넘고 계곡을 건너는 데 장시간이 소요되므로 거리와 지리지형에 관하여 숙지하고, 필요한 준비에 만전을 기하도록 한다. 대부분의 관광지에는 자전거 대여소가 있다. 자전거를 빌려 타고 현지인들과 어울려 관광하는 것도 기억에 남을 일이다.

라. 숙 박

윈난을 여행하면서 숙소로 삼을 시설로는 호텔(饭店), 빈관(宾馆), 초대소

(招待所), 농가원(农家园) 등이 있다. 농가원은 우리나라의 관광농원과 그 개념이 유사하다. 이들 업소의 숙박비는 여건에 따라 차이가 많이 난다. 시내와 시외, 관광객이 많이 몰리는 곳과 덜 몰리는 곳, 성수기와 비수기 등에 따라 가격이 달라지는 것이다. 쿤밍(昆明), 징훙(景洪), 리쟝(丽江), 다리(大理), 썅거리라(香格里拉) 등과 같은 지역은 물가와 숙박비가 비싸다. 일반적으로 성급(星级) 호텔의 경우 별 하나가 늘어남에 따라 30~50위안정도 비싸진다.

호텔이나 초대소에서는 일반적으로 노래방과 오락시설을 운영하는데, 방을 잡을 때는 그런 시설로부터 떨어진 곳을 요구하는 것이 편안한 휴식을 위해 바람직하다. 대부분의 지역에서 말하는 "표준방(标间)"에는 침상 두개와 간단한 샤워설비, 그리고 텔레비전과 음료수 보관함이 있다. 입실 전에 설비의 상태와 상품의 수량을 업소 측 사람과 상호 확인해서 퇴실 시 불필요한 잡음이 나지 않도록 한다.

윈난에서는 태양열을 많이 이용한다. 대부분의 숙박업소에서는 태양열로 데운 물을 공급하는데, 그래서 흐린 날이나 비가 오는 날에는 더운물이 안 나오는 곳이 있다. 이런 경우에도 더운물이 공급되는지, 더운물 공급시간에 제한이 있는지를 확인해 둔다.

윈난에서 천막을 지참하고 여행하다가 야영을 하게 되는 경우, 반드시 현지 주민에게 양해를 구하도록 하고, 야영비를 받는 곳도 있으므로 주변정황을 잘 살펴서 대처하도록 한다.

마. 음 식

윈난의 음식은 그 맛이 신선하고, 향기로우며, 달콤하다. 또한 영양가가 높고, 연하며, 맛이 진하다. 북경요리의 산뜻함과 사천요리의 톡톡 쏘는 매운맛을 한데 아우르고 있다고도 한다. 윈난의 요리는 중국의 4대 요리만큼 이름은 나있지 않지만, 그래도 많은 사람들이 궈챠오미시앤(过桥米线, 과교미선), 치궈지(气锅鸡, 기과계), 버섯요리(菌类菜), 윈투이(云腿, 운퇴) 등 몇 가지는 기본적으로 알고 있다. 다음은 이들 요리에 관해 전해오는 이야기이다.

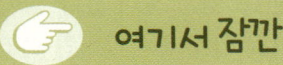

궈챠오미시앤(过桥米线)

궈챠오(过桥)는 다리를 건넌다는 의미이고, 미시앤(米线)은 쌀로 만든 국수이다. 멍즈(蒙自)지방 양(杨)씨 집안의 한 수재(秀才)가 매일 호수 한 가운데에 있는 호심정(湖心亭)에 나가 책을 읽었는데, 식사 때가 되면 그의 부인이 음식을 준비해 날랐다. 하루는 그 수재가 글 읽는데 푹 빠져 식사하는 것을 깜빡 잊었다. 그 부인이 그릇을 가지러 왔다가 다 식은 음식을 보고, 이를 다시 집으로 가져와 데우는 중에 문득 닭고기탕(鸡汤)을 떠올렸다. 질그릇에 끓인 닭고기 국물이 쉽게 식지 않는다는 데 착안한 것이다. 이 때부터 그 부인은 닭고기탕에 쌀로 만든 국수를 말아 호심정으로 내감으로써 남편으로 하여금 좀더 따끈한 식사를 할 수 있게 하였다, 세월이 지나면서 그러한 요리법을 배워 따라하는 사람들이 늘어났다. 그리고 그들은 이 음식을 일러 궈챠오미시앤(过桥米线)이라 했는데, 이는 그 수재의 부인이 호심정에 나갈 때 다리를 건넜다는 데서 비롯된 것이다.

치궈지(气锅鸡)

청(清)나라 6대 황제 건륭(乾隆, 1735~1796)이 지앤슈이현(建水县)을 순시하던 중에 이곳의 복득거(福得居)라는, 이름 있는 음식점에서 식사를 하게 되었다. 주방장 양리(杨沥)는 그 고장의 훠궈(火锅, 일종의 신선로)와 만두(馒头) 찌는 방법을 종합하여 "치궈지(气锅鸡)"라는 새로운 요리를 개발하여 황제에게 올렸다. 고기가 연하고, 국물이 시원한데다가 그 맛이 살아있어 황제가 그 요리를 극찬하였다. 이후로 윈난의 치궈지 요리가 사람들의 입에서 입으로 퍼져나갔는데, 오늘 날에는 여기에 동충하초(冬虫夏草)·삼칠초(三七草)·천마(天麻) 등을 추가하여 윈난 특색의 고급 자양강장요리로 발전시켰다.

사실 윈난은 여러 소수민족이 살고 있는 연고로 그들만의 특색 있는 요리가 많다. 윈난의 음식에 관심이 있다면, 지역요리·계절요리·고급요리·코스요리 등으로 범주화해서 경험해 보는 것이 좋다. 표는 이를 정리해본 것이다.

(표) 윈난의 명품요리

구분	요 리 이 름		
	중국이름	한글발음표기	중국발음한글표기
지역요리 (滇南)	建水草牙	건수 초아	지앤슈이 차오야
	石屛豆腐	석병두부	쉬핑도우푸
	蒙自过桥米线	몽자 과교미선	멍즈 궈챠오미시앤
지역요리 (滇东北)	菜豆花	채두화	차이도우화
	宽粉	관분	콴펀
	荞凉粉	교량분	챠오량펀
	酥红豆	소홍두	수홍도우
지역요리 (滇西)	砂锅鱼	사과어	샤궈위
	酸辣鱼	산랄어	수안라위
	丽江粑粑	려강파파	리쟝빠바
	剑川八大碗	검천팔대완	지앤촨빠다완
	弥渡卷蹄	미도권제	미두쥐앤티
	风吹肝	풍취간	펑츄이간
	藤冲大救驾	등충대구가	텅충따지유쟈
계절요리 (5~10월)	干巴菌	건파균	간바쥔
	鸡枞菌	계종균	지총쥔
	牛肝菌	우간균	뉘유간쥔
	青头菌	청두균	칭토우쥔
	奶油菌	내유균	나이유쥔
고급요리	滇味全羊席	전미정양석	디앤웨이취앤양시
	三七虫草气锅鸡	삼칠충초기과계	산치충차오치궈지
	丽江三叠水	려강삼첩수	리쟝산디에슈이
코스요리	壮族巴夯鸡	장족 파항계	쫭주 바항지
	哈尼族石头汤	하니족 석두탕	하니주 쉬토우탕
	傣族酸笋鱼	태족 산순어	다이주 쑤안순위
	傣族酸笋鸡	태족 산순계	다이주 쑤안순지

윈난은 기후가 온화하고, 비가 많이 오기 때문에 자연적으로 버섯이 잘 자란다. 윈난 특산의 식용버섯으로 우간버섯(牛肝菌)·양두버섯(羊肚菌)·간파버섯(干巴菌)·호두버섯(侯头菌)·계종버섯(鸡枞菌)·솔이버섯(松茸菌)·죽손버섯(竹荪菌) 등이 유명하다.

바. 일반정보

■ 언어

윈난의 소수민족 사람들은 기본적으로 한어(汉语, 중국어)를 한다. 특히 교통이 발달하고 경제가 발전한 지역 사람들은 대부분 푸통화(普通话, 표준 중국어)를 하며, 비록 그 말이 지방 티가 나기는 하지만, 푸통화를 할 줄 하는 사람이라면 알아듣는데 별 문제가 없다. 다만, 아주 오지에 사는 사람들의 경우 언어 소통이 어려워지는데, 꼭 필요한 경우 푸통화를 하는 현지사람들의 도움을 받으면 된다.

■ 금기사항

윈난에는 여러 소수민족이 살고 있다. 민족마다 고유의 종교와 습속 및 정서가 있는데, 여행자 입장에서는 당연히 그런 것들을 존중해야 한다. 구체적인 금기사항은 뒤에 언급이 있겠지만, 만약에 부주의해서 상대방의 노여움을 사게 된 경우 진정으로 사과하면 된다. 소수민족 사람들은 도량이 넓은 편이다.

■ 신분증과 수속

기본적인 신분증(외국인의 경우 여권) 외에 별도의 변방증(边防证)은 발급받지 않아도 된다. 국경을 넘어 가 하루나 이틀정도 체류하는 경우, 필요한 수속은 일반 출입국절차와 같다. 만약의 경우를 생각해서 여권사진 몇 장을 준비해 두는 것이 좋다.

■ 촬영

윈난에서는 카메라 필름을 사기가 어렵다. 따라서 필름을 쓰는 카메라의 경우 미리 충분한 량을 준비해 갈 필요가 있다. 오지에는 아직 전기가 들어가지 않는 곳이 있다. 충전기 외에 전지(电池)를 따로 넉넉하게 준비해 두는 것이 좋다. 전문적으로 사진을 찍기 위한 여행자라면 소요되는 렌즈와 장비를 준비하는데, 윈난고원은 자외선이 강렬하고 수시로 비가 오락가락하므로 장비를 보호할 수 있도록 사전에 대비한다. 디지털카메라를 사용하는 일반 여행자의 경우 충분한 용량의 메모리카드를 준비한다.

소수민족의 사원이나 사당에서는 일반적으로 사진 촬영이 금지돼있다. 또한 그들의 제사활동도 촬영금지사항이다. 꼭 필요한 경우 사전 교섭을 하도록 하며, 대가를 요구하는 경우도 있다. 절대로 슬그머니 촬영하는 일이 없도록 한다. 또한 그들이 찍힌 사진을 전해 받고자 한다면 받을 사람의 이름과 주소, 그리고 우편번호를 기록하고, 약속사항을 반드시 이행하도록 한다.

■ PC방

윈난에도 광범위하게 PC방이 보급돼있다. 다만, 그것이 오락위주이기 때문에 분위기상으로 업무를 할 수 있는 여건은 못 된다. 아직은 전화선을 통해 인터넷에 접속하는 형태가 많으며, 접속이 느리다. 불가피하게 PC방에 들어갈 경우, 소지품이라든가 안전에 유념한다.

■ 전화

쿤밍을 거점으로 하는 통신망이 전 성(省)에 깔려있다. 전화카드도 사용이 가능하므로 윈난에 들어오면 윈난성에서 통용되는 전화카드를 구매해 쓰는 것이 경제적이다. 전화카드나 핸드폰의 통화료 충진은 되도록이면 전화국이나 우체국에 가서 구매하는 것이 바람직하다. 시중의 작은 상점에서 구입할 경우에는 정품인지를 확인하도록 한다. 윈난에서도 시가지인 경우 큰 불편 없이 장거리전화나 국제전화를 할 수 있는데, 필요할 경우 우체국이나 공중전화 박스에서 하도록 한다. 자그마한 가게에서도 전자계비기(电子计费器)를 놓고 전화기를 빌려주는 경우가 있는데, 불가피하게 이 전화를 사용할 때는 사전에 요금을 확인하고, 계비기의 금액을 반드시 확인한다. 통화 중에 숫자가 껑충 뛰어넘는 경우도 있으므로 살피면서 통화하는 것이 좋다.

■ 우편

윈난의 대부분 지역에는 우체국이 있다. 이곳에서 편지도 부치고, 소포도 보내며, 장거리 전화도 할 수 있다. 다만, 기후와 도로사정이 고르지 않아 날짜가 많이 소요되기도 하므로 진공포장이 안 돼있는 식품류는 부치지 않도록 한다. 또한 외진 곳의 작은 우체국은 분실우려가 있으므로 이용을 안 하는 것이 좋다. 현지 사람들과 함께 찍은 사진을 보내고자 주소를 받는 경우 우편번

호도 반드시 확인해 두는데, 주소가 없는 사람의 경우 그곳의 향(乡)사무소로 보내면 전달된다.

■ 은행

도시에는 중국은행(中国银行)·공상은행(工商银行行)·농업은행(农业银行)·건설은행(建设银行) 등 여러 은행이 있으며, 농촌지역에는 농업은행이 많이 들어가 있다. 신용카드로 출금이 가능한데, 그래도 시골로 들어가는 경우에는 여의치 않을 수가 있으므로 쓸 만큼의 현금은 지참하는 것이 좋다. 현금인출기도 때로는 작동이 잘 안될 수가 있으므로 되도록이면 은행창구에서 출금하는 것이 안전하다. 현금인출 시, 그곳이 예금지와 다를 경우 소정의 수수료가 부과된다.

■ 안전문제

윈난 대부분의 지역은 치안상황이 양호한 편이다. 교통사고만 나지 않도록 신경을 쓴다면 별 문제는 없을 듯싶은 곳이다. 윈난 사람들은 대부분 친절하고, 어려울 때 도움을 받을 수도 있을 것이다. 하지만, 자신의 휴대품관리를 철저히 하고, 낯선 사람들에게는 조심한다. 특히 변방지역을 여행하는 경우, 안전에 유념하고, 모르는 사람에게는 절대로 짐을 맡기지 않도록 한다.

■ 물건흥정

소수민족 지역에서는 물건 값을 깎는 것이 현명하다. 적당한 선이다 싶으면 물건값 깎기를 멈춘다. 터무니없이 높은 가격으로 물건을 산 경우 항의한다고 해서 저들이 되 물려주는 일은 없다. 쓸데없는 감정싸움은 안하는 것이 좋다. 물건을 사고 대금을 주는 것은 그 자리에서 즉결하는 것이 좋다. 고액권으로 대금을 주고 잔돈을 거슬러 받는 것은 계산상의 착오도 있을 수 있는 등 바람직하지 않다. 사전에 잔돈을 준비해 두도록 한다. 귀찮을 정도로 따라붙으며 물건 사기를 요구하는 사람들에게라도 맞대놓고 심한 말은 하지 않도록 한다. 사지 않겠다는 태도표명을 확실하게 해둔다.

■ 기타

　도시에 있는 관광지에는 화장실이 있으며, 유료인 경우가 많다. 대체로 1회 사용료는 5각(角, 1위안을 200원으로 전제할 때 1각은 20원) 수준이다. 공항이나 대형마트 같은 곳의 화장실은 무료이다. 만약에 화장실이 없는 유원지에를 갔을 경우 주위 환경을 잘 살펴서 대처해야 한다. 일부 소수민족의 경우 삼림의 수목을 신성시해서 마을 주위의 숲에 함부로 들어가지 못하게 하는 곳이 있다. 이런 곳에서는 함부로 용변을 볼 수 없는 것이다.

사. 여행경비와 휴대품

　여행경비는 쓰기 나름이다. 배낭여행을 하는 경우, 마음가짐의 기본은 '구경은 많이 하되 경비는 아껴 쓰는 것'일 터이다. 여행경비는 크게 관광지 입장료, 교통비, 식비 및 숙박비 등으로 뭉뚱그려 볼 수 있다. 그리고 여행경비를 아껴서 쓰는 배낭여행에 그 수준을 맞췄을 때, 전체 경비에서 차지하는 비율은 대체로 1/3씩으로 본다.

　숙박비는 다소 불편이 따르더라도 안전이 확보되는 수준의 숙소인 경우 1박에 30~50위안 정도이고, 식비는 1일 30~60위안이면 꾸려나갈 수 있다. 최소한의 기준이라는 점과 숙박비와 식비가 전체 여행경비에서 차지하는 비율 등을 감안하면, 여행경비의 소요액을 추정해 볼 수 있을 것이다.

　휴대품은 가급적 필요성이 큰 것 중심으로 최소화한다. 지도·망원경·비옷·의류·카메라·비상약품 등은 빠뜨릴 수 없는 품목이다. 칼 따위는 열차나 버스 탑승 보안검색 때 압류되므로 주의한다. 의류는 4계절을 망라해서 입을 수 있도록 준비하고, 디지털카메라인 경우 메모리카드와 건전지의 용량을 충분히 확보한다.

02부 권역별 관광

제1장. 누쟝리수족자치주
　　　（怒江傈僳族自治州）
제2장. 바오샨시（保山市）
제3장. 더훙다이족징푸오족자치주
　　　（德宏傣族景颇族自治州）
제4장. 다리빠이족자치주
　　　（大理白族自治州）
제5장. 리쟝시（丽江市）
제6장. 디칭장족자치주
　　　（迪庆藏族自治州）
제7장. 린창시（临沧市）
제8장. 푸얼시（普洱市）

제9장. 시솽반나다이족자치주
　　　（西双版纳傣族自治州）
제10장. 츄슝이족자치주
　　　（楚雄彝族自治州）
제11장. 쿤밍시（昆明市）
제12장. 위씨시（玉溪市）
제13장. 훙허하니족이족자치주
　　　（红河哈尼族彝族自治州）
제14장. 원샨쫭족자치주
　　　（文山壮族苗族自治州）
제15장. 취징시（曲靖市）
제16장. 쨔오통시（昭通市）

제 1 장

누장 리수족자치주
怒江傈僳族自治州

1. 전체모습

누쟝리수족자치주는 윈난의 서쪽에서 미얀마와 경계를 이루며, 남북방향의 까오리공샨(高黎貢山)과 비루워쉐샨(碧罗雪山) 사이의 협곡을 흐르는 누쟝(怒江)의 양쪽 유역을 터전으로 한다.

누쟝자치주가 위치한 윈난의 서북부에는 서쪽으로부터 남북방향의 리카샨(力卡山)·까오리공샨(高黎貢山)·비루쉐샨(碧罗雪山)·윈링(云岭)의 네 산줄기가 차례로 놓여 있으며, 이들 산줄기가 세 갈래의 대협곡(大峡谷)을 이룬다. 서쪽으로부터 두롱쟝대협곡(独龙江大峡谷), 누쟝대협곡(怒江大峡谷), 란창쟝대협곡(澜沧江峡谷)들이 그것으로 고산심곡(高山深谷)에서 거세게 흘러내리는 물살은 참으로 장관이다. 그 중에서도 두롱쟝대협곡(独龙江大峡谷)은 지형이 독특한데다가 심한 오지여서 외지 사람들에게는 신비의 땅으로 불리고 있다.

누쟝대협곡(怒江大峡谷)이 세상에 알려진 것은 영국의 소설가 제임스 힐튼의 "쌍거리라(香格里拉)"를 추적하면서부터이다. 더칭(德庆)의 쫑디앤(中甸)이 쌍거리라로 선포되면서 누쟝협곡에도 관광객이 나타나기 시작했다. 그리고 세월이 흐르면서 그 순박한 고장이 상업적 요소로 오염될 우려가 높아지고 있는 것이다. 누쟝자치주에는 아직 관광지로 개발된 곳은 없다. 대부분의 지역에는 아직 진입로가 나있지 않다. 하지만 누쟝대협곡에서만은 사정이 좀 나은 편으로 강을 따라 움직일 수가 있다.

누쟝주(怒江州)는 전국적으로 하나밖에 없는 리수족자치주(傈僳族自治州)이다. 누쟝자치주는 지도상에서도 보듯이 주 전체가 누쟝(怒江)을 따라 네 부분으로 나뉜다. 북쪽으로부터 남쪽으로 내려오면서 공산두롱누족자치현(贡山独龙怒族自治县) · 푸공현(福贡县) · 란핑빠이족푸미족ス-치현(兰坪白族普米族自治县) · 루슈이현(泸水县) 등이 그것이다.

누쟝자치주의 행정관청 소재지는 루슈이현(泸水县)의 리유쿠(六库)이다. 누쟝 여행은 이곳이 시발지가 된다. 리유쿠의 시가지는 누쟝협곡을 따라 조성됐기 때문에 좁고, 길며, 밀집되어 있다. 누쟝의 남북 양쪽으로 조성된 시가지는 누쟝에 가로놓인 향양교(向阳桥) 다리를 통해 이어지는데, 현지 사람들은 다리가 놓인 북쪽은 "허베이(河北)"라 하고, 다리가 걸린 남쪽은 "허난(河南)"이라고 한다. 주의 정부가 있는 다리 북쪽은 비교적 번화하고, 시가지도 잘 정돈되어 있다. 이에 비해 다리 남쪽은 구시가지로서 썰렁한 감을 준다.

향양교

향양교 남쪽의 리유쿠

향양교 북쪽의 리유쿠

2. 특산물

누쟝자치주(怒江自治州)의 인구 48만 명 중 90%이상이 소수민족이다. 따라서 이 고장의 특산물도 소수민족의 색채가 강하다. 두롱탄(独龙毯)과 누궁(弩弓)을 꼽는다. 두롱탄은 누족 여인들이 야생마(野生麻)나 재배마(栽培麻)로부터 실을 뽑아 식물염료로 물을 들인 다음, 이 실을 틀에 걸어 짜낸 담요이다. 질기고 물이 스미지 않는데, 제조방법이 복잡하다. 그만큼 값도 비싸 한 장에 300~400위안을 받는다. 두롱마을에 들어갔을 때 기회가 되면 싼값으로도 살 수 있다.

두롱탄

누궁(弩弓)은 원시수렵도구로 쓰던 석궁으로 지금도 리수족과 누족의 사내들이 장식품으로 소지하기도 한다. 예전엔 리수족의 정초 민속행사 때가 아니면 살 수가 없었으나, 근래에는 관광 상품으로 생산되어 상점에 많이 나와 있다. 화살까지 합쳐서 100~500위안을 받는다.

옛 누궁

현대 누궁

3. 인문

누장리수족자치주 지역에는 누족(怒族)·두롱족(独龙族)·리수족(傈僳族)·푸미족(普米族) 등 소수민족이 많이 살고 있다. 누족은 오래전부터 누장협곡(怒江峽谷)에 살아오던 사람들로서 누장(怒江)과 란창강(澜沧江) 기슭에 그들의 삶터가 있다. 고대에는 두롱족(独龙族)과도 친속(亲属)의 관계가 있었던 것으로 보고 있다. 누족 사람들의 집은 하루 만에 뚝딱 지을 수 있을 정도로 간단하며, 또한 하루 만에 지어지지 않을 때는 불길한 징조로 보기도 한다. 집을 지을 때는 우선 뛰어내리기 좋을 만한 언덕에 기둥을 세우고, 대쪽으로 벽채를 친 다음, 꼭대기에 나무판자나 띠풀(矛草)을 얹는 것이다. 2층으로 짓는데, 아래층은 가축의 우리이고, 위층은 사람이 쓴다. 바깥 칸은 손님용이고, 안쪽 칸은 식구들이 살며, 식량 따위도 쌓아둔다.

누족 사람들은 부지런하고, 착하며, 낯선 사람들에게도 친절하다. 예의를 차리고, 상부상조하며, 음악을 좋아한다. 누족 사람들에게는 "시앤화지에(鲜花节)"라는 전통명절이 있다. 음력 3월15일이면 누족 사람들은 옷갓을 차려입고 제사음식을 준비하여 공산현(贡山县) 봉다향(棒打乡) 부근의 공당야(贡当崖) 선녀굴에 모여 꽃과 음식을 바친다. 그리고 그 위의 샘에서 솟는 물을 마신 다음 축제를 벌인다. 누족도 티베트불교를 신봉하기 때문에 축제의 분위기는 짱족의 그것과 크게 다르지 않다. 다만, 누족 사람들은 닭고기를 먹지 않는다.

누족여인의 전통의상

두롱족여인의 전통의상

두롱족(独龙族)은 자칭 태양이 솟아오르는 고장에서 왔다고 한다. 역사에서는 그들을 "태고의 사람(太古之人)", "구인(俅人, Qiuren, 구족)"이라 적고 있다. 주로 두롱쟝(独龙江)의 강 양쪽 기슭에 자리를 잡고 산다. 두롱족의 전통복장은 두롱탄(独龙毯)이며, 일반적으로는 흑백의 마직포나 면포가 된다. 왼쪽 어깨와 겨드랑이로부터 가슴 앞으로 비스듬히 늘어뜨림으로써 왼쪽어깨와 오른쪽 팔을 들어 내 놓는다.

두롱족(独龙族)의 명절로는 유일하게 "카챠오와(卡雀哇)"가 있다. 일반적으로 섣달에 3일간을 잡아 축제를 벌인다. 첫날은 온 집안 식구가 모여 복을 비는 행사를 하고, 둘째 날은 산신에게 제사를 지내며, 셋째 날에 소를 잡아 하늘에 제사를 지내는 표우제천(剽牛祭天) 행사를 한다. 제천행사는 다음과 같이 진행된다.

두롱여인들이 제천행사에 쓸 소에 두롱탄(独龙毯)을 두르고, 오색이 찬란한 목걸이를 걸어준다. 온 마을 사람들이 치장된 소의 주위를 에워싸고 노래를 부르고, 춤을 춘다. 그러는 사이에 다른 한편에서는 소를 찌를 표우수(剽牛手) 대여섯 명이 동심주(同心酒)를 나누어 마신 후 춤을 추며 소의 주위를 맴돌다가 창으로 소를 가격하여 넘어뜨린다. 소의 머리는 잘라서 천신에게 제사를 지내고, 혓바닥으로는 점을 친다. 이런 의식이 끝나면 사람들이 덤벼들어 소를 해체한다. 쇠고기 수습이 끝나면, 남자들은 더러는 창을 들고, 더러는 누궁(弩弓)을 들고, 누구는 소머리를 등에 지고하여 일제히 표우춤(剽牛舞)을 춘다. 여인들과 아이들은 손에 손을 잡고 원을 그리며 궈쫘앙(锅庄)을 춘다. 그렇게 흥이 올랐던 춤판이 끝나고 저녁이 되면, 모닥불을 피워 올리고 고기와 술로 배를 채우면서 밤을 밝힌다.

표우제 행사

리수족(傈僳族)의 근원은 고창인(古羌人, 옛 창족인)이고, 당나라 때는 "栗粟(리수)"로 기록되기도 했다. 지금은 주로 누쟝리수족자치주(怒江傈僳族自治州)에 살고 있으며, 그 일부는 윈난 서북쪽의 리쟝(丽江), 윈난 서남쪽의 바오샨(保山), 쓰촨의 량샨(凉山) 등지에 살고 있다. 리수족 사람들은 창(唱)과 춤(舞)에 능하여 청춘남녀가 사랑을 속삭일 때도 창(唱)으로 하고, 감정을 교감할 때도 창(唱)으로 한다. 리수족 사람들의 이러한 성향이 다음과 같이 표현되고 있다.

> 盐不吃不行, 歌不唱不得。哪里有傈僳人, 那里就有歌。
> 소금을 먹지 않을 수 없듯이 노래를 안부를 수 없다.
> 那里有傈僳人, 那里就有歌。
> 그곳이 어디든 리수족 사람들이 있는 곳이라면 노래가 있다.

리수족 사람들은 해마다 츈지에(春节) 기간 중인 정월 초이틀부터 초이레 사이에 짜오탕후이(澡塘会) 행사를 한다.

짜오탕은 대중목욕탕을 일컬음이다. 일원근의 남녀노소 모두가 이부자리와 먹을 것을 준비해가지고 온천으로 온다. 천막을 치고 기숙하며 온천을 한다. 한해의 묵은 때와 피로를 모두 씻어내고, 새로운 한해를 꾸려갈 힘과 복을 듬뿍 받는다. 예전에는 남녀가 함께 온천욕을 하였으나 이제는 따로 한다. 목욕이 끝나면, 상도산(上刀山)·하화해(下火海)·활쏘기(射弩弓)·그네타기(打秋千) 등의 시합과 가무경연을 벌이며 날을 밝힌다. 상도산(上刀山)은 검을 촘촘히 박아놓고 맨발로 그 위에 올라가 걷는 경기이고, 하화해(下火海)는 불이 이글거리는 숯 판 위를 맨발로 걸어 건너는 경기이다.

리수족 사람들은 가리는 것이 많다. 여행자의 입장에서는 저들의 금기사항을 지켜주는 것이 도리이고, 그렇게 할 때 저들은 여행자에게 더욱 호감을 갖는다.

리수족 사람들의 금기사항

- 지팡이를 짚고 대문을 들어서지 않는다.
- 현관 앞에서는 반신반의하는 어투의 "아니!", "어!" 따위의 말을 하지 않는다. 불길하게 생각한다.
- 방에 들어가서는 아무데나 앉지 않는다. 주인이 지정해주는 자리에 앉는 것이 예의바른 것이다.
- 훠탕(火塘)의 받침대에 발을 올려놓지 않는다.
- 허락을 받지 않았으면, 제사활동을 엿보지 않는다.
- 집안에서는 휘파람을 불지 않는다.
- 쌍스러운 말로 남을 욕하지 않는다.

- 어른 앞에서 쌍스러운 말을 하지 않는다.
- 아이 낳은 지 한달이 안 된 집에는 함부로 들어가지 않는다.
- 뻐꾸기를 잡지 않는다.
- 신목(神木)은 베지 않는다.
- 여자는 생산도구를 만지거나 걸터앉지않는다.
- 개고기 당나귀고기 말고기를 먹지 않는다.
- 문지방에 걸터닫지 않는다.
- 술을 마시지 못하면, 사전에 주인에게 이야기한다. 술을 권하는데 말없이 안 마시면 주인을 무시하는 것으로 여기고 매우 불쾌하게 생각한다.

푸미족(普米族) 사람들은 윈난 서북부의 란핑(兰坪)·닝랑(宁蒗)·리쟝(丽江)·썅거리라(香格里拉)와 쓰촨의 앤위옌(盐源)·무리(木里) 등지에 살면서 축목업과 농업에 종사한다. 그들이 생산하는 직물(织物)과 대나무 용기는 이름이 나있다.

리수족여인의 전통의상

푸미족여인의 전통의상

4. 교통

누쟝자치주의 주정부(州政府)는 루슈이현(泸水县)의 리유쿠쪈(六库镇)에 있다. 리유쿠(六库)는 윈난의 16곳 지급(地级) 시주(市州)의 행정기관 소재지 중에서는 크기가 가장 작은 고장이며, 시가지는 한 시간 거리의 범위에 있다. 시내버스가 있기는 하나 이용할 필요성을 그렇게 크게 느끼지 않으며, 택시요금은 거리에 따라 5위안 또는 10위안이다.

리유쿠(六库)에는 세 곳의 시외버스 터미널이 있다. 다리(大理)·바오샨(保山)·텅충(藤冲)·푸공(福贡)·공샨(贡山) 등지로 이어지는 버스가 리유쿠윈쨘(六库运站)·루슈이씨앤커윈뤼요우꽁쓰(泸水县客运旅游公司)·리유쿠쟈오퉁윈슈지투안꽁쓰(六库交通运输集团公司) 등의 터미널에서 뜬다. 행선지에 따라 어느 터미널에서 출발하는지와 출발시각을 사전에 확인해두도록 한다.

누쟝에서의 여행은 대절차를 이용하는 것도 편리하다. 누쟝자치주의 남단인 리유쿠(六库)에서 300km거리인 북단의 빙쫑루워(丙中洛)까지 지프차를 대절할 때 요금은 450위안이다. 유의해야 할 점은 도로사정이 좋지 않다는 점이다. 비가 오면 진흙탕이 되고, 맑은 날에는 먼지투성이가 된다. 도로사정으로 꼼짝 못할 경우도 있으므로 경비와 시간의 여유를 갖도록 한다.

5. 숙박

누쟝에서의 숙박업소는 선택의 폭이 넓은 편이다. 일부 초대소(招待所)의 경우 1인당 10~15위안인 곳도 있고, 일반적으로는 2인1실인 경우 50~80위안이다. 3성급 호텔도 200위안을 넘지 않는다.

6. 먹을거리

중국 서남부지역의 일반적인 미씨앤(米线)이나 촨차이(川菜, 쓰촨요리)는 역시 이 고장에도 있다. 이 외에 이 고장 특유의 음식으로 씨아라(侠辣, 협랄)·공라(巩辣, 공랄)·쉬반바바(石板粑粑, 석판파파)·츄지유(杵酒, 저주)·브오지판(簸箕饭, 파기반)·치요우둔지(漆油炖鸡, 칠유돈계) 등을 들 수 있다.

씨아라(侠辣)와 공라(巩辣)는 누족 사람들의 독특한 진수(珍馐) 음식이다. 잘게 썬 고기를 옻 기름(漆油)으로 볶아 노리끼리하게 됐을 때, 빠이지유(白酒)술을 붓고 뚜껑을 덮어 다시 끓여 만든다. 이 요리는 맛이 기이하고, 술로서도 독주이며, 몸을 거조하게 한다. 누족 사람들은 손님에게 이 요리를 즐겨 내놓는데, 인사치례로 먹는 음식임을 감안하여 너무 많이 먹지 않도록 한다.

쉬반바바(石板粑粑)는 돌판 위에다 구어 낸 떡이다. 빙쭝루워(丙中烙) 지방에서 나오는 돌(石片)을 프라이팬으로 삼아 훠탕(火塘)에 올려놓아 달군 다음, 메밀가루나 옥수수가루로 만든 반죽을 그 위에서 익혀낸 것이다. 구울 때 기름을 바르지 않아도 타거나 눋지 않고, 소금으로 간을 하거나 다른 조미료를 써서 맛을 내지 않더라도 이렇게 구어 낸 떡은 향기롭고 바삭바삭한 것이 맛이 좋다. 쑤요우차와 함께 먹으면 그 맛의 조화가 절묘하다.

츄지유(杵酒)술은 리수족 사람들이 담가먹는 막술로서 달콤새콤하며, 알코올 농도는 17~18도 이다. 이 고장 사람들의 말로는 이 술이 생동감을 느끼게 하고, 식욕을 돋운다고 하지만, 외지 사람들은 말하기를 야금야금 마시다가 자신도 모르게 흠뻑 취하는 술이라고 한다. 관광객들은 이 술을 우스개 말로 "씨아구피지유(峡谷啤酒, 협곡맥주)라고 한다.

브오지판(簸箕饭)은 이곳에 사는 리수족 사람들만이 먹을 수 있는 전통음식이다. 잘 삶은 쌀과 옥수수를 야채·감자·버섯, 그리고 잘 구어 익힌 닭고기·돼지고기를 함께 버무린 것으로, 보통 대나무 소쿠리에 담아놓고 먹는다. 먹을 때는 젓가락 대신 손가락으로 떼며, 생강과 파로 양념을 한 간장에 찍어먹는다. 본래는 설음식이었으며, 지금도 일부 지방에서 먹을 수 있다.

치요우둔지(漆油炖鸡) 역시 누쟝협곡의 리수족 사람들이 즐겨먹는 전통음식이다. 잘게 토막 낸 닭고기를 옻 기름(漆油)이 끓는 솥에 넣어 5~6분 정도 익힌 다음, 소주를 적당량 끼얹는다. 여기에 붓순나무열매(八果)·차오궈(草果)·소금·조미료 등을 넣고, 물을 적당히 잡아 2~3시간 곤다. 고기가 향기롭고, 연하며, 감칠맛이 있다.

7. 볼거리

다음은 비교적 잘 알려진, 누쟝(怒江)의 볼거리를 모은 것이다.

(표) 윈난의 명품요리

경 점	개 요	소재지
누쟝대협곡 (怒江大峡谷)	시짱(西藏, 티베트)자치구의 탕구라산을 발원지로 하는 누쟝이 윈난성 관내를 흐르는 300여 km의 협곡으로, 많은 자연경관과 소수민족의 인문경관이 그곳에 있음.	누쟝주
피앤마항영기념관 (片马抗英纪念馆)	1910년, 벌목인부들이 영국군의 침입에 맞서 싸운 것을 기념하고자 세운 것으로, 리유쿠(六库) 서북쪽 100km 거리에 있음.	루슈이현
팅밍후 (听命湖)	루슈이(泸水) 현성 북쪽 90km 거리에 있는, 해발 3,500여 m 높이의 담수호임. 생물자원의 보고(宝库)이자 신비로운 호수로 회자됨.	루슈이현
7선녀호 (七仙女湖)	비루워쉐샨(碧罗雪山)의 해발 3,500m 높이에 위치한 얼음호수임. 4~10월이 등산적기이며, 약초를 캐고, 호수의 설어(雪鱼)를 낚음.	루슈이현
이콰이비춘 (一块比村)	푸공(福贡) 부근의 이름난 시골마을임. 향토음식인 브오지판(簸箕饭)과 츄지유(杵酒)술이 있으며, 리수족(傈僳族) 꾸냥들의 민속춤을 감상할 수 있음. 일(日)·수(水)·토(土)요일에는 마을회관에서 무반주의 4부 합창을 들을 수 있음.	푸공현

경　　점	개　　요	소재지
공산현성 (贡山县城)	누쟝자치주의 최북단에 있는 공산현의 현정부(县政府) 소재지임. 거리가 넓고, 자동차와 말들이 병존하면서도 서로 불편함이 없는 고장임. 이곳을 거점으로 두롱쟝협곡(独龙江峡谷)·디마루워(迪麻洛)·빠이한루워(白汉洛)·빙쫑루워(丙中洛)·치유나통(秋那桶) 등의 관광지로 나감.	공산현
두롱쟝협곡 (独龙江峡谷)	시짱(西藏, 티베트)의 챠위(察隅)에서 발원한 후, 윈난의 까오리공샨(高黎贡山)과 단당리카샨(担当力卡山) 사이를 흐른 다음, 서쪽의 미얀마로 넘어가는 드롱쟝의 협곡임. 중국의 소수민족으로 그 인구수가 가장 적은 두룽족(独龙族)의 삶터이며, 디마루워(迪麻洛), 빠O 한루워(白汉洛), 빙쫑루워(丙中洛) 등의 마을이 잘 알려짐	공산현
삼강병류풍경구 (三江并流风景区)	윈난성의 서북부에서 남북방향으로 놓여있는 헝두안산맥(橫斷山脉)의 계곡을 따라 누(怒)·란창(澜沧)·진샤(金沙)의 세 강이 동서 간 폭 85km 안에서 나란히 흐르는 지역임. 다양한 자연경관과 인문특색이 그곳에 있음.	란핑현

누쟝대협곡(怒江大峡谷)

누쟝(怒江)

　　누쟝(怒江)의 발원지는 칭짱고원의 탕구라샨(唐古拉山)이다. 이곳으로부터 흘러내려오는 강은 깊고 맑아 물빛이 검게 보이는데, 그래서 짱족(藏族) 사람들은 그들의 말로 "나취카(那曲卡)"라고 부른다. "검은강(黑水河)"이라는 의미이다. 나취카는 칭짱고원을 동쪽으로 흐르다가 헝두안산맥을 만나 남쪽으로 꺾여 윈난성의 누쟝리수족자치주(怒江傈僳族自治州) 관내로 들어오는데, 이곳은 산이 높고 골짜기가 깊어 강바닥이 좁은데다가 큰 바위가 많이 박혀있음으로 해서 물 흐름이 빠르고, 거칠며, 소리 또한 요란하다. 강 이름이 "누쟝(怒江)"이 된 것도 그러한 배경에서이다. 누족(怒族) 사람들은 이 강을 "아누르메이(阿怒日美)"라고 부르는데, 이는 "누족이 거주하는 강(江)"을 의미한다. 누쟝은 윈난의 북부에서 남쪽의 더훙다이족징푸오족자치주(德宏傣族景颇族自治州)까지 600여 km를 흐른 다음 미얀마로 넘어간다.

협곡(峽谷)

누쟝이 윈난의 까오리공샨(高黎贡山)과 비루워쉐샨(碧罗雪山) 사이로 들어오면서부터는 미친 듯이 날뛰기 시작한다. 여기서부터 누쟝자치주의 남단에 있는 현성(县城) 리유쿠에 이르기까지의 300km 물길은 깊은 계곡사이를 흐르는데, 그 계곡의 깊이가 때로는 3km에 달하기도 한다. 이곳이 이른 바, "동방의 신비로운 대협곡(神秘的东方大峡谷)"이라고 불리는 누쟝대협곡(怒江大峡谷)인 것이다. 깎아지른 석벽(石壁) 아래로 울창한 원시림이 펼쳐지고, 그 안에 소수민족 사람들의 풍정이 배어있다.

누쟝리수족자치주의 남쪽 리유쿠(六库)에서 북쪽 공샨의 빙쫑루워(丙中洛)에 이르기까지의 도로는 이 누쟝협곡을 따라 올라간다. 연도의 풍광은 길게 이어지는 두루마리 자연풍경화에 진배없다. 푸른 산을 배경으로 날아 내리는 폭포(飞瀑), 괴상하게 생긴 절벽(怪岸), 눈에 덮인 산봉우리들이 이어지며, 가끔씩 나타나는 소수민족 마을의 굴뚝에서는 밥 짓는 연기가 모락모락 피어오른다.

누쟝협곡

누쟝의 다리들

사람들은 누쟝을 일컬어 "다리박물관(桥梁博物馆)"이라고도 한다. 그럴듯한 표현이다. 지역상으로 외지고 기나긴 협곡이어서 흐르는 물에 길이 막히곤 한다. 이 장애를 극복하고자 사람들은 일찍부터 강물을 넘어 다니는 여러 가지 방안을 고안해 냈는데, 리유삭교(溜索桥)·등멸교(藤篾桥)·철삭교(铁索桥)·목교(木桥)·조교(吊桥)·철근콘크리트교(铁劲水泥桥) 등이 그것이다. 원시적인 다리에서부터 현대적인 다리에 이르기까지, 형형색색의 다리들이 자연을 배경으로 조화롭게 놓여있는 광경은 또 다른 볼거리이다.

리유삭(溜索)은 옛날 누쟝의 이쪽기슭과 저쪽기슭에 사는 사람들이 서로 내왕하고자 대나무를 잘게 쪼개어 꼬아 만든 동아줄을 양쪽기슭의 큰 나무나 큰 바위에 고정시켜 만든 도르래 외줄다리이다.

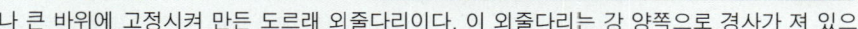
누쟝에 걸린 삭교

이 외줄다리는 강 양쪽으로 경사가 져 있으며, 강을 건널 때는 경사를 따라 내려가는 힘으로 탄력을 받아 강을 건너게 되는 것이다. 현대에 이르러서도 지리적 조건이 제대로 된 다리를 놓을 수 없는 곳에는 리유삭(溜索)이 남아있다. 다만, 외줄다리가 대나무에서 철로 바뀌었을 뿐이다.

등멸교(藤篾橋)는 리유삭(溜索)의 도르래에 등나무줄기나 대나무로 만든, 커다란 바구니를 달아놓은 것이다. 이 바구니를 타고 강을 건널 때는 두 가지 상태를 경험하게 된다. 하나는 강 한가운데를 향해 타고 내려갈 때의 공중에 날리는 기분이고, 또 하나는 그네를 타고 공중으로 차고 올라가는 기분이다. 그 짜릿함은 체험해 볼만하다.

누쟝에 걸린 삭교

빙쫑루워(丙中洛)

빙쯍루워는 누쟝대협곡의 북단(北端)이고, 누쟝대협곡의 남단(南端)인 리유쿠(六库)로부터는 329km 거리에 있다. 이 지역은 공산두롱족누족자치현(贡山独龙族怒族自治县) 관내로 시짱짱족자치구(西藏藏族自治区)와 경계를 이루며, 헝두안산맥(橫断山脉)의 지맥(支脉)인 까오리공산(高黎贡山)·누샨(怒山)·운링(云岭)이 남북방향으로

빙쯍루워의 전원

놓여 있으면서 누쟝(怒江)·란창쟝(澜沧江)·진샤쟝(金沙江)의 세 강을 "내천(川)" 자 모양으로 나란히 흐르게 한다. 이른바, "3강병류(三江并流)"인데, 빙쫑루워가 그 핵심지역이 되는 것이다. 누쟝(怒江)과 나란히 남북으로 놓여있는 누샨(怒山)은 북쪽부분을 태자설산(太子雪山)으로, 남쪽부분을 비루워쉐샨(碧罗雪山)으로 부른다.

빙쫑루워의 표지석

빙쫑루워썅(丙中洛乡)은 4각형 모양의 터전에 제주도면적의 절반정도 면적이며, 썅(乡)의 정부는 누쟝협곡에서도 보기드믄 15km² 넓이의 개활지에 자리 잡고 있다. 이곳의 남쪽으로는 공당신산(贡当神山)이, 그리고 북쪽으로는 석문관(石门关)이 각각 자리를 잡고 있으며, 서쪽과 동쪽으로는 까오리공샨(高黎贡山)과 비루워쉐샨(碧罗雪山)이 각각 남북방향으로 막아서고 있다. 이들 산의 위치관계로 한겨울 동지 무렵에는 해가 두 번 뜨고, 두 번 지는 기현상이 벌어진다. 동쪽의 비루워쉐샨에서 뜬 해가 남쪽의 공당신산으로 지고, 다시 공당신산에서 해가 떠서 서쪽의 까오리공샨으로 지는 것이다.

빙쫑루워의 누쟝

빙쫑루워는 국가급자연명승구로서 관내에 있는 누쟝제일만(怒江第一湾), 석문관(石门关), 빙쫑루워의 전원풍경 등이 경점(景点)으로 꼽히고 있으며, 지금도 통행이 끊이지 않고 있는 차마고도(茶马古道)가 있다. 이 차마고도는 70km의 여정으로, 빙쫑루워(丙中洛)에서 누쟝을 거슬러 올라가 시짱의 짜나(扎那)에 이르게 된다.

누쟝제일만(怒江第一湾)과 도화도(桃花岛)

누쟝디이완

시짱자치구에서 윈난으로 접어든 누쟝이 남쪽으로 흐르다가 빙쫑루워(丙中洛)의 쯔당춘(孜当村) 마을에 이르러서는 왕징(王菁) 절벽에 막힘으로써 그 방향을 서쪽으로 튼다. 서쪽으로 300여m를 흐르던 물은 다시 단라(丹拉)의 가파른 언덕에 막혀 "U" 자형의 물굽이를 만들면서 동쪽으로 방향을 바꾼다. 이곳의 강물은 상류의 좁은 물길, 성난 물살과는 다르게 넓고 평온

하게 흐른다. 이곳이 발원지로부터 막힘없이 흘러내려오던 누쟝이 처음으로 꺾이는 "누쟝제일만(怒江第一湾)"인 것이다.

누쟝디이완 표지석

강물이 "U"자형으로 돌면서 감싸고 흐르는 산등성이는 맞은편 도로상에서 볼 때 반도(半岛) 같기도 하고, 섬(岛) 같기도 하다. 논밭전지가 있고, 대나무 숲이 보이며, 듬성듬성 떨어져 형성되어있는 10여 호의 마을도 있다. 칸통춘(坎桶村)이라는 이름의 이 마을에는 복숭아나무가 많이 심겨져 있으며, 해마다 봄이 되면 복숭아꽃이 만개하여 보는 이들을 황홀하게 한다. 도화촌이라는 이름이 생겨난 배경이다. 또한 이곳을 내려다보는 도토변에는 "노강제일만(怒江第一湾)"의 다섯 글자가 새겨진 돌이 서있고, 얼마 떨어지지 않은 곳에 "도화도(桃花岛)"라는 이름의 정자가 세워져 있다. 관경대(观景台)인 것이다.

두롱쟝대협곡(独龙江大峡谷)

두롱쟝대협곡은 누쟝리수족자치주(怒江傈僳族自治州)의 북부에 위치한 공샨두롱족누족자치현(贡山独龙族自治县)의 서부에 있으며, 이 지역의 해발높이는 ∠,970~1,000m 범위에 있다. 협곡에는 시짱(西藏)의 챠위(察隅)에서 발원한 두롱쟝(独龙江)이 북에서 남으로 흐르다가 미얀마로 넘어가는데, 상 하류 간의 고도차가 커 강물은 시간당 평균 16㎞의 속도로 흐른다. 이 강의 동쪽 연안은 까오리공샨(高黎贡山) 산맥이 이어져 내려가고, 그 서쪽 편은 미얀마와 접경을 이루는 단당리카샨(担当力卡山)이 병풍처럼 두르고 있다. 이 협곡은 자연환경이 복잡하고, 변화가 끊이지를 않는데다가 교통마저 좋지 않아 외지 사람들로부터 "신비의 계곡"으로 불리며, 그 안에는 원시생태환경이 고스란히 보전되어 있어 이 분야 전문가들은 이곳을 "야생식물천연박물관(野生植物天然博物馆)"으로 부른다.

두롱쟝 협곡

두롱쟝의 다리　　　　　　　　　　　　　　　두롱쟝의 민가

　이곳은 해마다 10월이면 눈이 쌓여 길이 막히고, 이듬해 5월이 되어서야 길이 뚫린다. 이곳에는 "길에 떨어진 물건은 줍지도 않고(路不拾遗), 밤에도 문을 닫지 않고 산다(夜不闭户)." 는 두롱족 사람들이 살고 있다. 2000년 현재로 대략 6,000명을 헤아리고 있으며, 아직도 원시적인 생활을 하고 있어 "태고(太古)의 백성"으로 불리기도 한다. 그들은 원시종교를 신봉하여 만물에 혼령이 깃들어 있다고 믿으며, 모든 자연의 재해와 사람들에게 닥치는 불행은 신이 노해서 일으키는 현상으로 보고 있다. 이러한 배경에서 그들은 큰 산과 큰 강, 그리고 큰 나무와 큰 돌들을 숭배의 대상으로 삼고 있다. 두롱족의 표우제천의식(剝牛祭天仪式)과 저들 전통의 문면녀(文面女)는 외지사람들의 관심을 크게 끌고 있다. 다음은 문면녀에 관한 내용이다.

　문면녀(文面女)는 얼굴에 문신을 한 두롱족 여인을 말한다. 그 얼굴을 "화리앤(花脸)"이라고도 한다. 꽃을 새겨 넣은 얼굴이라는 뜻이다. 두롱족 사람들은 대부분이 두롱쟝협곡에 살고 있는데, 1960년 이전만 하더라도 평균적으로 여자나이 12~13세가 되면 얼굴에 문신을 하는 풍속이 있어왔다. 이러한 풍속의 얼굴을 신당서(新唐书)에서는 "문면복(文面濮)"으로 표현했고, 난쨔오야사(南诏野史)에서는 "수면부락(绣面部落)"이야기로 전하고 있다. 신당서(新唐书)는 송(宋)나라의 4대 임금 인종(仁宗, 1022~1063) 때 완성된 당(唐)나라의 역사책(225권)이고, 난쨔오(南诏)는 738년부터 200년간 이 지역에 있었던 지방 왕조이다. 이와 같이 당시의 역사에 문면(文面)이 기록 되어있는 것으로 보아, 여자의 얼굴에 문신을 하는 풍속은 매우 오래 전부터 있어온 것으로 추정된다.

문면녀

문면을 하는 이유에 대하여는 여러 가지 설이 있다. "예쁘게 보이고자", "사후의 혼이 자신의 육체를 알아볼 수 있도록 하고자", "지역과 가문의 소속을 명쾌히 해 놓음으로써 노예로 팔려가지 않도록 하고자", "남과 여를 구분하고자" 등이 그러한 설들의 예인데, 어떤 이유에서든 간에 문면을 하는 데는 극심한 고통이 따랐다. 1960년대부터 문민은 법으로 금지되어 있으며, 2009년 현재로는 64명이 생존해 있는 것으로 파악되고 있다. 평균연령이 72세이고, 최고령이 108세이며, 최연소가 50세이다.

얼굴에 새기는 문양은 만문(滿文)이라 하여 얼굴 전체에 문양을 새겨 넣기도 하고, 반문(半文)이라 하여 이마의 양쪽에만 문양을 새겨 넣는 것도 있는데, 그 문양이 고장마다, 가문마다 다르기 때문에 현지 사람들은 그 문양만을 보고서도 그 여인이 어느 고장의 어느 가문 소속이라는 것을 알아봤다고 한다.

두롱장대협곡으로의 여정은 쿤밍(昆明)-리유쿠(六库)-공샨(贡山)-두롱쟝썅(独龙江乡)으로 이어진다. 쿤밍-리유쿠는 614km로 야간침대버스를 이용하면 시간도 절약되고 편하다. 리유쿠-공샨은 280km로 노선버스가 운행되는데, 누쟝대협곡을 북으로 따라 올라가는 행보이며 경치가 장관이다. 공샨현성(贡山县城)에 도착해서는 현재로서는 도로사정이 좋지 않아 도보로 들어가게 된다. 두롱쟝 협곡에 있는 콩당(孔当)과 바푸오(巴坡) 두 곳이 목표지역으로 삼아지는데, 공샨현성에서 콩당까지는 96km이고, 중간에 해발높이 3,346m의 설산아귀(雪山丫口)를 지나게 된다. 공샨현성에서 바푸오까지는 66km이고, 중간에 3620m높이의 남마왕아귀(南磨王丫口)와 2600m높이의 싼뚜이(三队)를 지나게 된다. 두롱쟝 북쪽의 콩당과 그 아래 남쪽의 바푸오까지의 거리는 25km이다.

두롱쟝협곡의 여행적기는 6~8월의 우기가 지나간 9~10월이 된다. 이때는 날씨도 상쾌하고, 뱀이나 독충 등도 그 수가 줄어 비교적 안전한 시기이다. 두록쟝협곡은 걸으며 즐기는 관광지이다. 공샨현성(贡山县城) - 콩당(孔当) - 헌구당(献九当) - 공당(孔当) - 공샨(贡山)으로 이어지는 코스는 도보로 3일간이 소요되며, 현지의 여러 도보코스 중에서 가장 짧고 비교적 안전한 코스이다. 도중에 고산증세가 나타나기도 하고, 야영을 해야 하기 때문에 유념해야 할 사항과 준비해야 할 사항이 많다. 일반 관광을 하는 입장에서는 판단이 따르는 문제이다.

두롱쟝협곡(独龙江峡谷)의 특산물로는 두롱백설차(独龙白雪茶)와 두롱홍설차(独龙红雪茶)가 있다. 두롱백설차는 물에 우렸을 때 청록색을 띠며, 약간 쓰면서도 달콤하다. 더위가 식고, 머리가 개운해진다고 한다. 두롱홍설차는 물에 우렸을 때 붉은 색을 띠며, 추위를 쫓고, 위가 따뜻해진다고 한다. 마셔볼만한 지역특산으로 추천되고 있다.

피앤마쩐(片马镇)

　　피앤마쩐(片马镇)은 누쟝리수족자치주(怒江傈僳族自治州) 루슈이현(泸水县)의 한 쩐(镇)으로 까오리공샨(高黎贡山)의 서쪽 기슭에 있으며, 북(北)·서(西)·남(南)의 삼면이 미얀마와 접해있다. 피앤마(片马)는 본래 징푸오족(景颇族)의 말로 "목재가 쌓여있는 고장(木材堆积的地方)"을 의미하는 것으로 벌목 철이 되면 수만 명의 벌목일꾼들이 모여 간이목조가옥촌(简易木造家屋村)을 이루어 머물렀다.

　　1911년, 영국군이 미얀마를 점령한 후 피앤마로 쳐들어오자 이곳의 산판일꾼들과 이수족 사람들이 이에 맞서 싸워 이겼는데, 이를 기념하고자 세운 "피앤마항영기념관(片马抗英纪念馆)"이 이곳에 있다. 이곳에는 또한 2차대전 때 투워펑항시앤((驼峰航线) 항로를 지나다가 추락한 항공기의 잔해가 진열되어 있다.

투워펑항시앤(驼峰航线, 타봉항선, Hump Air Route)

　　투워펑항시앤은 2차대전 중 미국이 일본군의 봉쇄망을 뚫고 중국에 전쟁물자와 전투인력을 수송하던 항공노선이다. 인도의 동북부 챠부아(Chabua)에서 윈난성의 쿤밍에 이르기까지 800km의 거리이며, 지상으로는 히말라야산맥, 헝두안산맥, 까오리공샨, 누쟝, 란창쟝 등이 이어짐으로써 비행기가 날아오를 수 있는 데까지 날아올라야 하는데다가 기상마저 변동이 심해 비행사고가 빈발하였다. 이 항로에 투입된 기종은 DC-3, DC-46, DC-47 등으로서 8만 2,000회 비행에 85만 톤의 전쟁물자와 3만 3,500명의 병력을 수송하였으며, 이 과정에서 미국은 1,500대 이상의 항공기 추락과 더불어 3,000명에 달하는 인력이 희생되었다고 한다.

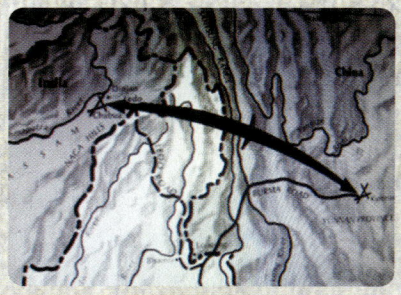

투워펑항시앤

DC-46기

이곳에서 서쪽으로 5~6km 정도 더 가면 미얀마와의 국경 검문소가 있다. 이 지역은 과거에 양귀비 재배가 성했던 곳이었지만, 지금은 양국 정부의 공동지도단속으로 양귀비는 사라지고, 그 자리에 벼와 옥수수가 재배되고 있다.

누쟝자치주의 주정부가 있는 리유쿠(六库)에서 피앤마까지는 약 100km의 거리이다. 리유쿠 커윈짠(六库客运站)에서 가는 차편이 있으며, 돌아올 때는 항영기념관 정문에서 차를 탄다.

피앤마

항영전승기념비

국경경계비

Close Up

팅밍후(听命湖)호수

팅밍후(听命湖)호수는 리유쿠(六库) 동북쪽 90km되는 곳의 까오리공샨(高黎贡山) 중턱에 있다. 리유쿠에서 차를 타고, 펑쉐야코우(风雪丫口, 야코우는 산과 산이 맞닿는 낮은 지역을 말함)에서 내린 다음 3~4시간 걸어간다. 펑쉐야코우에서 까마득히 올려다 보이는 절벽위에 있기에 바로는 못 올라가고, 계곡을 타고 뒤로 돌아 올라간다. 해발높이는 3,540m이다. 길은 험난하지만, 주변의 절경은 걷는 수고를 보상하고도 남는다.

팅밍후는 그 깊이가 아직 밝혀지지 않은 호수로서 사방은 삼림으로 둘러싸여 있고, 물은 맑고 푸르다. 이곳은 동물들의 낙원으로 회복각자치(灰腹角子雉, 꿩의 일종)·산당나귀(山驴)·금사후(金丝猴, 원숭이의 일종)·소웅묘(小熊猫, 야생 고양이의 일종)·영양(羚羊, 양의 일종) 등 국가가 보호하는 희귀동물들이 서식하고 있다.

팅밍후 호수에서는 신비스런 현상이 빚어진다. 이곳에 오는 사람들은 사전 안내에 따라 속삭이듯 말을 한다. 이를 어겨 큰 소리를 냈다가는 순식간에 비바람이 불고 우박이 떨어진다. 그래서 사람들은 이 호수가 사람을 어리둥절하게 한다 해서 "미인호(谜人湖)"라고도 부른다. 이와 같은 현상이 발생하는 것은 수많은 극미세물방울(极微细水滴)이 마치

팅밍후

천막을 치고 있는 양 호수위에 머물러 있다가 소리의 진동으로 말미암아 서로 응집되면서 떨어지는 것으로, 그렇게 기상학자들은 보고 있다. 이런 현상을 아는 현지 사람들은 가뭄이 들 때면, 이곳에 올라와 기우제를 요란하게 올리고, 그렇게 하면 하늘이 호응이라도 하듯 검은 구름이 생기면서 비를 뿌려준다고 한다.

이곳을 다녀오려면 리유쿠의 여행사와 일정을 협의하는 것이 바람직하다.

3강병류풍경구(三江幷流风景区)

칭짱고원 동남쪽으로부터 윈난성 서북쪽에 걸쳐있는 헝두안산맥의 남북방향계곡에는 거칠고, 세찬 물결의 세 줄기 강이 나란히 흐르고 있다. 시짱(西藏)관내의 탕구라샨(唐古拉山)에서 발원한 누쟝(怒江: 미얀마의 싸얼윈강 상류가 됨), 칭하이(青海)관내의 위슈(玉树)에서 발원한 란창쟝(澜沧江: 미얀마와 라오스 국경의 메이콩허강 상류가 됨), 진샤쟝(金沙江: 챵쟝의 상류가 됨)이 그들이다. 이 강들을 품고 있는 것은 동서 간의 폭 150km에 펼쳐져 있는 단당리카샨(担当力卡山)·까오리공샨(高黎贡山)·누샨(怒山)·윈링(云岭)의 네 줄기 산맥들이다.

누쟝(怒江)의 푸공(福贡)에서 란창쟝(澜沧江)의 란핑(兰坪)까지는 직전거리로 18.6km이고, 란핑에서 진샤쟝(金沙江)의 지류인 리쟝(丽江)의 쉬구(石鼓)까지는 66.3km이다. 통산 동서 폭 85km안에 거칠기가 한량없는 세 강이 남북으로 흐르고 있는 이 지역을, 사람들은 "삼강병류풍경구(三江幷流风景区)" 라고 부른다. 이곳은 과거 1억년간에 걸친 대륙의 표류 및 대륙간 충돌·융기과정에서 수많은 변화를 겪었으며, 그 역사를 고스란히 간직하고 있는 것으로 평가되고 있다. 따라서 이곳에는 지구 북반구 전 지역의 지리지형이 모두 갖춰져 있고, 이곳의 기후는 중국의 최북단인 헤이롱쟝성의 중소국경선으로부터 그 최남단인 하이난성의 남쪽해안에

삼강병류지역

이르기까지의 변화이력을 모두 내포하고 있다.

이곳 삼강병류지역에는 소수민족의 다채롭고 풍부한 인문경관과 변화무쌍한 자연경관이 불가분의 관계로 융합되어 있다. 이 지역을 수계·생물·지질·인문 등의 특색에 따라 여덟 개

삼강병류 항공사진

구역으로 나누어 세계자연유산으로 등록하고 있는데, ① 까오리공샨구(高黎贡山区), ② 빠이망메이리쉐샨구(白芒梅里雪山区), ③ 홍샨쉐샨구(红山雪山区), ④ 치앤후샨구(千湖山区), ⑤ 하바쉐샨구(哈巴雪山区), ⑥ 라오워샨구(老窝山区), ⑦ 윈링구(云岭区), ⑧ 라오쥔샨구(老君山区) 등이 그것이다. 각 구역의 위치는 그림과 같다(본문의 번호와 그림 상의 번호는 상응함).

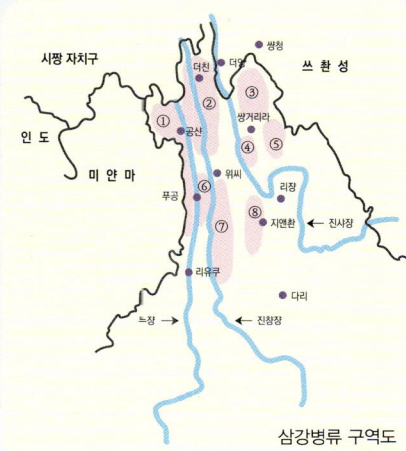

삼강병류 구역도

쉬위예량(石月亮)

쉬위예량(石月亮, 돌 달)은 까오리공샨(高黎贡山) 산맥의 중간부분, 해발높이 3,300m의 산꼭대기에 있다. 누쟝(怒江) 강변으로부터 100km 정도 떨어져 있는 이곳 산꼭대기에 가로지름 40여m, 세로지름 60m, 깊이 100m 크기의 구멍이 나있는데, 멀리서 본 그 모양이 마치 하늘에 떠 있는 달 같다하여 쉬위예량(石月亮)으로 불린다.

이곳엘 가려면 푸공(福贡)에서 까오리공샨 기슭의 오솔길을 따라 이틀 정도 걸어야 하며, 깎아지른 절벽 아래의 누족마을인 미어루워(米哦罗)에서 묵게 된다. 새벽녘 누쟝대협곡의 원시림에는 침묵의 세월이 내려앉아 있고, 동쪽 건너편 비루워쉐샨(碧罗雪山)의 일출과 더불어 깨어나는 계곡의 아침은 장엄하고 아름답기 그지없다.

지리적으로 이곳은 인도지판과 유라시아지판의 접합부이다. 지난 날, 이곳에서 두 지판이 충돌하면서 지각에 강대한 힘이 가해졌고, 그 영향으로 지각이 급작스레 솟구쳐 올라왔는데, 그 때 쉬위예량(石月亮)처럼 기이한 경관과 아름다운 자연경색이 생겨난 것으로 지질학에서는 보고 있다.

쉬위예량

제2장

바오샨시

保山市

바오샨시 주의

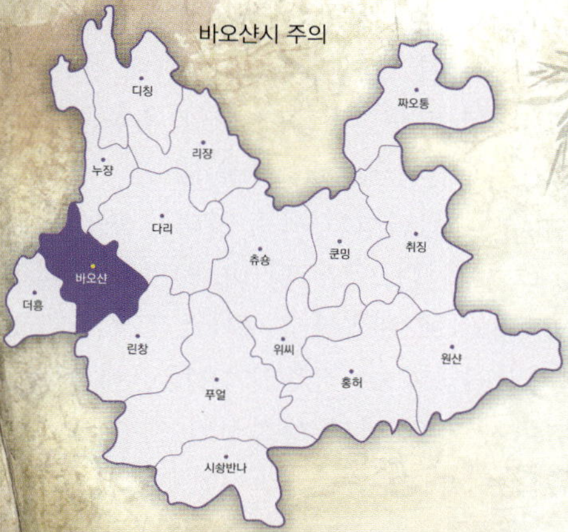

1. 지리

바오샨시는 윈난성의 서부에 위치하며, 쿤밍으로부터 486km 떨어져있다. 이곳은 헝두안산맥(横断山脉) 서쪽지맥의 남쪽 끝이며, 해발높이는 535~3,781m 범위에 있다. 바오샨시는 제주도의 11배 넓이로서 롱양구(隆阳区) · 쉬디앤현(施甸县) · 텅충현(腾冲县) · 롱링현(龙陵县) · 창닝현(昌宁县)의 1구(区)4현(县)으로 나뉘며, 이들은 78개의 크고 작은 분지에 펼쳐져있다.

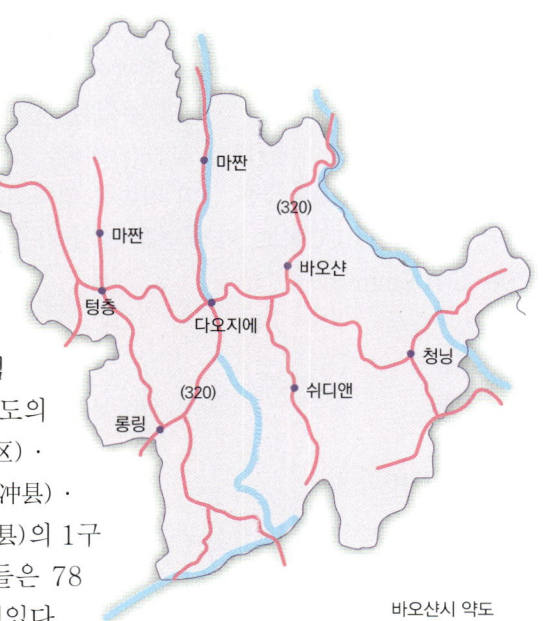

바오샨시 약도

2. 역사와 연혁

원시 석기시대의 이곳에는 푸퍄오인(蒲縹人)이 살았으며, 전국(战国, BC475~BC221)시대 때는 아이라오국(哀牢国)이 있었다. BC109년에 한(汉)왕조는 이곳에 현(县)을 설치했고, AD69년에 바오샨시의 전신인 용챵군(永昌郡)이 된다. 당시의 용챵군은 바오샨(保山)·린챵(临沧)·리쟝(丽江)·다리(大理)·더훙(德宏)·누쟝(怒江)·디칭(迪庆) 등 윈난성의 서부 일대를 포괄했으며, 한(汉)나라에서는 두 번째로 큰 군(郡)이었다. 이후 당(唐, 618~907)나라와 송(宋, 960~1279)나라 때는 난짜오(南诏)에 예속됐고, 원(元, 1271~1368)나라 때 용챵부(永昌府)가 된다. 신해혁명(辛亥革命) 직후인 1913년에 부(府)가 폐지되고 텅위예도(腾越道)가 되었다가 2000년의 행정구역 개편 때 지역조정을 거쳐 바오샨시(保山市)로 되었다.

3. 기후

바오샨의 기후를 묘사하여 "1산분4계(一山分四季), 10리부동천(十里不同天)"이라고 한다. 산이 높아 고도에 따라 기후가 다르게 나타나고, 계곡이 종횡으로 열려있어 날씨 변화가 잦은데서 비롯된 표현이다. 해가 쨍쨍 내려쬐다가 순식간에 흐려져 비나 우박이 쏟아지고, 언제 그랬냐는 듯이 햇볕이 따가워지는 게 이곳의 날씨인 것이다. 연평균 기온은 14~17℃이고, 기온의 교차는 연간(年间)보다 일간(日间)이 크다. 가장 추운 달의 평균기온은 15.5℃이고, 가장 낮은 날의 기온은 영하 3.8℃이다. 한편, 가장 더운 달의 평균기온은 21℃이고, 가장 더운 날의 기온은 32.4℃이다. 연간 강우량은 700~2,100mm이다.

4. 교통

비행기편

바오샨 공항은 당초 군용으로 1929년에 개항되었으며, 2차 세계대전 때는 투위펑항시앤(驼峰航线)의 중간 기착지로서 중국의 항일전쟁 승리에 크게 이바지하였다. 바오샨공항이 민용으로 전환된 것은 1958년이었으며, 이로써 전국에서 제일 먼저 생긴 지급(地级) 단위지역의 민항비행장이 되었다. 현재 쿤밍(昆明)-바오샨(保山) 간의 항로가 운행되고 있다.

자동차편

바오샨은 예전에 쓰촨(四川)의 청두(成都)에서 출발, 이곳을 경유하여 인도·네팔·아프간 등지로 나가는 촉신독도(蜀身毒道)의 요충지였다. 촉신독도는 남방실크로드(南方丝绸之路)로 잘 알려져 있으며, 기원전 4세기부터 형성되어온 길이다. 바오샨은 디앤미앤공로(滇缅公路)로도 불리는 320번국도의 중간에 위치하면서 다리(大理)·린창(临沧)·더훙(德宏)·누쟝(怒江) 등 인접 시 및 자치주로 곁가지 도로를 뻗치고 있으며, 바오샨시의 관내인 쉬디앤현(施甸县)·텅충현(腾冲县)·롱링현(龙陵县)·챵닝현(昌宁县)으로도 연결된다.

철로

2010년 현재, 다리(大理) 서쪽지역으로는 운행되는 철도가 없으나, 2013년 개통을 목표로 다루이철로(大瑞铁路, 大理-瑞丽 간 336km)가 부설되고 있다. 이 철로는 미얀마로 이어질 계획이며, 이 철로가 개통되면 장차 바오샨시는 윈난 서부지역의 물류거점이 될 것으로 전망하고 있다.

5. 볼거리

바오샨시의 비교적 잘 알려진 볼거리를 정리해보면 다음과 같다.

표) 윈난 바오샨의 볼거리

경 점	개 요	소재지
와불사 (卧佛寺)	바오샨시(保山市) 북쪽 7km 되는 곳에 있음. 당(唐)나라 현종(玄宗, 712~756)년간에 석굴을 파고 만든 절로서 윈난 불교의 초기 사찰임. 근래에 미얀마로부터 한백옥(汉白玉)을 조각하여 만든 와불이 기증되어 안쳐됨. 중국 옥불(玉佛)의 최고 걸작으로 회자됨.	바오샨시
지열화산풍경명승구 (地热火山风景区)	텅충화산군(腾冲火山群)과 텅충지열천(腾冲地热泉)의 양대 경관을 포괄함. 국가지질공원임.	텅충현
텅충화산군 (腾冲火山群)	중국 전형의 제4기화산(第四纪火山)임. 화산구(火山口)·다잉샨(打鹰山)·콩샨(空山)·꾸이푸오(龟坡) 등으로 나뉨.	텅충현

경 점	개 요	소재지
르어하이지질공원 (热海地质公园)	열천(热泉)과 온천(温泉) 80여 곳이 있음. 유황당(硫黄塘)·황과징(黄瓜菁)·고명천(鼓鸣泉)·미녀지(美女池) 등이 있음.	텅충현
허쉰쟈오썅 (和顺侨乡)	텅충 현성의 남쪽 3km되는 곳에 있음. 전체 인구의 80% 이상이 귀향한 화교(华侨)와 그 가족들임. 허쉰도서관(和顺图书馆)이 있으며, 다잉쟝(大盈江) 강이 휘돌아 흐르는 마을의 전원풍경이 그림 같음.	텅충현
윈펑샨 (云峰山)	해발높이 2,450m이며, 죽순처럼 솟아있음. 2,685개의 돌계단을 따라 올라가며, 산꼭대기에는 도교성지(道教圣地)인 여조전(吕祖殿)과 노군전(老君殿)이 있음.	텅충현
이화오 (梨花坞)	청나라 때의 정승 왕훙쭈위(王宏祚)가 조성한 배 밭과 그 주변의 불교유적지를 포괄하며, 300여 년의 역사를 지님. 매년 2월29일, 6월19일, 9월19일에 대규모 관음회가 열리며, 참배객이 몰려듦.	바오샨시
부오난구다오 (博南古道)	남방실크로드인 슈션두다오(蜀身毒道)의 바오샨지역 구간으로 320번 국도이자 2차 세계대전 때의 스틸웨이도로(史迪威公路) 구간이기도 함.	용핑현
옥황각 (玉皇阁)	바오샨옥황각은 현성(县城) 서쪽 타이바오샨(太保山) 중턱에 있으며, 옥불사(玉佛寺)와 접해있음. 명(明)나라 주원장이 태조(太祖, 1368~1398)로 재위하던 무렵에 지은 것으로 3중처마의 지붕을 36개의 대형 기둥이 떠받치고 있는데, 그 모습이 웅장함.	바오샨시

부오난구다오(博南古道, 박남고도)

쓰촨(四川)에서 출발, 다리(大理)·바오샨(保山)을 경유하여 미얀마와 인도로 이어지는 옛 마방상인(马帮商人)의 통행로를 서남실크로드(西南丝绸之路)라고 불렀는데, 이 길의 부오난샨(博南山, 해발2,704m) 구간을 부오난구다오도(博南古道)라고 한다. 이 구간은 비록 100km거리에 불과하지만, 전체 서남실크로드 이정(里程)에서 가장 험난한 곳이다. 이곳을 지나지 않고는 서남쪽으로 나아갈 수 없는 지리적 사정 때문에 한무제(汉武帝, BC141~BC87)는 이곳에 길을 뚫었으며, 그 이름을 부오난샨다오(博南山道, 박남산도)라고 했다. 이런 배경에서 이곳 용핑현(永平县)의 AD1세경 이름은 부오난현(博南县)이었다.

란창강(瀾沧江)을 사이에 두고 동쪽의 부오난샨(博南山)과 서쪽의 루워민샨(罗岷山)이 마주보고 서 있다. 이 사이에 철삭교(铁索桥)인 지훙챠오(霁宏桥)가 가로놓여 있다. 이 다리는 청(清)나라 4대 황제 강희(康熙, 1661~1722)가 명나라 9대 황제 헌종 연간인 1475년에 놓았던 철삭교를 중수(重修)한 것이다. 이 다리는 동한(AD25~220) 때의 등멸교(藤蔑桥), 원(元, 1206~1368)나라 때의 목교(木桥), 명(明, 1368~1644)나라 때의 철삭교에 이은 것으로 300년 이상의 역사를 지니고 있다.

부오난구다오의 산 속 길

지훙챠오 철삭교

텅충화산지열명승구
(腾冲火山地热名胜区)

텅충은 윈난성의 서부에 위치하며, 미얀마와 151km에 걸쳐 경계를 이룬다. 이런 연유로 텅충을 일러 "가장 변두리에 있는 고장(极边第一城)"이라고도 한다. 텅충은 옛 서남실크로드(西南丝绸之路)의 요충지로서 이곳에 진월국(滇越国)이 있었으며, 명(明, 1368~1644)나라 때 제대로 된 성(城)의 모양을 갖췄다. 텅충은 윈난과 미얀마의 옥(玉) 가공·집산지로서 "비취성(翡翠城)"이라는 별칭도 가지고 있다.

텅충은 또한 "천연지질박물관"으로 불릴 만큼 화산이 밀집허있는 지역이다. 인도지판과 유라시아지판이 급격히 맞닥뜨려진 결합선상에 위치함으로써 지하단층이 매우 복잡하고, 용암활동이 대단히 거세다. 따라서 이곳에는 지금도 다양한 유형의 화산활동이 진행되고 있으며, 규모가 큰 90여 자리의 화산추(火山锥, 저울추 모양으로 솟아오른 산)·화산구(火山口)·화산호(火山湖) 등 그 흔적들이 다양하고 풍부하게 산재해 있다. 텅충이 중국최대규모의 천연화산박물관으로 불리는 배경이다. 대표적인 볼거리로 텅총화산지열국가지질공원(腾冲火山地热国家地质公园)과 르어하이온천경구(热海温泉景区)가 있다.

텅총화산지열국가지질공원(腾冲火山地热国家地质公园)

텅총화산지열국가지질공원은 화산군(火山群)과 화산용암지모(火山溶岩地貌), 그리고 용강협곡(龙江峡谷)의 화산주상절리(火山柱状节理)로 조성되어 있다. 이 공원의 중심이 되는 경관은 1km정도의 사이를 둔 대공산(大空山)·소공산(小空山)·흑공산(黑空山)이다.

소공산·대공산·흑공산 (앞→뒤)

절리(节理)라 함은 암석에 밖으로부터 힘이 가해져서 생긴 틈새로서 틈새를 이루는 양편의 암석에 이동이 없는 상태의 것을 말한다. 틈새를 이루는 두 암석에 이동이 있었다면, 그것은 지질학상 단층(断层)으로 분류된다. 뜨거운 용암이 식어 만들어진 화성암(火成岩)의 경우 열이 식는 과정에서 틈이 생기는데, 초기에는 틈이 안 보이다가 오랜 세월에 걸쳐 풍화·침식되면서 그 틈새가 육안으로 보이게 된다. 이것이 절리(节理)인 것이다.

공원 정문에 이어지는 널찍한 길을 따라 올라가다보면 250m높이의 대공산(大空山) 화산구로 올라가는 돌계단 길에 이른다. 이 계단의 돌은 흑색 또는 흑갈색의 구멍이 송송 뚫린 화산암석이다. 산기슭은 생기발랄한 초목으로 뒤덮여 있으며, 꼭대기에 올라 30m정도 깊이의 화산구를 내려다보면 휴면상태에 있는 화산이라는 것을 느낄 수 있다. 이곳의 돌을 공원 밖으로 가지고 나가는 것은 금지하고 있다.

텅총화산지열국가지질공원

대공산

텅충현성(腾冲县城)의 동(东)·서(西)·남(南)·북(北) 네 교외에는 그쪽 방향의 관광지로 나가는 승합차정류소가 있다. 그리고 시내에서 그곳까지는 택시를 탈수도 있고, 시내 곳곳에 사람을 태워 나르는 오토바이들이 대기하고 있어서 그것을 이용해도 된다. 화산지열지질공원으로

가는 차편은 북부정류소에서 출발한다. 텅충의 날씨는 참으로 변덕스럽다. 하루에도 몇 차례에 걸쳐 비가 오다가 개이고 하는데, 비가 내린 뒤끝에는 사방 군데서 안개가 피어오른다. 피어오르는 안개 사이로 주위의 산들이 떠다니는 것 같은 환상에 빠지기도 한다.

용강협곡의 절리

교외로 나가는 승합차와 운전자

비온 뒤에 피어오르는 안개

르어하이국가지질공원(热海国家地质公园)

르어하이공원(热海公园)은 텅충현성(腾冲县城)에서 남쪽으로 11km 떨어진 곳에 있다. 8km² 넓이의 공원은 초목이 우거진 푸른 산에 둘려있으며, 여기저기서 뿜어져 올라오는 기천(气泉)과 온천(温泉)의 열기가 드넓게 퍼져있다고 해서 열해(热海, 르어하이)라는 이름이 비롯됐다. 다음과 같은 이야기가 전해온다.

아주 오랜 옛날, 이 일대는 일년 사시사철 날씨가 춥고 땅이 얼어붙어있어 백성들은 이루 형언할 수 없는 고생을 하며 살았다. 마을의 촌장은 그와 같은 참상을 더 이상 보고 있을 수가 없어 무슨 방법을 찾으려 고심에 고심을 거듭하였으나 모두가 허사일 뿐, 촌장은 기신조차 할 수 없을 정도로 몸만 쇠약해져 갔다. 달리 뾰족한 방법도 찾아내지 못한 채 촌장의 목숨이 경각에 달리자 마을 사람들이 크게 낙심하고 있을 때, 이를 지켜보고 있던 산신(山神)이 품에서 구슬 하나를 내어 촌장의 입에 물려주었다. 그러자 다 죽어가던 촌장이 벌떡 일어나 몸에서 나는 열을 참지 못하여 옷을 훌훌 벗어던지고, 목이 말라 물을 마셔대는데 그 끝이 없어 주변지역의 강물이 모두 말라버렸다. 그러다가 어느 틈엔가 촌장은 뜨거운 물을 뿜어내는 용으로 변했고, 그 용이 발걸음을 멈추는 곳에는 열천(热泉)이 생겨났다. 이렇게 해서 동토였던 이곳이 일년 내내 따뜻한 고장으로 변해갔고, 육축이 흥왕하고 오곡이 풍성한 고장이 되었다.

르어하이지질공원은 그 터가 사람이 팔을 벌리고 서쪽을 향해 누워있으면서 왼쪽 팔은 위로 치켜 올리고 오른쪽 팔은 아래로 늘어뜨린 모양을 하고 있으며, 세 구역으로 나뉜다. 복부 아래쪽에 해당하는 광장구역(广场区域), 오른쪽 팔 부분에 해당하는 미녀못구역(美女池区域), 왼쪽 팔 부분에 해당하는 따군궈구역(大滚锅区域)이 그것이다.

르허하이 구역도

광장구역에는 르어하이공원 입구의 넓게 트인, "연년유여(年年有余)"라는 이름의 광장과 더불어 짜오탕허폭포(澡塘河瀑布)·하마쭈이(蛤蟆嘴)·사자두(狮子头) 등의 경점(景点)이 있다. 연년유여광장에는 인공 못이 풍치 있게 가꿔져 있고, 매표소 등 공원관리 건물과 식당건물이 자리잡고 있다. "따군궈(大滚锅)"라는 이름의 식당은 일시에 1,200명을 수용할 수 있는 규모이다.

르어하이공원 광장

르어하이공원표지석

따궈귀식당의 한자락

짜오탕허(澡塘河)는 르어하이의 계곡을 흐르는, 그리 크지 않은 냇물이다. 이 물이 광장구역의 지각단열대(地壳断裂帶)를 만나 갑자기 떨어지면서 폭포가 되는데, 떨어지는 물이 난폭하고, 좁은 계곡에 울려 퍼지는 소리가 요란하다.

짜오탕허폭포와 하마쭈이

짜오탕허계곡의 증기

그 옆에는 개구리의 주둥이모양을 했다 해서 하마쭈이(蛤蚂嘴)라고 불리는 열천(热泉)이 있다. 일정 간격으로 픽픽 소리를 내며 세 줄기의 뜨거운 물이 솟구쳐 오르는데, 개구리모양의 바위도 이 열천에 녹아있던 광물질이 오랜 세월에 걸쳐 쌓이고 쌓여서 된 것이라고 한다. 르어하이의 짜오탕허 계곡에는 10여 곳의 열천이 있는데, 지상의 짜오탕허 냇물과 지하의 열천이 어우러지면서 만들어내는 증기로 이곳 계곡은 언제나 증기로 가득 차 있다.

미녀못구역(美女池区域)은 르어하이공원에서 가장 낮은 지대이다. 이곳에는 노천의 대형풀장 1곳과 소형풀장 4곳이 있다. 이곳에서 목욕을 하면 기분이 상쾌해지고, 피부가 윤택해지며, 탄력이 생긴다고 한다. 미녀못에서 계단을 따라 올라가면 고명천(鼓鸣泉)·진주천(珍珠泉)·안정천(眼睛泉)·회태정(怀胎井) 등 열천이 솟는 경관을 볼 수 있다.

미녀못구역 경사지

고명천

회태정

 따군궈구역(大滚锅区域)은 르어하이공원에서 가장 높은 지대이다. 이곳에 직경 3m, 수심 1.5m의 열천(热泉)이 있고, 밤낮없이 일년 내내 97℃ 이상의 뜨거운 물이 솟구쳐 오른다. 그 모양이 마치 가마솥 안에서 물이 펄펄 끓는 것 같다하여 펄펄 끓는다는 의미의 "곤(滚)"자와 가마솥이라는 의미의 "과(锅)"자를 써서 대곤과(大滚锅, 따군궈)라고 불러왔다. 옛날부터 사람들이 말해오기를 텅충(腾冲)엘 가면 르어하이를 돌아보고, 르어하이엘 갔다하면 반드시 따군궈를 봐야한다고 했다. 따군궈를 보지 못했다면 텅충엘 허탕으로 다녀왔다 할 정도로 따군궈는 텅충관광의 핵심경점인 것이다. 따군궈의 뒤편 언덕에 진롱스(金龙寺) 절이있고, 따군궈의 오른쪽으로 관해정(观海亭)이 있다.

따군궈의 먹을거리

따군궈

허쉰챠오썅(和顺侨乡)

허쉰마을의 한자락

허쉰(和順)은 본래 와족(佤族) 사람들이 살았던 곳으로 옛날에는 "원덩(溫登)"이라 했다. 또한 하천의 물이 이곳을 순하게 감돌아 흐른다 해서 "허쉰(河順)"이라고도 했다. 이 고장은 인문경관과 자연경관이 어우러져있어 풍류시객(风流诗客)들이 읊기를 "상서로운 기운이 구름처럼 피어나고(云涌吉祥), 바람이 순하고 부드럽다(风吹和順)."고 하였다. 여기서 읊은 "허쉰(和順)"과 원덩의 다른 호칭이었던 "허쉰(河順)"의 발음이 같다보니, 세월이 흐르면서 허쉰(和順)으로 대체된 것이라 보고 있다.

마을안 개울과 석공교

허쉰표지석

허쉰(和順)은 사방에 크고 작은 화산추(火山锥)들이 자리를 잡고 있으며, 마을의 집들은 화산추 둘레에 밀집(密集), 들쭉날쭉 지어져있어 무질서하게 보이면서도 정취가 가득하다. 하나로 흐르던 물길이 세 갈래가 되어 마을을 흐르는데, 냇물에 놓인 석공교(石拱桥, 돌로 쌓은 아치형다리) 두 개가 마을 안길을 마을 밖 큰길로 이어준

마을 안 패루

들로 나가는 패루

다. 마을의 모든 길은 물론, 마을 밖 논밭두렁에 이르기까지 모두 돌을 깔아 맑은 날에 바람이 불어도 먼지하나 날리지 않고, 비가 아무리 와도 질척거리거나 미끄럽지 않다.

허쉰도서관

이 고장 출신의, 재산을 모은 외지인들은 예전부터 고향의 발전을 위해 다방면으로 투자를 하고 있는데, 그 하나로 허쉰도서관(和顺图书馆)을 들 수 있다. 이곳 도서관은 1924년에 건립된 것인데, 중국 전체의 향진(乡镇) 단위 도서관으로는 최초이고, 규모면에서도 가장 큰 것이었다. 6만여 권의 장서 중에는 적지 않은 필사본 고적이 들어있다.

허쉰의 경점(景点)으로는 이 도서관을 비롯해서 진면항일박물관(滇缅抗日博物馆)·문창각(文昌阁)·허쉰샤오썅(和顺小巷) 등이 있다. 샤오썅에서는 차마고도(茶马古道)와 항일전쟁(抗日战争)에 관한 기록과 유적 등을 볼 수 있다.

문창각

허쉰샤오썅

옛 마방꾼의 모습

제3장

더홍다이족징푸오족자치주

德宏傣族景颇族自治州

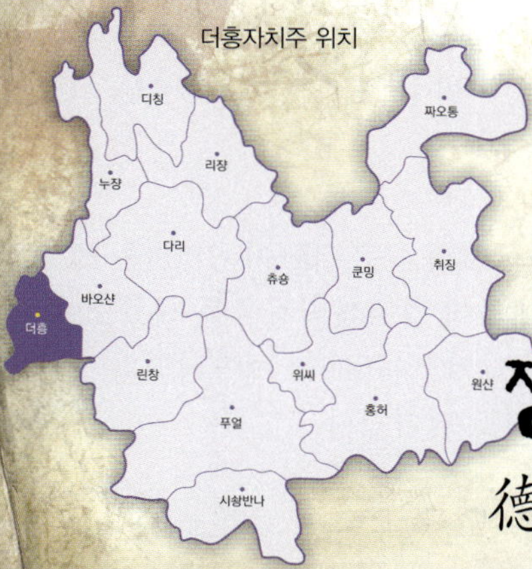

더홍자치주 위치

1. 전체모습

더홍다이족징푸오족자치주는 윈난의 가장 서쪽에 위치하며, 바오샨시(保山市)와 접하는 동쪽을 제외하고는 북(北)·서(西)·남(南) 3면이 모두 미얀마와 경계를 이룬다. 다이족 사람들의 언어로 더홍(德宏)의 "더(德)" 자는 아래(下)를, 그리고 "홍(宏)" 자는 누장(怒江)을 각각 의미한다. 더홍자치주는 그 이름자에서 볼 수 있듯이 누장의 아

더홍자치주 약도

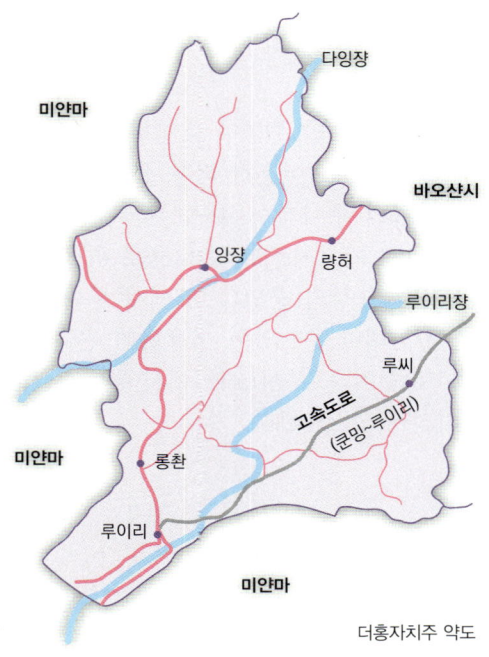

래쪽에 위치한다. 더훙자치주는 그 넓이가 1만1,500km² 로서 루시시(潞西市)·룽촨현(龙川县)·잉쟝현(盈江县)·량허현(梁河县)·루이리시(瑞丽市)의 5개 행정구역으로 나뉘며, 인구는 120만 정도이다. 이곳에 사는 사람들은 대체로 다이(傣)·징푸오(景颇)·한(汉)·리수(傈僳)·아챵(阿昌)·더앙(德昂) 등의 민족이다.

역사적으로 이곳에는 멍궈짠비왕국(勐果占壁王国)이 있었다. BC424년에 다이족 사람들은 루이리강(瑞丽江) 계곡에 멍궈짠비왕국을 세웠으며, 이 왕국은 당(唐, 618~707)나라 때에 이르러 난쨔오(南诏)에 예속되었다. 멍궈짠비왕국의 레이윈성(雷允城)의 흔적이 아직도 남아있다.

더훙자치주는 북회귀선 부근에 있으며, 인도양의 서남계절풍의 영향을 받아 아열대계절풍기후를 나타낸다. 연평균기온은 18~20℃이고, 강우량은 1,400~1,700mm범위이다. 엄동혹서는 없어 기온의 연간 교차는 심하지 않으나, 일교차는 심한 편이다.

2. 교통

더훙자치주의 주정부 소재지인 루씨시(潞西市)에 망쉬공항(芒市机场)이 있어서 항공편을 이용한 더훙 접근이 가능하다. 또한 동쪽의 샹하이시(上海市)와 서쪽의 루이리시(瑞丽市)를 연결하는 320번 국도가 더훙자치주를 서남방향으로 가로지르고 있어 육로 편을 이용한 더훙 접근 또한 수월한 편이다. 320번국도상의 쿤밍(昆明)에서 루씨(潞西)까지의 거리는 650km이고, 야간운행 침대버스가 있어 이용하면 편리하다. 14시간 소요에 운임은 250위안(2010년)이다. 루씨(潞西)에서 루이리(瑞丽)까지의 이정(里程)은 100여km로 2시간정도 소요된다.

3. 특산물

루이리(瑞丽)에는 화평시챵(华丰市场, 하풍시장)과 루이리쮸바오청(瑞丽珠宝城, 서려주보성)의 규모가 큰 시장이 있다. 화평시챵(华丰市场)은 윈난 최대의 국경무역시장으로 의류·약재·금속제품·보석류 등이 거래되고, 루이리쮸바오청(瑞丽珠宝城)에서는 귀금속들이 거래되는데, 기백 원짜리에서부터 기십만 원짜리까지 있어 고객의 폭넓은 수요를 충족시키고 있다.

4. 여행적기

여름 한철이 비교적 더운 것을 제외하고는 여행을 하는데 있어 계절의 문제가 따르지 않는다.

5. 먹을거리

더훙 지방의 먹을거리는 다이족(傣族) 음식이 주를 이루는 가운데 대표적으로 하오쐉이(毫甩, 호솔)를 꼽을 수 있다. 하오쐉이는 좁쌀이나 옥수수를 시루에 오래도록 쪄서 찧어 만든 국수를 1차적으로 끓는 물에 삶은 다음, 여기에 육수와 갖은 양념을 쳐서 먹는 음식이다. 색과 향기와 맛이 두루 갖춰진 음식으로 소문이 나있으며, 루이리에 가서는 한번쯤은 꼭 먹어볼 음식이다.

6. 볼거리

다음은 더훙자치주(德宏自治州), 특히 루이리(瑞丽)의 볼거리를 정리한 것이다.

(표) 윈난 더훙자치주의 볼거리

경 점	개 요	소재지
푸티스 (菩提寺)	청(清)나라 7대 황제 가경(嘉庆, 1796~1820)년간에 창건한 소승불교(小乘佛教) 사원임. 세 겹의 처마를 달고 있는 대전(大殿)은 한(汉)·다이(傣)의 건축풍격을 지니고 있음.	루씨시
지에러진타 (姐勒金塔)	루이시 동북 5km거리의 지에러춘(姐勒村) 마을에 있음. 명(明, 1368~1644)나라 때 창건됐으며, 1980년에 중건됨. 윈난 서부지방의 소승불교 탑임. 36m높이의 주탑(主塔) 주위에 16개의 소탑이 둘러 서 있음. 다이족의 독특한 건축풍격과 풍부한 상상력을 엿볼 수 있음.	루이리시
루이리쟝(瑞丽江)- 따잉쟝(大盈江)풍경 명승구(风景名胜区)	윈난성 서부의 풍경구로서 주위에는 높은 산과 울창한 숲이 있음. 삼선동(三仙洞)·푸티스(菩提寺)·윈앤타(允燕塔)·지에러진타(姐勒金塔)·후타오쉬(虎跳石)·디에슈이푸부(叠水瀑布)·아오펑스(聱峰寺) 등의 볼거리가 있음.	루이리시

경 점	개 요	소재지
비앤마오지에 (边贸街)	루이리 시내에 있으며, 밤새도록 불이 꺼지지 않는 거리라고 하여 "부예지에(不夜街)"라고도 함. 길이 1km의 거리에 중국과 미얀마 간의 대형 무역시장이 있음. 이 지역 다이족 특색의 목각·피혁·직물 등이 많이 거래되고 있음.	루이리시
완딩쪈 (畹町镇)	중국에서도 이름이 난, 인구 1만의 작은 성(城)임. 서쪽으로는 강 건너로 루이리시를 바라보고, 남쪽으로는 미얀마와 경계를 이룸. 국경선이 29km에 이르며, 중국과 미얀마 간의 국경관광이 트이면서 많은 사람들이 다녀감.	루이리시
완딩챠오 (畹町桥)	중국과 미얀마 사이를 흐르는 루이리쟝의 다리임. 다리의 북쪽이 중국의 완딩쪈(畹町镇)이고, 다리의 남쪽은 미얀마임. 일본과 맞서 싸울 때에는 일본의 해상봉쇄로 막힌 군수물자 보급로로 역할 했으며, 오늘 날에는 경제 문화 무역 교류의 통로가 되고 있음.	루이리시
윈얜타 (允燕塔)	잉쟝현성(盈江县城)의 동남쪽 15km되는 윈얜춘(允燕村) 마을에 있음. 소승불교탑으로 민국(民国, 1912~1949)년간에 세워졌으며, 1956년에 중수됨. 20m의 주탑 주위에 44개의 소탑이 둘러 서 있음. 윈난 서부에서 그 규모가 가장 큼.	잉쟝현
롱슈왕 (榕树王)	잉쟝현성에서 30km 떨어진 동벽관(铜壁关)에 있음. 수령 300년의 거목으로 그 그늘이 기천 평에 이름.	잉쟝현

루이리쟝(瑞丽江) 따잉쟝(大盈江) 풍경명승구

이 명승구는 루씨(潞西)·루이리쟝(瑞丽江)·따잉쟝(大盈江)의 세 구역으로 나뉜다. 루이리쟝(瑞丽江)은 까오리공샨(高黎贡山)의 서쪽기슭에서 발원하여 텅충(腾冲)과 루이리(瑞丽)를 거쳐 미얀마로 들어가는데, 들어가기 전에 미얀마와의 경계 20여km를 흐른다. 루이리쟝은 맑고 푸르며, 그 물 흐름이 부드럽다. 양쪽 강기슭에는 큼직한 선인장들과 푸르른 갯버들, 향기 그윽한 유자나무, 그늘도 시원한 대청나무(大青树), 유연하고 아름다운 자태의 봉미죽(凤尾竹), 널찍한 잎의 파초 숲 등이 다이족 사람들의 대나무집과 어우러져 이루 다 말할 수 없는 풍광을 연출한다.

따잉쟝(大盈江)은 까오리공샨(高黎贡山)의 남쪽기슭에서 발원하여 수 백리 협곡과 원시림을 뚫고 나와 잉쟝평원(盈江平原)에 이른다. 넓어진 강줄기는 마냥 느리게 흐르며, 논밭전지와 마을과 취죽과 푸른 나무들은 일망무제(一望无际)로 뻗어나간다.

루이리쟝과 따잉쟝은 중국의 국가급풍경명승구(国家级风景名胜区)로 지정되어 있다.

다잉쟝 풍경

루이리쟝 풍경

Close Up

지에러따진타(姐勒大金塔)

지에러따진타(姐勒大金塔, 조륵대금탑)은 다이족(傣族) 언어로는 "광무허마오(广母贺卯)"라고 부른다. 평원 머리 녘에 자리 잡은 탑이라는 의미이다. 루이리에서 가장 으뜸이 되는 불교 건축물이자 불교활동의 거점이다. 구리와 벽돌을 함께 사용한 40m 높이의 주탑은(主塔) 돌북(石鼓)처럼 생긴 아래층과 돌종(石钟)처럼 생긴 가운뎃부분, 그리고 탑머리의 세 부분으로 되어 있다. 가운데의 돌 종 부

지에러따진타

분을 두드리면 맑디맑은 소리가 울려나오는데, 그 소리는 마치 사람들로 하여금 각성하라는 계시로 들린다고 한다. 탑머리는 금박이 입혀져 있으며, 금박을 한 보산(宝伞)·풍향계(风标)·은방울(银铃)이 달려있다. 주탑의 주위로는 2호탑 4자리, 3호탑 4자리, 4호탑 8자리 등 모두 16자리의 작은 탑들이 늘어서 있는데, 이들의 탑신은 모두 금색 칠을 하였으며, 각 종 그림이 그려져 있기도 하고, 각종 조각이 새겨져있기도 하다.

완딩쩐(畹町镇)

완딩쩐은 루이리시(瑞丽市)의 직할 쩐(镇)으로 더홍자치주의 남쪽에서 미얀마와 경계를 이루고 있다. 완딩(畹町)은 다이족(傣族) 언어로 "해가 머리위에 있는 곳(太阳当顶的地方)"을 의미하며, 그래서 이곳 사람들은 완딩쩐을 "태양당정(太阳当顶, 타이양당딩)의 고장"이라고 즐겨 부른다.

완딩은 중국전역의 출입국관리사무소 소재 도시로서는 가장 작은 곳이다. 제주도의 5%면적(95km²)에 상주인구는 1만여 명이다. 국경을 흐르는 완딩허(畹町河)에 길이 20m, 폭 5m의 완딩챠오(畹町桥) 다리가 강바닥으로부터 9m높이에 놓여있으며, 이 다리를 통해 사람들은 미얀마로 나가고, 중국으로 들어온다. 다리 건너가 미얀마의 지유구쩐(九谷镇)이며, 그래서 완딩챠오를 지유구챠오(九谷桥)라고도 한다. 완딩챠오는 320번 국도의 종점이 된다.

완딩쩐시가지

고명천

회태정

제4장

다리
빠이족자치주
大理白族自治州

1. 전체모습

다리자치주(大理自治州)는 윈난성의 중서부에 위치한다. 이곳은 헝두안산맥(橫斷山脉)의 지맥(支脉)인 윈링(云岭)의 남단에 접하며, 이곳에서 뻗어 내린 라오쥔샨(老君山)-창샨(仓山)-우량샨(无量山)의 맥이 동(东)과 서(西)를 가른다. 창샨의 서쪽은 고산협곡이고, 그 동쪽은 비교적 가파른 경사지이다.

다리주는 동서 폭 최장 320km에 남북길이 최장270km이며, 넓이는 제주도의 16배인 2만9,500km^{2}이다.

2부 권역별 명소_ 87

다리주는 행정적으로 1시8현3자치현(一市八县三自治县)으로 나뉘는데, 다리시(大理市)·쌍원현(祥云县)·빈촨현(宾川县)·미두현(弥渡县)·용핑현(永平县)·윈롱현(云龙县)·얼위옌현(洱源县)·지앤촨현(剑川县)·허칭현(鹤庆县)·양비이족자치현(漾濞彝族自治县)·난지앤이족자치현(南涧彝族自治县)·웨이산이족회족자치현(魏山彝族回族自治县) 등이 그것이다. 또한 다리자치주에는 모두 합쳐 제주도 넓이만한 분지가 18곳이 있는데, 이들은 6개 지역에서 동-서 방향으로 띠처럼 이어져있다.

다리자치주의 전반적인 지세는 북고남저(北高南低)이다. 다리시(大理市)에서는 동서방향의 320번국도와 남북방향의 214번국도가 교차한다. 320번국도(昆瑞公路)는 다리의 서쪽에 있는 루이리(瑞丽, 바오샨시)와 다리의 동쪽에 있는 쿤밍(昆明, 쿤밍시)을 연결하고, 214번국도(滇藏公路)는 다리 남쪽의 멍하이(勐海, 쓰마오시)와 다리 북쪽의 리쟝(丽江,)·쌍거리라(香格里拉, 디칭시)·망캉(芒康, 시짱)을 연결한다.

다리자치주는 저위도고원계절풍지대(低纬度高原季节风地带)로서 4계절의 온도차는 그리 크지 않다. 가장 춥다는 1월의 평균기온이 8℃이고, 가장 덥다는 7월의 평균기온이 22℃이다. 하지만, 이곳의 기후는 수직차가 심하다. 같은 시기라 하더라도 하곡(河谷)은 덥고, 평지는 따뜻하며, 산간지역은 서늘하고, 고산지대는 춥다. 그런가 하면, 건기와 우기는 분명하다. 11월부터 이듬해 4월까지는 연간 강우량의 5~15%만이 내린다.

2. 내력

다리의 역사는 유구하다. 이는 한(汉, BC206~AD220)나라 때 이곳이 서남실크로드(西南丝路)의 요충지였던 데 근거를 두고 하는 말이다. 7세기 초에는 얼하이(洱海)호 인근지역에 6개의 규모가 큰 부락이 있었다. 멍씨쨔오(蒙西诏)·위예씨쨔오(越析诏)·랑총쨔오(浪穹诏)·텅샨쨔오(藤闪诏)·쉬량쨔오(施浪诏)·몽셔쨔오(蒙舍诏)가 그들인데, 그 중에서 멍셔쨔오는 가장 남쪽에 있다 하여 난쨔오(南诏)라 하였다.

이 난쨔오(南诏)가 당(唐, 618~907)나라의 지원을 받아 나머지 다섯 쨔오

(诏)와 인근의 중소부락을 통일하자 당(唐)나라의 현종(玄宗, 712~756)은 난짜오의 왕 피루워거(皮逻阁)를 윈난의 왕으로 봉하고, 이곳에 윈난안무사(云南按抚司)를 설치하였다. 이때부터 다리(大理)는 윈난의 정치적 중심지가 된다. 그로부터 200년이 지나 당나라가 멸망하고, 후량(后梁, 907~923)·후당(后唐, 923~936)·후진(后晋, 936~947)·후한(后汉, 947~950)·후주(后周, 951~960)의 5대(五代)가 흐르는 혼란기에 난짜오(南诏)의 절도사 단스핑(段思平)이 다리국(大理国)을 세운다. 국호 "다리(大理)"의 "리(理)"는 다스릴 "치(治)"자와 동의어로 크게 다스린다는 의미를 담고 있다.

다리국(大理国)이 세워진 937년으로부터 300여년이 지난 1253년에, 원(元, 1206~1368)나라의 후비리에(忽必烈, 원나라 7대 세조, 재위 1260~1294)가 10만 대군을 이끌고 진샤강(金沙江)을 넘어와 대리국을 정벌하고, 이 땅에 중서행성(中书行省)을 설치하면서 그 행정의 중심을 쿤밍으로 옮긴다. 이로써 다리(大理)는 윈난지역의 500년 정치중심지 역할을 마감한다. 1983년에 종래의 다리현(大理县)과 현급인 시아관시(下关市)를 한 데 합쳐 다리시(大理市)로 개편하였으며, 오늘에 이르고 있다.

3. 지역정서

다리빠이족자치주(大理白族自治州)의 수부(首府)는 현급시인 다리시(大理市)이다. 다리는 사람들로 하여금 낭만적인 분위기를 느끼게 하는 고장이다. 디앤창샨(点苍山, 4,122m)이 병풍처럼 둘려있고, 얼하이(洱海)호수는 거울처럼 맑다. 문학의 소재가 되는 자연경물(自然景物)이라든가, 다섯 송이 금화(金花)의 고사, 나비샘(蝴蝶泉)의 전설 등, 다리(大理)는 이제 한낱 지명에 불과한 것이 아니라 일종의 낭만을 상징하는 어휘가 되어 있다.

좌로부터 삼지초주. 홍매주. 청매주

산수(山水)와 기후가 사람살기에 적합하여 인심도 순하며, 수공예품인 짜란(扎染)은 아름답고, 생활습속은 독특하다. 전국의 제1군에 속하는 문화명성으로 볼거리도 많으며, 더불어 현대식 주점에서 이 고장 특산인 청매주(青梅酒)를 맛보는 것은 또 다른 추억거리가 될 것이다.

4. 특산물

대리석(大理石)

대리석은 그 이름이 전 세계적으로 알려져 있지만 대부분의 사람들은 그 실체에 대하여 잘 알지 못한다. 사실, 대리석만큼 그 이름이 다양한 돌도 없다. 다리(大理)의 디앤창샨(点苍山)에서 나오는 돌이라 해서 "점창석(点苍石)"이라고도 하고, 돌이 지닌 서늘함이 술기운을 가시게 한다하여 성주석(醒酒石, 술을 깨게 하는 돌)이라고도 한다. "봉황옥녀점석(凤凰玉女点石)"의 전설을 떠올리는 산골사람들은 "봉황석(凤凰石)"이라 하고, 관가에서 거두어가는 돌이라 하여 "공석(贡石)"이라고도 했다. 지붕 밑에 고이는 돌이라 해서 "초석(楚石, 주춧돌)"이라 했고, 이 고장의 옛 이름인 위청(榆城, 유성)의 글자를 따서 유석(榆石)이라고도 했다. 또한 그 옛날 한 때에 다리(大理)가 천축묘향국(天竺妙香国)으로 불렸었기에 "천축석(天竺石)"이라고도 했다. 이 돌이 대리석(大理石)으로 불리기 시작한 것은 송(宋, 960~1279)나라 때 대리국(大理国)이 되고서부터이다.

대리석은 크게 두 가지 유형으로 가른다. 화문(花纹)대리석과 순색(纯色)대리석이 그것이다. 순색대리석은 무늬가 없고, 화문대리석에는 천연그림 같은 무늬들이 들어있다. 창백옥(苍白玉, 汉白玉)이 순색대리석에 속하고, 창샨(苍山)에서 생산되는 운회(云灰, 회색구름)대리석과 채화(彩花, 꽃무늬)대리석이 화문대리석에 속한다. 운회대리석은 수화(水花)대리석이라고도 한다. 채화대리석은 다시 세 종류로 나뉜다. 춘화(春花)대리석, 추화(秋花)대리석, 수흑화(水黑花)대리석이 그것이다. 이 중에서 으뜸은 수흑화(水黑花)대리석이다. 수흑화대리석은 백색과 흑색을 띠고 있으며, 그 소박함과 우아함이 속세를 벗어난 느낌을 갖게 한다는 평이다. 때문에 중국의 전통 수묵화에서는 매우 귀한 소재로 다루어지고 있다. 현재 다리(大理)에서는 수흑화대리석을 소재로 하는 소공예품이 관광 상품으로 각광받고 있다. 한 가지쯤 생활주변에 있으면 윈난여행의 추억을 떠올리게 하는 매개가 될 것이다.

라란과 짜란

다리(大理)의 라란(蜡染)과 짜란(扎染)은 빠이족(白族) 사람들의 문화와 예술이 녹아 들어있는 전통 민간공예품이다. 라란은 천에 그린 무늬 위에 황랍(黃蜡)을 입혀 염색을 한 다음, 이를 다시 제거함으로써 그 부분만 본래의 천의 색깔이 들어나게 하는 염색방법인데, 이렇게 생산된 공예품의 명칭으로 일반화되었다. 짜란 역시 염색의 한 방법이다. 천을 염색할

라란 공예품

라란 공예품

라란의 도안작성

때, 천에 그린 무늬부분을 결찰(結扎, 묶음)하여 그 부분이 염색되지 않도록 함으로써 천 본래의 색깔이 드러나게 하는 것이다. 이러한 방법으로 생산된 공예품의 일반적인 명칭도 짜란이다. 라란과 짜란에 쓰이는 천은 면직물(棉织物)·마직물(麻织物)·견직물(绢织物)·융(绒) 등 여러 가지이며, 그 위에 그려지는 도안도 동물의 형상에서부터 전통적인 문양에 이르기까지 다양하다. 색채는 산뜻하며 퇴색되지 않고, 무늬는 아름다우며 생동감이 넘친다.

짜란 공예품

5. 인문

다리시(大理市)는 빠이족(白族) 위주의 소수민족이 모여 사는 고장이다. 다리시의 인구는 5만9천명(2000년 현재)으로 전체 다리빠이족자치주(大理白族自治州) 인구의 18%이며, 그 중 65%가 빠이족 사람들이다. 나머지는 한(汉)·회(回)·이(彝)·리수(傈僳)·먀오(苗)족 사람들이다.

다리시(大理市)에는 예스럽고 소박한, 빠이족 사람들의 짙은 풍정이 그대로 보전되어 있다. 빠이족 사람들의 생활습속을 이해하고, 그들만의 독특한 민족 음식을 맛보며, 그들의 민속공예품의 진수를 접해 볼 수 있는 고장이 바로 다리시(大理市)이다.

빠이족(白族)은 역사가 유구하고 문화가 발달한, 윈난의 소수민족 중 하나이다. 빠이족은 한족(汉族) 문화의 영향을 일찍부터 받아왔다. 그러나 아직도 외진 지역에서는 자신들의 전통복식과 습속, 그리고 종교·신앙을 보존해 오고 있다. 빠이족의 2000년 현재 인구는 대략 139만 명이며, 그 중 80%이상이 얼하이(洱海)호수 인근지역에서 농사를 지며 살고 있다. 빠이족은 자신들의 언어를 가지고 있으나, 푸통화에도 능하여 교류하는 데는 문제가 없다. 빠이족 사람들은 흰색을 숭상하며, 흰색의 옷과 치장물을 귀히 여긴다. 대리석을 캐고 조각하는데도 능하며, 목각과 석각에도 그 기예가 뛰어나다. 다음은 빠이족 사람들의 대표적인 민족풍정이다.

싼위예지에(三月街, 삼월가, 삼월장)

싼위예지에는 빠이족 전통의 가장 성대한 명절행사로 음력 3월 보름에 창산 자락에서 열리며, 3월 스무날까지 6일간 개최된다. 1천년의 역사를 지니고 있는 싼위예지에의 시초는 관음보살이 이곳에 현신하여 불법을 설하면서부터라고 한다. 빠이족의 많은 사람들이 빠이족 언어로 설하는 불법을 들으려고 모여 들었으며, 모인 사람들이 필요에 의해 물물교환을 시작하면서 시장으로 변해 갔다는 것이다. 한편, 다리(大理)는 쓰촨에서 출발하여 미얀마를 경유, 인도로 향하는 남방실크로드의 요충지였기에 다리의 싼위예지에는 쓰촨(四川)·시짱(西藏)과 강남의 여러 성에서 상인들이 몰려와 상거래가 활발하였다.

해마다 싼위예지에가 열리면 각 민족은 그들만의 특색을 지닌 축제를 선보인다. 각 민족의 복식은 그 아름다움을 서로 다투기라도 하는 듯 현란하고, 각종 공연이 꼬리를 물며, 흉내를 낼 수 없는 가무가 펼쳐진다. 아무리 부지런을 떨어도 못 보고 넘어가는 것이 태반이다. 싼위예지에의 기원에 관하여 다음과 같은 이야기가 전해온다.

싼위예지에의 가무

얼하이(洱海) 호숫가에 고기잡이로 생계를 꾸려가는 젊은 어부가 있었다. 그의 아내는 용왕의 셋째 공주로 어여쁘고 꿈이 많았다. 어느 해 음력 3월 보름밤, 어부의 아내는 유난히도 밝은 보름달을 바라보다가 문득 그날 밤이 월궁의 선녀인 창어(嫦娥)가 위예지에(月街) 축제를 여는 날임을 떠올리고,

싼위예지에의 말타기

싼위예지에의 화공

용 한 마리를 오게 하여 남편과 함께 달로 올라갔다. 온갖 가무가 펼쳐지고 세상에 있어야할 물건들이 모두 있는데, 볼 수는 있으되 살수는 없게 되어 있었다. 어부 내외는 위예지에(月街) 축제를 구경하고 내려오는 길에 자신들도 해마다 3월 보름에 위예지에(月街)와 같은 축제를 창산자락에서 열리라 마음먹었다. 어부 내외는 그 축제의 이름을 싼위예지에(三月街)라 했고, 축제에 나오는 온갖 물건은 볼 수 있을 뿐만 아니라 살수 있도록 하였다.

싼위예지에의 약재들

라오싼링(绕三灵, 요삼령)

라오싼링은 난쨔오(南诏) 때부터 있었던 것으로 고대 빠이족 사람들의 종교 제사의식이다. 싼링(三灵)은 "불도(佛都)"로서의 숭성사(崇圣寺), "신도(神都)"로서의 성원사(圣源寺), "선도(仙都)"로서의 금규사(金奎寺)를 일컫는다. "라오(绕)"는 한가롭게 배회하는 것을 의미한다.

빠이족 사람들은 농한기 때인 음력 4월 23일부터 25일까지 3일간에 걸쳐 싼링을 돌며 신과 더불어 즐긴다. 얼하이(洱海)호수 인근의 사람들은 남녀노소 모두가 야한 화장을 하고 나와 줄을 서서 절로 향한다. 첫째 날은 신도(神都)인 성원사를 돌면서 풍조우순(风调雨顺)하고, 사람들이 무병장수하며, 농사가 풍년들기를 기원한다. 둘째 날에는 선도(仙都)인 금규사에 들러 송대리국(宋大理国)의 국왕 왕두안쫑(王段宗)의 위패에 제사를 지낸다. 셋째 날에는 불도(佛都)인 숭성사로 가서 하늘이 자신들을 보우하고, 천지가 안녕하기를 기도한다. 행사가 모두 끝나면, 사람들은 숭성사 근처의 마이촌(马邑村)에 와서 해산한다.

이 라오싼링을 빠이족 사람들은 미친 듯이 기뻐하는 축제라는 의미의 "광환절(狂欢节)"이라고도 한다. 관심이 있고, 시간 여유가 있다면 빠이족 사람들의 대열에 들어가 한 바퀴 돌아보는 것도 좋은 추억이 될 것이다.

싼다오챠(三道茶, 삼도차)

싼다오챠는 빠이족 사람들이 예로부터 이어 내려오며 마시는 세 가지 차(茶)이다. 불에 볶아 씁쌀하고도 구수한 맛이 나는 쿠챠(苦茶), 우유·생강·꿀·호도 등을 넣어 달콤한 맛이 나는 티앤챠(甜茶), 건위강장제인 육계(肉桂)와 산초(花椒)를 넣어 뒷맛이 깊고 상쾌한 후이웨이챠(回味茶)가 그것이다. 쿠챠는 가정에서 일상적으로 마시며, 티앤챠는 손님 접대용으로 내 놓는다. 혼사 때나 명절 때는 위의 세 가지 차를 모두 내 놓는다. 이 싼다오챠를 제대로 음미하려면 인화다오(银花岛)나 시쬬우(喜洲)와 같이 빠이족 사람들이 모여 사는 곳으로 가보는 것이 좋은데, 값은 천차만별이다. 대체로 1인당 10위안이며, 이보다 비쌀 때는 흥정해 보는 것도 여행의 즐거움일 수가 있다.

6. 여행적기

다리(大理)를 여행하기에 가장 알맞은 시기는 3월부터 6월까지의 4개월간이다. 이때쯤엔 기후도 온화하고, 모래바람도 많이 잦아드는데다가 동백꽃(山茶)이 만개한 가운데 빠이족의 3월가절(三月街节) 축제가 열린다.

7. 교통

다리(大理)에서는 항공, 기차, 자동차 등의 이용이 모두 가능하다.

비행기편

다리(大理)-쿤밍(昆明)과 다리(大理)-시쏴앙반나(西双版纳)의 두 항공노선이 운행되고 있다. 다리-쿤밍 간은 30분정도 소요되며, 다리-시쏴앙반나 간은 한 시간정도 소요된다.

열차편

쓰촨(四川)의 청두(成都)와 윈난(云南)의 쿤밍(昆明)을 연결하는 성곤선(成昆线: 成都-昆明) 철도의 광통(广通)역에서 다리(大理)와 광통(广通)을 연결하는 광다선((广大线)) 철도가 접속된다. 쿤밍에서 다리까지는 259km(다리-광통 간 206km, 광통-쿤밍 간 53km)이며, 쾌속열차로 10시간정도 소요된다. 다리역(大理站)에 내리면, 사람들이 떼로 몰려와 특별할인을 해준다며 일일관광을 권하는데, 믿을 것이 못된다. 말이 통하지 않더라도 많은 사람들이 움직이는 대로 따라가면서 사람 구경도하고, 산천경개를 감상해보는 것도 괜찮다.

자동차편

자동차로는 대형버스, 침대버스, 중형버스, 소형승용차 등이 있다. 주요 경점이 교외에 있기 때문에 버스를 이용하게 되는 빈도가 잦다. 다리시(大理市)의 주요 버스터미널은 세 곳으로 시아관(下关)에 있으며, 서로 인접해 있다.

가장 규모가 큰 것이 커윈쯍짠(客运终站, 객운종참)이고, 두 번째로 큰 것이 커윈푸우짠(客运服务站, 객운복무참)이며, 세 번째 것이 따윈쳐짠(大运车站, 대

윈차참)이다. 커윈쫑쨘과 커윈푸우쨘은 바로 인접해 있으며, 대부분의 고속버스와 쾌속버스는 이곳에서 출발한다. 행선지에 따라 버스를 가려타면 된다. 쿤밍으로 향하는 버스는 주로 따윈쳐쨘에서 출발한다.

8. 먹을거리

빠이족(白族)사람들의 미각(味覚)의 기본은 시고(酸), 맵고(辣), 달고(甜), 얼얼한(麻) 것이다. 그들의 요리 기법은 한족(汉族)과 불교사원으로부터 영향을 받았으며, 대부분의 사람들이 그렇듯이 음식을 만들 때 양념을 많이 넣는다. 그들이 먹는 버터와 치즈는 그 제조기술이 수백 년의 역사를 지니고 있는데, 다른 음식들도 그에 버금가는 전통을 이어오고 있다.

다리에는 이름난 요리와 간식거리가 많다. 예컨대, 챠오궈위(炒锅鱼, 물고기 볶음)·시샤루샨(洗沙乳扇, 곱게 친 맛소를 넣은 루샨)·다리얼(大理饵, 다리과자)·시쬬우푸어수탕쨔오(喜洲破酥糖招)·휘슈이쮜휘위(活水煮活鱼)·류탸오쩡로우(柳条蒸肉) 등이 있다. 돼지날고기는 이 고장의 별미식품이다.

9. 볼거리

다음은 비교적 잘 알려진, 다리(大理)의 볼거리들을 모은 것이다.

(표) 윈난 다리빠이족자치주(大理白族自治州)의 주요 볼거리

경 점	개 요	소재지
다리고성 (大理古城)	명나라 주원장의 태조(太祖, 1368~1398)재위 연간에 축성됨. 현재 남성루(南城楼)·북성루(北城楼)와 더불어 성벽 일부가 남아있음.	다리시 (大理市)
다리풍경명승구 (大理风景名胜区)	창샨과 얼하이호수를 중심으로 하며, 지쮸샨(鸡足山, 계족산)·웨이바오샨(巍宝山, 외보산)·구기대온천(九气台温泉) 등이 있음.	다리시 (大理市)
창샨 (苍山)	다리풍경명승구의 중심부분임. 다리시 서북부의 얼하이(洱海)호수와 양비강(漾濞江) 사이에 있음. 마롱봉(马龙峰)이 주봉이며, 해발 4,122m임.	다리시 (大理市)

경 점	개 요	소재지
얼하이 (洱海)	고원 담수호임. 귀를 닮은 호수 모양에서 그 이름이 비롯됨. 예로부터 맑은 물, 빼어난 주변 경치, 살찐 물고기 등이 유명함.	다리시 (大理市)
얼하이공원 (洱海公園)	다리시 시아관(下关) 동북쪽 2km되는 곳의 투안산(团山, 2,049m) 위에 있음. 1976년에 개설됐으며, 이곳에 오르면 창산과 얼하이의 풍경을 한 눈에 볼 수 있음.	다리시 (大理市)
빠이족박물관 (白族博物館)	디리빠이족자치주박물관은 1968년에 가 관됨. 박물관 건물은 중국 전통의 건축양식과 빠이족의 민속적 건축양식이 절충된 건축양식으로 지어짐. 난쨔오국(南诏国)과 다리국(大理国) 두 왕조의 역사와 이 고장 각 민족의 우수한 문화유물을 소장, 전시하고 있음. 싼다오챠(三道茶)의 시음행사가 항시 열리고 있음.	다리시 (大理市)
숭성사3탑 (崇圣寺三塔)	난쨔오국(南诏国, 748~937)년간에 창건됨. 숭성사 절은 오래 전에 훼멸되고, 지금은 그 탑만 남아있음. 보존상태가 양호함. 주탑인 천심탑(千寻塔)은 823년에 세워진 것으로 69m높이의 4각 벽돌 탑임. 16층의 처마가 촘촘히 달려있으며, 맨 위의 네 귀퉁이에는 구리로 만든, 조형이 정밀하고 모양이 장관인 붕새(鹏鸟)가 하나씩 놓여있음.	다리시 (大理市)
홍성사탑 (弘圣寺塔)	송(宋, 960~1279)나라 때 세워진 것임. 높이 44m의 4각 탑으로 조형미가 빼어나며, 보존상태가 양호함.	다리시 (大理市)
불도사탑 (佛图寺塔)	난쨔오국(南诏国, 748~937) 때 창건된 불도사의 탑으로 속칭 사골탑이라고도 함. 39m높이의 벽들 탑으로 13층의 처마가 촘촘히 달려있음. 윈난지역에서 가장 오래된 탑임.	다리시 (大理市)
3월가 (三月街)	창산 중화봉(中和峰)의 산비탈에 자리 잡고 있는, 빠이족 전통의 무역시장 장터임. 매년 음력 3월에 5~7일간에 걸쳐 축제행사가 열림.	다리시 (大理市)
원세조평운남비 (元世祖平云南碑)	원(元)나라 8대 임금 성종(成宗, 1294~1307)년간에 원(元)나라 세조 후비리에의 윈난평정 무공을 기리기 위해 세운 비석으로 그 높이는 5.4m임. 1,300여 글자로 당시의 상황을 상세하게 기록하고 있음.	다리시 (大理市)
난쨔오덕화비 (南诏德化碑)	난쨔오(南诏, 748~937) 초기에 세워진 비석으로 높이 3.0m, 폭 2.3m, 두께 0.6m임. 난쨔오의 정치제도, 경제 상황, 당나라와의 화친, 윈난 각 민족의 분포 및 교류 상황 등이 5,000여 글자로 기록돼 있음.	다리시 (大理市)

경 점	개 요	소재지
호접천 (蝴蝶泉)	창샨의 운롱봉(云弄峰)에 있음. 신록이 한창인 춘말하초(春末夏初)에 나비들이 떼로 몰려와 교미, 산란함. 윈난의 기이한 풍경 중 하나이며, 이곳에 나비박물관이 있음. 매년 음력 4월 15일에 민간전통의 나비축제가 열림.	다리시 (大理市)
주성진 (周城镇)	다리자치주 최대의 빠이족 마을임. 이곳의 가옥은 빠이족 전통의 "3방1조벽(三坊一照壁)"의 형식으로 되어있음. 3방1조벽이라 함은 남쪽방향으로 열린 "ㄷ"자 모양의 3면에 건물을 배치하고, 건물이 없는 남쪽에 벽을 쌓아 햇볕의 쬐임을 많게 한 가옥구도임.	다리시 (大理市)
희주백족고건축군 (喜洲白族古建筑群)	명(明, 1368~1644)나라와 청(清,1616~1911)나라 때의 3방1조벽(三坊一照壁)·4합오천정(四合五天井) 형식의 민가 100호 가량이 원형그대로 보존되어 있음.	다리시 (大理市)
계족산 (鸡足山)	석가모니의 대 제자인 쟈예(迦叶)가 이곳에 와 불교를 전파하였으며, 청나라 때는 108채의 사찰이 있었다함. 현재 축성사(祝圣寺)·동와사(铜瓦寺)·금정사(金顶寺)·태자각(太子阁)·릉엄탑(楞严塔) 등이 남아있음.	빈촨현 (宾川县)
난쨔오풍정도 (南诏风情岛)	난쨔오 국왕의 여름철 피서행궁이었던 곳으로 섬의 풍광이 빼어나게 아름다움. 빠이족의 문화예술광장·종합오락관·태호석경군(太湖石景群)이 있으며, 난쨔오(南诏国)과 다리국(大理国) 두 왕조의 도성풍치가 남아있음.	얼위옌현 (洱源县)
석종산석굴 (石钟山石窟)	지앤촨석굴(剑川石窟)이라고도 함, 난쨔오국(南诏国, 748~937)과 다리국(大理国, 937~1253) 두 왕조의 시대에 조성된 석굴로 석종사(石钟寺)·사자관(狮子关)·사등촌(沙登村) 등의 세 지구로 나뉨. 모두 17개의 석굴에 139개 조각상이 있음. 이들 조각상은 중국 서남부 변방의 한족(汉族), 빠이족(白族), 이족(彝族), 짱족(藏族) 등 4개 민족이 융화되고 있음을 나타내며, 또한 당(唐)·송(宋)이래 윈난지역이 미얀마·인도 등 다른 나라와 교류해온 문화사가 담겨있음.	지앤촨현 (剑川县)
보상사 (宝相寺)	원(元, 1206~1368)나라 때 창건되고, 청(清)나라 4대 황제 강희(康熙, 1661~1722)년간에 중건됨. 누각 등 건물들이 지상 20~60m 높이의 절벽에 지어졌으며, 각 건물끼리는 돌계단과 구름다리로 연결되어 있음. 풍광이 독특하고, 기이하며, 아슬아슬함을 맛볼 수 있어 관광명승지로 소문이 나 있음.	지앤촨현 (剑川县)
외산고성 (巍山古城)	다리시 남쪽 60km거리에 있는 외산현의 현성임. 난쨔오국(南诏国)의 발상지로 전해옴.	외산현 (巍山县)

샹관(上关)과 시아관(下关)

　관(关)은 관문(关门)을 말한다. 창샨(苍山)과 얼하이(洱海)호수 사이에는 45km 거리의 좁고 긴 통도(通道)가 있는데, 이 통도의 북쪽 어귀에 샹관(上关,상관: 龙首关,용수관: 河首关,하수관)이 있고, 남쪽 어귀에 시아관(下关,하관: 龙尾关,용미관: 河尾关,하미관)이 있다.

　당(唐, 618~907)나라 10대 임금 현종(玄宗, 712~756)년간에 멍셔쨔오(蒙舍诏)의 피루워거(皮罗阁, 697~748)가 여섯 쨔오(诏, 마을)를 통일하고 난쨔오국(南诏国)을 세우면서 이곳 양지미에(羊苴咩, 양저미: 지금의 다리시)를 도읍으로 삼았다.

　당나라가 멸망하고 후량(后梁, 907~923)-후당(后唐, 923~936)-후진(后晋, 936~947)으로 이어지는 동안, 난쨔오국(南诏国)은 대장화국(大长和国)-대천흥국(大天兴国)-대의녕국(大义宁国)으로 이어지다가 937년에 쉬청(石城, 지금의 曲靖市)에서 군사를 일으킨, 빠이족의 수령 뚜안쓰핑(段思平)에게 패망한다. 이후 뚜안쓰핑은 이곳 양지미에(羊苴咩)에 다리국(大理国)을 세우며, 다리국은 1254년 원나라의 후비리에(忽必烈, 홀필렬)에게 패망할 때까지 317년간 지속된다. 샹관과 시아관은 다리국이 그 도성의 방어를 튼튼히 하고자 앉은 관문이었던 것이다.

다리고성(大理古城)

　다리고성은 시아관(下关)에서 13km 떨어져 있다. 창샨(苍山)자락과 얼하이(洱海)호수 사이에 자리 잡고 있는, 성채도 웅장한 다리고성은 유성(榆城)이라고도 불린다. 다리고성은 넓고 웅장하다. 성채의 높이는 7.5m이고, 그 폭은 6m이다. 동서남북으로 성문이 하나씩 나있다. 성루에 올라 멀리 보면 창샨과 얼하이가 있고, 굽어보면 성 안 전체가 한 눈에 들어온다. 다리자치주의 수부(首府)인 시

다리고성 조감도

2부 권역별 명소_ 99

아관(下关)이 번화하고 시끄럽다면, 다리고성은 예스럽고 소박하며 조용한 편이다. 시아관에서 다리고성으로 오는 버스는 시외버스정류장의 북쪽 도로변에서 탄다. 종점은 북문이며, 남문은 종점에 이르기 두 정거장 전에 내린다.

다리고성 남성문루

고성 안의 상가거리

다리고성에는 외국인 여행자의 숙박업소가 모여 있는 "양인가(洋人街, 양런지에)"가 있다. 양런지에(洋人街)는 '외국인의 거리'라는 의미로 지난 날 외국사람들이 많이 드나듦으로써 붙여진 이름이다. '거리(街)'라는 글자가 들어있기는 하지만 이 글자가 의미하는 것만큼의 번듯한 거리는 아니다. 이곳에는 많은 기념품 판매점이 있으며, 그보다 더 많은 수의 술집이 있다. 다리에 관광 오는 외국인들이 주로 드나들었으며, 그래서 현지 사람들은 이곳을 외국인의 거리라는 의미로 '양런지에'라 했던 것이다. 그런데 오늘날에는 외국인 못지않게 내국인의 출입도 많고, 외국인들과 자연스레 어울려 이야기를 주고받는다. 중국 사람들이 많이 국제화 되어가고 있음을 느끼게 하는 대목이다. 양런지에(洋人街)의 술집에 들르면 윈난의 명주인 청매주(青梅酒, 칭메이지유)를 맛보도록 한다. 주정도수도 그리 높지 않고, 과일주스 같기도 하다. 맛은 별로지만, 지역명주인 만큼 찍고 넘어가는 것도 추억이 될 것이다.

양런지에 패방

양런지에 골목

또한 다리고성의 남북을 관통하는 대로변에는 이 고장의 특산물인 대리석조각품, 짜란(扎染), 차오비앤(草编, 초편: 1년생 풀로 짜서 만든 수공예품) 등의 판매점과 빠이족 음식점들이 줄지어 있다. 성 안에는 창샨 계곡의 맑은 물이 흐르고, 예스럽고 소박한 빠이족의 전통가옥이

들어서 있다. 이곳 사람들은 잘 살거나 못 살거나 간에 정원을 가꾸고 꽃을 가꾼다. "가가유수(家家流水), 호호양화(戶戶养花)"라는 말도 그런 배경에서 생긴 것이다.

고성에 있는 오화루(五华楼)는 AD865년에 난짜오국(南诏国)이 세운 것이다. 이후 따창허국(大长和国), 따티앤씽국(大天兴国), 따이닝국(大义宁国), 다리국(大理国) 등을 거치면서 국빈관으로서의 기능을 하였다. 다리국이 멸망한 후 원나라와 명나라를 거치는 동안 전화(战火)로 세 차례 불탔고, 청나라 때 다시 지었지만, 난짜오의 오화루에는 미치지 못했다. 그나마도 문화혁명 때 파괴되어 없어졌던 것을 다리 주정부가 새로 지어 오늘에 이르고 있다.

고성 오화루

풍화설월(风花雪月, 펑화쉐위예)

"풍화설월"은 이 어휘가 구사되는 내용에 따라 그 의미가 달라진다. 문학방면에서 쓰이면, 내용이 부실한 시문(诗文)이나 무절제한 생활로 피폐해진 인생을 의미하고, 복식(服饰)방면이라면, 화려하게 꾸민 빠이족 소녀들의 모자를 의미하며, 자연경관방면에서 쓰이면, 다리(大理)의 유명한 4대 경관을 지칭한다. 시아관펑(下关风, 시아관의 바람), 샹관화(上关花, 샹관의 꽃), 창샨쉐이(苍山雪, 창샨의 눈), 얼하이위예(洱海月, 얼하이호수의 달) 등이 그것이다.

다리의 시아관(下关)은 창샨(苍山, 4,122m)과 아이라오샨(哀牢山, 3,166m)이 이루는 계곡의 입구로 얼하이(洱海)호수에 부는 바람은 이곳에서 생긴다. 겨울과 봄에 걸쳐 가장 심하며, 그 기간은 대체로 30일에서 40일가량 된다. 나무가 뽑히고, 집이 무너지는 10 급(级)정도의 바람이 불 때도 있으며, 여름과 가을에는 비교적 덜하다. 흙먼지가 날려 눈을 뜨기조차 거북한 바람이 일년 내내 분다. 이 바람은 계곡을 따라 동진하는, 서쪽의 건조하고 찬 바람이 뱅골만으로부터 북쪽으로 올라오는, 습윤하고 따뜻한 바람과 만나면서 일어나는 것으로, 기묘한 현상이 벌어지기도 한다. 예컨대, 바람을 안고 걷다가 모자가 바람에 날리면 뒤쪽으로 떨어져야 정상이지만, 이곳에서는 앞쪽으로 떨어지고, 흙모래가 바람에 날리는데도 상쾌한 기분이 들기도 하는 것이다. 이 바람과 관련해서 다음과 같은 이야기가 전해온다.

옛날 창산의 한 마리 흰 뱀이 아름다운 아가씨로 변신하여 마을로 내려와 빠이족의 선비와 사랑을 나누었다. 어느 날, 그 선비의 스승이 이를 알아차리고 분노하여 벼룻돌을 들어 선비를 때리면서 그를 얼하이 호수 물속에 처넣어버렸다. 흰뱀아가씨는 난하이(南海)에 있는 관음보살에게 쫓아가 그 선비를 구해줄 것을 애원하였다. 관음보살은 흰뱀아가씨의 순정을 기특하게 여겨 그녀에게 바람이 들어있는 풍병(风瓶) 6개를 내어주면서 물에 빠진 선비에게 던져주라고 하였다. 그리고 던블이기를 가는 동안에 말을 하거나 소리를 질러서는 절대 안 된다고 하였다.

풍병을 받아든 흰뱀아가씨는 정인(情人)인 선비를 한시바삐 구해내고자 하는 일념에 정신없이 달려오다가 다리를 헛짚어 공중제비로 나가떨어졌다. 그 순간 자신도 모르게 "아이요(哎哟, 아이우)!" 하는 외마디 소리가 입 밖으로 나왔고, 그 소리에 풍병이 터지면서 그녀가 넘어진 시아관(下关)에 큰 바람이 불기 시작하였다.

"샹관화"는 드넓은 초원을 뒤덮고 있는 꽃들의 총체적 이름이다. 다리의 기후는 온화하고, 습기를 머금고 있어 이 고장에서는 온갖 꽃들이 다투어 피어난다. 다리의 빠이족 사람들은 늘 꽃에 묻혀서 산다고 해도 과언이 아니다. 샹관에 "챠오쮸화(朝珠花)"라는 이름의 꽃이 있다. 이 꽃은 연꽃과 비슷하게 생겼는데, 그 꽃잎의 수가 평년에는 12장이고, 윤년에는 13장이된다. 그 향기는 10리 밖까지 퍼져나가며, 그 열매는 황실 대신들의 목걸이 소재가 되었다. 다음과 같은 이야기가 전해온다.

샹관화

옛날, 한 여인이 난산(难产)으로 목숨이 경각에 달려있었다. 이때 한 신선이 나타나 귀하게 생긴 구슬을 입에 물려주었다. 그 여인은 그 구슬을 악물고, 몸에 남아있는 힘을 그러모아 마지막으로 용을 쓰는데, 그 바람에 아이가 빠져나오면서 입에 물고 있던 구슬도 땅바닥에 굴러 떨어졌다. 신기하게도 그 구슬은 이내 싹이 트고, 자라서 실한 나무가 되었는데, 탐

관오리들이 날이면 날마다 이 나무가 있는 곳으로 몰려와 요란법석을 떨었다. 백성들은 참다못해 그 나무를 도끼로 찍어 베어버렸다. 그러자 신기하게도 그 나무가 온 들판으로 퍼져나가면서 진귀한 꽃을 피우기 시작하였다. 훗날 사람들은 이 꽃을 챠오쮸화(朝珠花)라고 불렀으며, 그 열매는 나라 대신들의 목걸이 구슬로 사용되었다.

챠오쮸화

창산(蒼山)은 다리시(大理市)의 서쪽에서 남북으로 놓여있다. 해발높이 3,500m이상인 봉우리만도 19개나 되며, 그 중 가장 높은 것은 마룡봉(马龙峰)으로 4,122m이다. 창산의 아름다움을 명(明)나라의 장원급제 시인인 양승암(杨升庵)은 다음과 같이 읊었다.

산은 흰눈을 이고, 산허리에는 구름치마를 둘렀구나(巔积雪, 山腰白云).
천신이 저마다 솜씨를 발휘했으니, 그 누가 저 솜씨를 흉내 낼 수 있으랴
(天巧神工, 各显其技).

마룡봉을 비롯한 여러 산봉우리는 일년 내내 눈에 덮여있으며, 햇볕에 순백으로 반짝이는 풍경은 참으로 볼만하다. 사람들은 알프스산에 버금간다고들 한다. 이런 이야기가 전해온다.

옛날, 창산 자락의 마을들에 역병이 심하게 돌아 사람들이 줄지어 죽어나갔다. 참담하게 이를 지켜보던 자매(姉妹)가 배워 익힌 법술(法术)을 발동하여 그 못된 역신(疫神)을 창산 봉우리로 몰고 올라가 눈 속에 파묻어 얼려 죽였다. 그리고 혹시 소생할지도 모른다는 생각에 그 자매는 설인봉(雪人峰)의 설신(雪神)이 되어 역신이 다시는 깨어나지 못하도록 지키기로 하였다. 그 후로 창산에는 병이 돌지 않고 평안한 세월이 지속되고 있다.

구름을 두른 창상

눈에 덮인 창산

얼하이(洱海)호수의 달그림자를 진위예량(金月亮, 금월량, 금달)이라고 해서 다리(大理)의

명물로 꼽는다. 원래 진위예량은 달의 월궁(月宮)에 사는 공주의 거울을 일컫는 것이다. 진위예량에 관해 전해오는 이야기이다.

> 월궁의 공주가 얼하이호수에서 고기잡이로 생계를 이어가는 한 청년을 사모하게 되었다. 하지만, 애석하게도 하계에는 내려갈 수 없는 처지임을 깨달은 공주는 비통해 하다가 한 생각을 떠올렸다. 노부모에 효도하며 성실하게 살아가는 청년을 도와주기로 하고 자신이 지니고 있던 거울을 얼하이 호수 바닥에 가라앉혀 놓기로 한 것이다. 물위에 떠다니는 고기들이 거울에 비치어 그 청년으로 하여금 더 많은 고기를 잡게 하고자 함이었다. 이후로 얼하이호수 어부들의 고기 잡는 양이 나날이 늘어나면서 의식주가 풍요로워졌다. 이 모든 것이 월궁공주의 보살핌임을 알게 된 사람들은 물속에 뜨는 달을 진위예량이라 부르고, 월궁공주에게 감사하는 마음을 지니게 되었다.

다음은 풍화설월(风花雪月)의 경치를 총체적으로 표현한, 이 고장의 민요이다.

> 샹관화, 시아관풍. 시아관의 바람에 샹관의 꽃이 피네.
> (上关花, 下关风, 下关风吹上关花)
>
> 창샨의 눈, 얼하이의 달. 얼하이의 달이 창샨의 눈을 비치네.
> (苍山雪, 洱海月, 洱海月照苍山雪)
>
> 얼하이의 빼어난 풍광이 달밤이면 더욱 아름답구나.
> 물은 하늘같고, 달빛은 물결 같으니, 사람들은 이를 일러 '얼하이의 달' 이라 한다네.
> (洱海风光秀美, 每到月夜, 水色如天, 月光似水, 人称"洱海月")

창샨국가급풍경명승구
(苍山国家级风景名胜区)

창샨(苍山, 일명 点苍山)은 윈링산맥(云岭山脉) 남단의 주봉으로 동쪽은 얼하이 호수에 접해있고, 서쪽으로는 헤이후이강(黑惠江)을 바라보고 있다. 해발고도 3,500m 이상의 봉우리만도 19자리이다. 윈농(云弄)·창랑(沧浪)·우타이(五台)·리앤화(莲花)·빠이윈(白云)·허윈(鹤云)·싼양(三阳)·란펑(兰峰)·쉐런(雪人)·잉러(应乐)·관인(观音)·쯍허(中和)·롱취앤(龙泉)·

창샨 마롱봉

창샨계곡

위쥐(玉局)·마롱(马龙)·성잉(圣应)·포딩(佛顶)·마얼(马耳)·씨에양(斜阳) 등의 봉우리가 그 것들인데, 그 중에서 마롱봉이 가장 높아 4,122m이다. 산 정상에는 일년 내내 눈이 쌓여 있는데, 사람들은 이런 상황을 일러 "염천적일설부융(炎天赤日雪不融)"이라고 표현한다. 염천의 뙤약볕에도 눈이 녹지 않는다는 의미이다. 창샨 19봉의 각 봉우리마다에는 계곡이 하나씩 있어 모두 18줄기가 되는데, 이것이 그 유경한 윈난 다리(大理)의 18계곡(十八溪谷)인 것이다. 계곡을 흐르는 물은 얼하이 호수로 들어간다.

창샨에 오르는 데는 일반적으로 쫑허샨(中和山) 자락에서 케이블카를 탄다. 20분에 걸쳐 1,668m를 올라가며, 고도차는 478m이다. 그곳은 쫑허샨의 허리쯤이며, 다리에서 이름이 나있는 쫑허스(中和寺) 절이 있다. 얼하이 호수가 모두 한 눈에 들어온다.

다리고성과 얼하이호수

2부 권역별 명소_ 105

얼하이(洱海)호수

얼하이호수

얼하이는 윈난성의 이름난 호수로 해발 1,972m의 높이에 있다. 공중에서 내려다보면 꼭 창샨(苍山)과 다리평원(大理平原) 사이에 놓여있는 초승달 같다. 얼하이는 3도(岛)·4주(洲)·5호(湖)·9곡(曲)의 모양새이며, 오염되지 않아 맑디맑은 물은 "뭇 산 사이의 티 하나 없는, 아름다운 구슬(群山间的无瑕美玉)"로 표현되기도 한다.

얼하이호수에 도착하면, 우선 가까이 있는 빠이족의 어촌에 들러보도록 한다. 고원에 어촌이 있다는 것이 흔치않은 일이며, 이들의 생활상이 일찍이 1950년대에 제작된 〈금화 다섯송이(五朵金花)〉라는 영화에 담겨있다. 그런 장면들을 현장에서 생생하게 볼 수 있는 것이다.

호수에는 금사도(金梭岛), 은사도(银梭岛), 소보타(小普陀) 등의 경점이 있는데, 그 자체의 풍광도 풍광이려니와 이곳에서 건너다보는, 허리에 안개를 두르고 있는 창샨은 매우 아름답다. 그 경치를 배경으로 사진을 찍는 것 또한 좋다. 다만 흠이 있다면, 관광성수기에는 사람이 많이 몰려와 혼잡하다는 점과 편의시설이 태부족이라는 점이다. 이곳 나들이에는 갈증과 시장기를 달랠 수 있는 먹을거리를 충분히 준비하도록 한다.

얼하이 금사도

얼하이 어촌

시아관(下关) 시내에서 얼하이까지 가는 교통편으로는 여러 가지가 있다. 택시는 시내 어느 곳에서 타든지 5위안이면 간다. 얼하이는 배를 타고 구경할 수도 있고, 자전거를 타고 호수의 순환도로를 돌며 구경할 수도 있다. 수상관광은 1일 관광짜리 큰 배로 할 수도 있고, 노를 저어가는 작은 배로 할 수도 있다.

윈난의 4계절은 늘 봄과 같다. 대자연 속에 자전거를 타고 풍광을 즐겨보는 것도 좋다. 이곳에는 자전거 대여점도 많다. 자전거를 빌릴 때는 신분증을 제시하고, 보증금(1일 200위안)을 걸게 된다. 얼하이 호수의 순환도로는 200여km로 한 바퀴 도는 데는 넉넉히 이틀을 잡는다. 자전거를 타기로 했을 때는 다음 사항에 유의한다.

- 이곳은 고원지대로 햇살이 강렬하다. 되도록이면 햇볕에 노출되지 않도록 한다.
- 출발 전에 반드시 자전거를 점검하고, 안장이 닳아있거나 어딘가 불안해 보이면 교체하도록 한다.
- 도중에 몸 상태가 안 좋으면, 버스를 타도록 한다.
  버스에는 자전거도 싣게 되어있으며, 요금은 추가 지불한다.

호접천공원(蝴蝶泉公园)

호접천(나비샘)은 네모꼴의 연못으로 창산 운농봉 기슭의 푸르른 나무숲 속에 있다. 다리고성(大理古城)으로부터는 24km의 거리이고, 직통버스가 다닌다. 호접천의 주위로는 대리석 난간이 쳐져있고, 호접천 양쪽으로 있는, 우람한 합환수(合欢树)나무 두 그루가 서로 맞절하듯 굽어있다. 합환수 나무의 그늘이 드리워져 있는 호접천의 물은 하도 맑아 바닥이 그대로 들어나 보인다. 호접천에 다음과 같은 이야기가 전해온다.

호접천공원 정문

아주 먼 옛날, 하도 깊어 바닥을 확인할 수 없는, '무저담(无底潭)'이라는 이름의 연못이 있었다. 이 연못가에 아버지와 딸, 두 식구가 살았다. 원구(雯姑)라는 이름의 그 딸은 총명했으며, 아름답기가 한 떨기 금화(金花) 같았다. 원구가 나이가 들면서 인근의 용모 준수한, 씨아랑(霞郞)이라는 이름의 사냥꾼 청년을 연모하게 되었고, 둘이는 평생을 같이 하기로 약속하였다.

그런데 어느 날, 지주(地主)가 들이닥쳐 원구를 납치해 갔고, 씨아랑이 뒤쫓아가 그녀를 구해오는데, 지주의 거짓말을 고지듣은 관병의 추격을 받게 되었다. 막바지에 몰린 원구와 씨아랑은 서로 부등켜안고 무저담 연못으로 뛰어들었다. 바로 그 순간, 뇌성벽력이 치면서 폭풍이 몰아치고 폭우가 쏟아지기 시작하였다. 관병이 물러가고 날씨가 개이자 연못에서는 무지개와 더불어 아름답기 그지없는 한 쌍의 커다란 나비가 날아오르는데, 그 뒤를 수많은 오색의 작은 나비들이 춤을 추며 따르고 있었다. 그 날이 음력으로 4월 15일이었는데, 해마다 이 무렵이 되면 4면8방에서 수많은 나비들이 모여들어 짝을 짓고, 알을 낳았다.

그리고 사람들은 어느 때부턴가 '무저담'을 '호접천'이라 부르기 시작했다.

지난날의 호접천 풍광은 이러했다고 한다. 운농봉의 온갖 꽃들이 제 모습을 드러내기 시작하는 3,4월이 되면, 호접천의 합환수 나무도 맑고 그윽한 향기를 뿜어내는데, 이 독특한 향기에 끌려 사방의 나비들이 모여드는 것이라고 했다. 큰 것은 어른의 손바닥만하고, 작은 것은 동전만 했다.

호접천

합환수

온갖 색채의 나비들이 머리와 꼬리를 맞대고 서로 다투듯 합환수 위로 날아 올라가 호접천 수면 위로 급전직하 떨어져 내리는 광경은 이루 다 말로 표현할 수 없을 정도로 아름답고 기이했다. 그러나 오늘 날에는 모여드는 인파와 순수성을 잃어가는 환경 탓에 호접천에 나비들은 오지 않고, 그 이름만이 관광도시 다리의 대명사로 남아 지난날의 아름다웠던 풍광을 일깨워주고 있다.

시쬬우민쥐(喜洲民居, 희주민거)

시쬬우민쥐는 빠이족 민가(民家)의 풍격을 고스란히 지니고 있는, 그래서 다리(大理) 일대에서는 꽤 이름난 마을로서 다리고성의 북쪽 16km되는 곳에 있다. 이곳 민가의 특징은 '3방1조벽(三坊一照壁)'과 '4합5천정(四合五天井)'으로 집약된다.

옛시쬬우마을 표지석

옛시쬬우마을 표지석

3방1조벽(三坊一照壁)은 "ㄷ"자 모양으로 건물이 배치되는데, "ㄷ"자의 터진 부분에 조벽을 쌓고, 그 안쪽의 맞은편이 안채인 정방(正房)이다. 그리고 정방 양 옆으로 곁채인 상방(厢房)이 놓인다. 이로써 3방(三坊)과 1조벽(照壁)의 건물배치가 완성되며, 그 내부공간은 4합원(四合院)으로 불리는 정원으로 가꾸어진다. 3방의 건물들은 일반적으로 3칸2층이며, "ㅅ"자 모양으로 올라간 지붕에는 푸른 기와가 올려져 있다. 안채에는 그 집안의 연장자가 거처하고, 곁채에는 그 아래 사람들이 쓴다.

4합오천정(四合五天井)은 3방1조벽의 구도에서 조벽이 설 자리에 아래채 건물을 앉히는 형식이다. 이때 아래채 건물의 양 옆에 작은 공간을 두며, 한 공간은 대문의 통로로 삼고, 나머지 한 공간은 작은 정원으로 가꾼다. 4합원의 정원에 덧붙여진 작은 정원이라 해서 5천정(五天井)이라고 하는 것이다.

빠이족의 민가는 부유한 집이든 그렇지 않든 간에 정교하고 아름다운 조각이나 그림으로 장식되어 있다. 특히 조벽(照壁), 문창화방(門窗花枋), 산장(山墻), 문루(門樓)등을 정성 들여 가꾼다.

시쬬우로 가는 차편은 다리고성이나 시아관의 시외버스터미널에 있으며, 20분정도 소요된다. 시쬬우에서 빠이족 민가의 풍격을 제대로 감상할만한 곳으로 엄가원(严家院)·동가원(童家院)·양가원(杨家院)이 있다. 동가원과 양가원은 2003년에 전반적으로 보수를 했고, 엄가원은 엄자정(严子贞)이 1920년대에 지은 것이다. 이들 건물의 정원은 4개씩으로 남북방향으로 이어져 있으며, 전체적인 모양새는 엇비슷하다. 일반 관광객 입장에서는 이 셋 중 하나만 보는 것으로 족할 것이다.

엄가원 외부

엄가원 내부

쬬우청(周城, 주성)

쬬우청마을

쬬우청은 다리국(大理国) 국왕의 화원(花园)이었다. 지금도 그 당시 국왕이 관람했던 연극무대(戏台)와 그들의 사당(庙)과 문창궁(文昌宫) 등의 옛 건물들이 남아있다. 그 외에도 이 고장을 더욱 유명하게 만든 것은 짜란(扎染)이다. 이곳 빠이족 사람들은 집집마다 전문적인 짜란 제작 작업장을 차려놓고, 빠이족 전통의 아름답고 품질 좋은 짜란을 만들어내고 있는 것이다. 이곳에 가면 짜란의 제작과정을 한 눈에 볼 수 있으며, 대도시 가격의 1/4정도 수준으로 마음에 드는 짜란을 구입할 수 있다. 윈난(云南) 여행의 기념품으로, 또한 친지들에게 줄 선물로 짜란 만큼 좋은 것이 또 있을까 싶다. 쬬우청(周城)으로 가는 차편은 다리고성과 시아관의 시외버스터미널에 있다. 30분 정도 소요된다.

짜란 묶는 작업

다리빠이족자치주박물관
(大理白族自治州博物馆)

다리박물관

이 박물관은 다리시의 시아관에 있다. 1986년에 건립되었으며, 건축 재료와 건축 및 장식기법이 빠이족의 민간전통공예에 근거하고 있어 그들 민족의 색채와 풍격을 짙게 풍기고 있다. 주위의 푸르른 송백(松柏)나무 숲과 사철 지지 않는 온갖 꽃들을 배경으로 하여 서있는 박물관 건물은 빠이족 건축예술의 진수를 보여주고 있다.

다리(大理)는 4,000여 년에 걸친 문명사(文明史)를 지니고 있다. 당(唐, 618~907)·송(宋, 960~1279) 양 대에 걸쳐 난쨔오(南诏)와 다리(大理)의 두 지방왕조가 있었으며, 한(汉, BC206~AD220)나라 때부터 남방으로 가는 실크로드의 요충지였던 것이다. 다리 자치주에는 국가급·성급·시급의 문물보호시설이 266곳에 있으며, 이러한 규모는 전국 30개 소수민족 자치주에서도 으뜸인 것이다. 이 박물관에는 청동·도자기·석각예술을 중심으로 하는 문화문물 민족문물 등 7,000여 점이 소장·전시되고 있다. 다리지역을 둘러본 후 이곳에 들리면 빠이족 문화에 대한 이해가 더욱 깊어질 수 있을 것이다.

청화단지

2부 권역별 명소_ 111

숭성사3탑(崇圣寺三塔)

숭성사(崇圣寺)절은 동쪽의 얼하이(洱海) 호수를 내려다보는 창샨(苍山) 기슭에 있다. 이 절에는 세 자리의 탑이 붓을 거꾸로 꽂아놓은 듯 서있는데, 그 자태가 아름다워 예로부터 다리(大理)의 상징이 되어왔다. 숭성사를 일러 3탑사(三塔寺)라 하는 연유이기도 하다. 지금의 숭성사는 2002

숭성사 전경

년에 중건된 것이다. 당초의 절은 당(唐)나라의 21대 임금 함통(咸通, 859~873)년간에 고승 이춘(义存)이 당시 난쨔오국의 숭불정책에 힘입어 세운 것으로 윈난 불교의 중심이자 난쨔오국과 다리국의 황가사원(皇家寺院)이기도 하였다.

새로 지은 숭성사 절은 당(唐, 618~907)·송(宋, 960~1279)·원(元, 1206~1368)·명(明, 1368~1644)·청(清, 1616~1911) 등 역대 왕조에 있었던 다리(大理)지역의 건축특색을 모두 지니고 있는 것으로 평가되고 있다. 숭성사의 5대 명물로 삼탑(三塔), 난쨔오지앤지대종(南诏建极大钟), 우동관음상(雨铜观音像), 삼성금상(三圣金像), 불도편(佛都匾) 등을 꼽는다.

숭성사 앞면

뒤에서 본 숭성사

Close Up

다리3탑(大理三塔)

멀리서 본 3탑

3탑사 입구

가까이에서 본 3탑

　　다리3탑은 그 바탕자리가 네모꼴이고, 돌난간이 둘려있다. 돌난간의 네 귀퉁이에는 돌사자가 새겨져있으며, 동쪽 중앙에는 "영진산천(永鎭山川)"의 네 글자가 쓰인 석조벽(石照壁)이 있다. 3탑의 주탑(主塔)은 천심탑(千尋塔)이다. 4면체의 벽돌 탑으로 속은 비어있으며, 16층의 처마가 촘촘히 달려있다. 아래 폭 9.9m에 높이 69m인 탑의 꼭대기는 구리로 덮여있다.

　　주탑의 뒤로는 42m높이의 작은 탑 2개가 남북으로 마주보고 서 있다. 두 탑 모두 주탑으로부터 70m 떨어져 있고, 서로간의 거리는 97m이다. 소탑에는 10층의 처마가 달려있으며, 내부는 주탑과 마찬가지로 비어있다.

　　중원(中原)지방의 탑이 꼭대기를 향해 직선으로 모아져 올라가는데 비해 다리의 3탑은 가운데부분이 아래쪽부분과 위쪽부분에 비해 상대적으로 도톰하다. 이 탑들은 1,000여년의 세월을 지나는 동안 비바람에 깎이고, 여러 차례의 지진을 겪었지만 아직까지도 건재하다.

난쨔오지앤지대종(南诏建极大钟)

　　난쨔오지앤지대종은 난쨔오의 왕 지앤지(建极)년간인 AD871년에 주조(铸造)되었다. 3탑과 더불어 숭성사의 5대 보물 중 하나였으나, 청(清)나라의 9대 황제 함풍(咸丰, 1850~1861)년간에 전란으로 훼멸됐다. 이후 베이징고종박물관(北京古钟博物館)의 소장 자료에 근거하여 1994년에 다시 만든 현재의 종은 높이 3.9m, 아래직경 2.2m, 무게 16.3톤으로 윈난에서 가장 크다. 종 몸체의 윗부분에는 6폭의 부오루워미(波罗密)도안이, 그리고 아랫부분에는 6폭의 천왕상(天王像)이 각각 새겨져있다.

지앤지대종 종각　　　　　　　　　　지앤지대종

우동관음상(雨铜观音像)

　　지금의 우동관음상은 1999년에 주조된 것이고, 당초의 것은 난쨔오국의 중흥황 년간인 AD899년에 주조됐었다. 다음과 같은 이야기가 전해온다.

　　숭성사의 한 분 고승이 서원(誓愿)하기를 국태민안을 빌기 위해 평생토록 보시하여 구리 관음상(铜观音像)을 만들겠다고 하였다. 천신만고 끝에 구리를 장만하여 관음상을 빚어 가는데, 예상외로 구리가 많이 들어 어깨 아래쪽 몸체를 완성하고 나니 관음상의 머리를 만들 구리가 없었다. 그 고승이 망연자실하고 있는데, 그 심정을 하늘이 알았음일까, 갑자기 하늘에서 비가 쏟아지듯 구리 알이 쏟아져 내렸다. 그는 감사하는 마음으로 구리 알을 그러모아 녹임으로써 관음상을 완성할 수 있었다. 이에 사람들은 이 관음상이 비가 내리 듯 하늘에서 쏟아진 구리로 만들어졌다 해서 우동관음상(雨铜观音像)이라고 불렀다.

당초의 우동관음상은 어른 키 세 길의 높이에 장엄한 아름다움을 지니고 있었으며, 쓰인 구리도 미얀마에서 생산되는 오동(乌铜)이었다. 이 오동은 오랫동안 땅속에 묻혀 있어도 구리 특유의 녹색 녹이 끼지 않는, 고급의 것이었다고 한다. 이 우동관음상은 숭성사를 훼멸시킨, 1514년 (明나라 11대 황제 正德 연간) 5월 6일의 대지진 때도 끄떡없었으나, 문화혁명 때 용광로로 들어가 녹임을 당했다.

우동관음상

우동관음전

지금의 우동관음전(雨铜观音殿)은 그 높이가 30m이다. 이 관음전 안에 구리로 만들어 금을 입힌 우동관음입상(雨铜观音立像)이 있다.

2.2m높이의 한백옥수미좌(汉白玉须弥座) 위에 1.8m 높이의 금을 입힌 연화좌(莲花座)가 놓여 있고, 그 위에 서 있는 우동관음상은 8.6m의 키에 무게는 11톤이다. 청(清)나라 때의 사진을 기초로 하여 다시 만들어진 이 우동관음상은 선량하고 자상한 여성의 얼굴에 건장한 남성의 몸채를 하고 있는데, 이는 난쨔오국 중기와 말기에 걸쳐 일어난, 남성관음이 여성관음으로 넘어가는 시기의 풍조가 반영된 것이다.

우동관음상의 왼손 쪽과 오른손 쪽에 각각 두 개의 관음상이 있다. 관음전 안에는 모두 다섯 자리의 관음상이 있는 셈이다. 중앙의 우동관음상 왼손 쪽으로 동편에는 수월관음좌상(水月观音坐像)이, 그리고 서편으로는 아추오예관음입상(阿嵯耶观音立像)이 각각 놓여있고, 우동관음상 오른손 쪽의 동편에는 범승관음(梵僧观音)이, 그리고 서편에는 관음노모상(观音老母像)이 각각 놓여있다.

수월관음상은 천신탑에서 출토된 옥질(玉质)의 수월관음(水月观音)을 본 따 빚은 것으로,

수월관음상

아추오예관음상

삼라만상의 실체는 물속의 달처럼 항상 변한다는 제법무실체(诸法无实体) 사상을 나타내고 있는데, 그 모습이 여성의 자태를 보는 것처럼 우아하고 아름답다.

아추오예관음상(阿嵯耶观音像)의 "추오예(嵯耶)"는 범어(梵语)로 "성(圣)"을 의미한다. 따라서 아추오예관음은 "성스러운 관음"이 되며, 다리(大理) 사람들은 이 관음을 으뜸으로 받들고 있다.

범승관음(梵僧观音)은 민간전설에 나오는 관음을 형상화해놓은 것으로 아추오예관음의 화신이며, 사람들은 난쨔오의 개국관음(开国观音)으로 추앙한다. 이런 이야기가 전해온다.

관음예예상

관음노모상

어느 해, 얼하이호수에 루오챠(罗刹, 불교에서 이르는 악귀의 일종으로 포악하고 사람을 잡아먹음)가 나타나 시도 때도 없이 풍랑을 일으키며, 사람과 가축의 생명을 앗아갔다. 아오추관음이 백성들의 딱한 사정을 간과할 수가 없어 노인으로 현신, 루오챠에게 내기바둑을 두자고 하였다. 이기는 사람이 땅을 갖기로 하는데, 그 범위를 동서로는 루오챠의 바람이 미치는 데까지로, 그리고 남북으로는 루오챠의 누렁이개가 세 차례 뛰어 이르는 데까지로 하였다. 루오챠가 보기에 그 땅은 다리평원(大理平原) 전부였고, 욕심이 발동하여 내기에 응하였다. 그러나 관음의 실력을 당할 수는 없었다. 뒤늦게 자신이 속은 것을 알아챈 루오챠는 행패를 부리려 하였으나 오히려 노인에게 속아 용안동(龙眼洞) 동굴에 갇혔으며, 노인은 그 동굴 입구를 커다란 돌로 막아버렸다. 이후 예전처럼 평안한 나날을 보낼 수 있게 된 백성들은 노인의 은혜에 보답하고자 아오추예관음상을 빚어 받치고, 부르기를 "관음할아버지(观音老爷)"라고 하였다.

관음노모상(观音老母像) 역시 아오추오예관음의 또 다른 화신상이다. 전해오는 말은 이렇다.

난쨔오국 때 강한 적군이 쳐들어왔다. 백성들이 불안에 떨자 아오추예관음이 나섰다. 그는 이곳을 본거지로 하여 살고 있는 빠이족(白族)의 파파할머니로 변신한 후 어마어마하게 큰 돌을 짊어진 채 적군이 몰려오는 길가에 서 있었다. 적군의 병사들이 그 괴력에 놀라 감탄하며 경위를 묻자, 노파는 대수롭지 않다는 듯 말하기를, 이는 길을 막고 열기 위함인데 자신은 힘이 없어 이렇게 밖에 못하고 있지만 우리 젊은이들은 힘이 흘러넘쳐 골짜기 하나도 단번에 막을 만한 큰 돌을 가볍게 다룰 수 있다고 하였다. 이 말을 들은 적군은 겁에 질려 싸움을 포기하고 물러갔다. 다리(大理) 사람들은 자신들을 구해준 아오추예관음에게 감사하는 마음으로 관음노모상(观音老母像)을 빚어 받치면서 "관음어머니(观音老母)"라고 불렀다.

제5장

리쟝시
丽江市

1. 전체모습

리쟝(丽江)은 윈난성의 서북부에 위치한다. 이곳은 칭짱고원과 윈꾸이고원이 접하는 곳이다. 칭짱고원(清藏高原) 동남단(东南段)의 헝두안산맥(横断山脉)과 운꾸이고원(云贵高原) 북부의 윈링산맥(云岭山脉)이 중첩되는 지역으로 지형이 매우 다양하고, 풍요롭다. 설산(雪山)·하곡(河谷)·심협(深峡)·초둔(草甸, 풀이 무성한 저습지)·들판(平坝) 등이 뒤섞여 들어내는 자연풍광의 아름다움은 참으로 절묘하다.

리쟝에는 아주 오랜 옛날부터 인류가 활동한 흔적이 남아있다. 또한 남방 실크로드(南方丝绸之路)와 차마고도(茶马古道)의 중간 기착지였던 만큼 중원 (中原)의 문화와 변방·외래의 문화가 이곳에서 교류되었다. 당시의 영화를 누리던 리쟝고성(丽江古城)은 참으로 아름답다. 그러나 그 아름다움이 역설적 으로 뜻있는 사람들을 실망시킨다. 당시의 리쟝고성은 높다랗게 우뚝 서서 안 으로는 마을의 정겨운 거리와 집들을 굽어보고, 밖으로는 망망한 산야를 휘 둘러보았음직하다. 지금도 고성은 옛 모습 그대로이지만, 관광객의 뒤를 따라 들어온 외래문화와 관광객을 위한 편의시설들이 뒤범벅이 되어 이 고장 나시 족(纳西族) 사람들의 생활원형을 훼손하고 있는데서 오는 안타까움인 것이다.

리쟝 구시가지(고성)

리쟝 신시가지

나. 기후

리쟝은 기후의 수직분포(垂直分布)가 완연하고, 산꼭대기에는 일년 내내 눈이 쌓여있다. 건기와 우기가 구분된다. 5~10월이 우기이고, 이 시기에 연간 강우량의 85%가 내리는데, 특히 7~8월에 집중된다. 리쟝은 고원지역에다가 위도가 낮아 햇볕이 매우 강렬하다.

다. 인문

리쟝(丽江)에는 나시족(纳西族)사람들이 많이 살고 있다. 더불어 빠이족(白族)·이족(彝族)·리수족(傈僳族)·푸미족(普米族) 사람들도 함께 살고 있다. 중국의 나시족은 30만 명 정도를 헤아리는데, 대부분이 챵쟝의 상류인 진샤쟝(金沙江) 유역의 리쟝(丽江)지역에서 농사를 지으며 산다.

동파문화(东巴文化)

나시족 사람의 수는 그리 많지 않으나 그들은 자신들의 찬란한 문화를 계승·발전시키고 있으며, 외지의 많은 사람들이 이를 보러오고 있다. 나시족의 문화는 "동파문화(东巴文化)"로 지칭된다.

동파문

동파문화(东巴文化)는 나시족사람들의 종교문화이자 민속활동이다. 나시족 사람들의 종교는 원시다신교(原始多神教)로서 세상의 모든 물체에는 신령이 깃들어 있다고 믿는다. 그리고 그 종교행사를 주관하는 사제(司祭)를 동파(东巴)라고 부른다. 동파는 그림과 가무에 능하고, 천문·지리·농목·의약·예의 등 다방면에 걸쳐 광대한 지식을 갖춘 사람을 의미한다. 이들 동파가 나시족 사람들의 종교행사를 주관하여 치루기 때문에 나시족 사람들의 종교를 동파교(东巴教)라 하며, 이들 동파가 나시족 사람들의 문화를 이

허원풍령비

끌어가기에 나시족 사람들의 문화를 동파문화라고 한다. 동파문화는 나시족 사람들의 무(巫) 문화와 시짱 사람들의 번(苯) 문화가 융합된 것이다.

동파문화는 동파문(东巴文)으로 기록돼왔다. 나시족 사람들에게는 그들 자신의 글자가 있다. 그리고 이 글자는 동파에 의하여 관리되고 있기에 동파문이라고 한다. 동파문은 원시 상형문자로 갑골문자보다도 더 원시적인 데다가 현재도 쓰이고 있다 해서 활화석이라고도 부른다. 동파 상형문자는 모두 1,300여 자로서 쓰는 법이 간단하고, 배우기도 용이하다. 천문·지리·종교·철학·어언·문학예술·생물·의약·농업·목축·병기 등 전 분야에 걸쳐 동파문(东巴文)으로 써진 책만도 2만 권이 넘는다고 한다.

나시족 풍속에 동파허원풍령(东巴许愿风铃, 동바쉬위엔펑링)이 있다. 자그마한 방울에 소원을 적은 나뭇조각을 달아 걸어놓는 것인데, 바람이 불 때나 사람들이 오가며 흔들 때 청명하게 딸랑거리는 방울소리를 천지신명이 듣고, 그 소원이 이루어질 수 있도록 살펴준다고 믿는 것이다. 이 동파풍령은 600년 전 차마고도를 오가던 마방(马帮, 마바리 떼)에서 비롯되었다. 말에 달아맨 방울의 청명한 소리는 마바리 떼의 평안함의 상징이었으며, 마바리 떼의 소원이 그 방울소리에 실려 천지신명에게 전해졌고, 천지신명이 그 소원을 들어줘서 리쟝고성이 번창한 것으로 믿었다. 그러하기에 리쟝에 사는 나시족 사람들은 자신의 소원을 그 방울 소리에 띄워 천지신명에게 고하고, 살펴주시도록 기원하는 것이다.

소원을 비는 풍령들

여인의 복식(服飾)

나시족 사람들에게는 모계 씨족사회의 흔적이 아직도 남아있다. 여인네들의 신체가 더 건장하고, 검게 탔으며, 일도 더 많이 한다. 이는 가정을 꾸려가는 데 여성이 남성들보다 더 많이 활동하기 때문이다.

나시족 여인들이 입는 옷의 등판에는 황색원형(黃色圓形)의 일월성신(日月星辰) 7개가 수놓아져 있다. 이 도안(圖案)을 "피성재월(披星戴月)"이라고 하는

나시녀의 복장(앞)

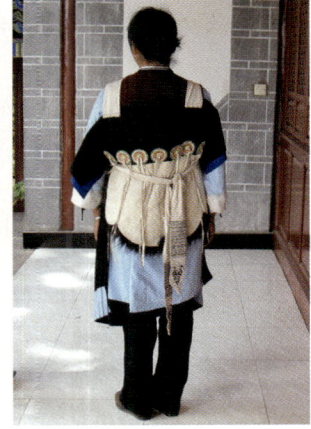
나시녀의 복장(뒤)

데, 글자대로의 뜻은 "별을 입고, 달을 이다"이고, 이는 나시족 여인들이 새벽부터 밤늦게까지 일을 한다는 의미를 내포하고 있다. 이 도안은 매우 신성한 것이어서 함부로 만져서는 안 된다. 만약에 남성이 이 도안을 만졌다 하면, 그 여인을 자기의 처로 맞겠다는 의사표시가 되는 것이다.

순정(殉情)

순정(殉情)이라 함은 이루지 못한 사랑 때문에 목숨을 끊는 것을 말한다. 과거의 일이기는 하지만 순정은 리쟝 나시족 사람들의 혼인관계에서 나타나는 특이한 현상이었다. 리쟝(麗江)은 순정(殉情)의 고장이라 이르리만큼 한 가정에서 한두 명은 순정으로 죽어갔고, 놀랍게도 그 가정에서는 이를 영예로 알았다. 그 배경은 이렇다.

리쟝의 나시족 사회에서는 본래 남녀의 교제가 일정부분 자유로웠다. 각종 명절과 축제로 시장이 열릴 때면 어린 애들이 줄을 지어 나들이를 나가는데, 이때 처녀들은 미화탕(米花糖)이나 떡과 같은 먹을거리를 만들어 거리로 가지고 나와 아이들에게 나누어 준다. 이 기회를 타 총각들은 마음에 드는 아가씨에게로 다가가 주는 것을 받아먹는 것으로 서로의 마음을 확인한다. 저

녘이 되면 그 처녀와 총각은 서로 만나 악기도 타고, 노래도 부르면서 서로의 마음을 주고받는데, 이때까지만 해도 서로는 얼굴을 마주 보거나 어깨를 맞대고 앉아서는 안 된다. 적어도 3m이상의 거리는 유지해야 한다. 몇 차례의 이런 과정을 통해 서로의 마음을 확인하고 상대방을 받아들이기로 했다면 두 남녀는 결혼약조를 한다. 그 이후의 결혼절차는 그리 크게 어려울 게 없었다.

그러나 청(淸)나라의 5대 황제 옹정(雍正, 1722~1735)년간에 윈난에도 개토귀류(改土归流)라는, 토지관련 제도의 개혁이 일어나면서 이 두 남녀의 결혼약조가 실행되지 못하는 경우가 종종 발생하였다. 개토귀류(改土归流)는 토착지주에게 있던 토지의 경작권 분배권한을 중앙조정에서 내려온 류관(流官)에게 귀속시킨 것으로, 한 번 부여된 경작권은 특별한 이유가 없는 한 부계(父系)로 이어져 내려갔다. 이에 따라 경작권을 부여받고 있는 총각의 부친의 발언권이 강화되고, 부친의 의도에 따라 남녀간의 결혼약조가 이루어지기도 하고 틀어지기도 하였다. 어쨌거나 여인들은 결혼을 하여 한 가정에 예속되는 때로부터 자신이 번 돈조차도 마음대로 쓸 수 없는, 가족노예로까지 그 신세가 전락되는 경우가 비일비재 하였다. 이에 나이든 나시족 여인들은 신화 같기만 한 순정에 공감했고, 결혼약조가 무위가 된 청춘남녀의 상실감은 "살아서 함께하지 못하는 세상(生不同眠), 죽어서 함께 묻히자(死时共穴)" 는 심경으로 변하여 남녀동반자살을 결행하게 됐던 것이다.

전통축제일(传统祝节日)

나시족 사람들의 전통축제일로는 싼뚜워지에(三朵节), 빵빵지에(棒棒节), 루워마후이(骡马会) 등이 있다.

싼뚜워지에(三朵节)는 음력 2월 8일과 8월의 첫 번째 양(羊, 未)띠 날에 백사옥룡촌(白沙玉龙村)의 북악묘(北岳庙)에서 열린다. 이 날 나시족 사람들은 자신들의 최대보호신인 "싼뚜워신(三朵神)"에게 제사지

산뚜워축제

내며 축제를 벌인다. 다음은 싼뚜워신에 관한 전설이다.

위롱샨(玉龙山)에 능수능란한 사냥꾼이 살았다. 어느 해, 2월 8일 양띠 날에 사냥꾼은 개를 앞세우고 사냥을 나섰다. 그날따라 사냥거리가 마땅치 않아 이리저리 찾아 헤매던 중 위롱샨 산꼭대기에 이르렀는데, 매우 크고 우람하게 생긴 무장(武将) 하나가 엄청나게 큰, 새하얀 돌덩어리를 한 손에 가볍게 들고 있다가 기다리기라도 한 듯 냉큼 사냥꾼의 등에 올려놓는 것이었다. 사냥꾼은 신비하기도 했지만 크게 놀라 그 흰 돌을 등에 진채 단걸음에 산 밑으로 내려왔다. 겨우 정신을 차린 사냥꾼은 등에 졌던 돌을 내려놓고 담배를 피워 물었다. 한숨을 쉰 사냥꾼이 기왕에 지고 내려온 돌이니 마을로 가져가려 하였으나, 그 돌은 하도 무거워 자신의 힘으로는 미동도 하지 않았다. 마을 사람들이 모여와 들어올리려 해도 마찬가지였다. 이에 사람들은 이 돌이 위롱샨 산신(山神)의 화신일 것이라 믿고, 그 돌 위에 사당을 덮어지었다.

산뚜워의 화신 위롱쉐샨

산뚜워신상

그 후로 사람들은 흰 갑옷에 흰 투구를 쓰고 흰 창을 든 전신(战神)이 흰 말을 타고 사당을 드나드는 것을 자주 목격했는데, 신기하게도 외적이 쳐 들어오면 군사를 거느리고 나타나 적군을 물리치고, 화재가 나면 눈발을 쏟아내려 불을 꺼주었다. 역병이 돌면 역신을 퇴치해 주었고, 물난리가 나면 흰옷 입은 사람들이 떼로 몰려와 물길을 터주었다. 그래서 사람들은 이 백마 탄, 흰 갑옷의 전사를 싼뚜워신(三朵神)이라 이름 붙이고, 자신들 최대의 보호신(保护神)으로 섬기게 되었다.

방빵지에(棒棒节)는 나시족 사람들이 해마다 음력 정월 보름에 벌이는 장마당 축제이다. 이때가 되면 농민들은 농한기에 만들어 두었던 대나무농기구를 시장에 내다팔아 일상 생활용품을 사 가는데, 시장에 나오는 농민들의 손에 들려있는 죽제품 농기구가 마치 대나무 몽둥이들의 행진 같다하여 방빵지에(棒棒节)라는 이름이 생겨났다 한다. 리쟝의 방빵지에(棒棒节)가 열릴 때면 다리(大理)·

2부 권역별 명소_ 123

바오샨(保山)·시짱(西藏) 일대의 농민과 상인들이 몰려와 성시를 이뤘다.

루워마후이(骡马会)는 매년 음력 7월 중순께 열리는 가축시장 축제이다. 대략 1주일의 기간에 걸치며, 노새(骡)·말(马)·소(牛)·양(羊) 등이 거래된다. 리쟝뿐만 아니라 이웃 고장에서도 몰려오며, 1만 마리가 넘는 가축이 거래된다. 각종 민속놀이가 어우러져 축제분위기를 돋운다.

4. 특산물

리쟝에는 관광기념품을 파는 상점들이 많다. 기념품들은 대부분 동파(东巴)들이 종교제사의식을 주관할 때 사용하던 나무인형(木偶)·탈(面偶)·집기(什物) 등으로 조형(造型)이 독특하고, 동파(东巴)의 이미지가 담겨있다. 진품이 아니고, 동파의 얼이 담겨있지는 않지만 나시족의 문자와 예술을 아름답게 모방해 내고 있다.

5. 교통

비행기편

쿤밍(昆明)과 시솽반나(西双版纳)로 연결된다. 쿤밍을 경유해서 샹하이까지 가는 비행기편도 있다. 쿤밍까지는 40분, 시솽반나까지는 50분, 샹하이까지는 4시간30분이 각각 소요된다.

시외버스편

쿤밍(昆明), 다리(大理), 썅거리라(香格里拉) 등지로 연결된다. 쿤밍까지는 8~9시간, 썅거리라까지는 4시간, 다리의 씨아관(下关)까지는 3시간 정도 소요된다. 쿤밍까지는 밤에 달리는 침대버스가 있어 편리하게 이용할 수 있다. 주간에 운행하는 대형버스는 고급이어서 그렇게 고생스럽지 않다.

시내교통

리쟝고성(丽江古城) 그 자체의 유람은 걸어서 해도 좋고, 여의치 않을 경우 차를 타고 옮겨 다닐 수도 있다. 택시는 기본요금으로 고성 안의 웬만한 곳에 이른다. 자전거를 빌려 타고 다니는 것도 좋은 방법이기는 하나 보증금을 건 것이므로 관리에 주의한다.

리쟝의 볼거리들은 분산되어 있다. 일행이 서너 명이 된다면, 차량을 대절해서 움직이는 것도 좋은 방법이다. 여행사와 상담해서 정하는 것이 좋고, 가격은 사전에 확실하게 해 두도록 한다. 성수기와 비수기에 따라 다르기는 하지만 오전 8시부터 오후 5시까지 100위안을 기준으로 본다.

6. 숙소

리쟝은 관광성수기가 되면 매우 붐빈다. 반드시 숙소를 예약하고 떠나도록 한다.

7. 먹을거리

리쟝바바(丽江粑粑)

바바(粑粑)는 떡을 의미한다. 리쟝바바의 주원료는 곱게 친 밀가루와 돼지 뒷다리를 절여서 햇볕에 말린, 중국식 햄이다. 누런빛이 나며 달콤한 것과 짭짤한 것의 두 가지가 있다. 향긋하고 파삭파삭한 것이 구미를 돋운다. 며칠을 두어도 변질되거나 맛이 변하지

리쟝바바

않기 때문에 여행용 간식으로 적합하다. 역사적으로도 챠마구다오(茶马古道, 차마고도)를 다니던 대상(队商)들이 이곳을 지날 때면 많이 챙겨갔다고 한다. 리쟝의 도처에서 리쟝바바를 만들어 팔지만, 그 중에서도 진미를 맛볼 수 있는 곳은 구청(古城) 치이지에(七一街) 부근의 토박이 마을이다. 그들만의 비법이 있고, 그 방법은 특허로 보호되고 있다.

지도우량펀(鸡豆凉粉)

지도우량펀

리쟝에 오는 사람들은 거리의 곳곳에서 가마솥을 화덕에 걸어놓고 뭔가를 끓이는 장면을 볼 것이다. 이른바, 이것이 리쟝의 유명한 묵을 파는 좌판인데, 이 고장에서 생산된 계두로 묵을 쑤어 파는 것이다. 지도우량펀(鸡豆凉粉)은 맑고 투명한 묵에 고추·파·산초·식초 등을 섞어 만든 양념을 넣어 비벼먹는 것인데, 더울 때 먹으면 온 심신이 상쾌해져 옴을 느끼고, 추울 때 따끈하게 해서 먹으면 온 몸이 후끈후끈해 짐을 느낀다. 리쟝엘 가면 잊지 말고 꼭 한번 먹어봐야 할 음식이다.

8. 사진촬영

리쟝의 구청(古城, 고성)에서는 사진을 제대로 찍기가 쉽지 않다. 특히 맑은 날, 햇볕이 쨍쨍 내려 쬐일 때가 그런데, 이는 거리 폭이 좁아 햇볕이 거리 전체에 들지 못하는데다가 햇볕비치는 곳과 그늘 간에 명암차가 심하게 나기 때문이다. 따라서 사진 촬영의 적기는 해가 구름에 가려져 있을 때이며, 더욱 좋은 때는 한 낮 비가내린 뒤의 흐린 날씨이다. 유명 서적이나 잡지에 실리는 리쟝구청(丽江古城)의 사진은 그런 때에 찍은 것으로 보아 무방하다.

리쟝의 구청(古城)은 고원의 고산지역이어서 햇볕의 자외선이 강하다. 이곳에서 제대로 된 사진을 찍으려면 자외선을 감소시킬 수 있는 조치를 하는 것이 바람직하며, 흰 구름이 떠있는 푸른 하늘을 찍는 데는 편광경(偏光镜)을 준비하는 것이 좋다.

9. 볼거리

다음은 비교적 잘 알려진, 리쟝(丽江)의 볼거리를 모은 것이다.

(표) 리쟝(丽江)의 주요 볼거리

경 점	개 요	소재지
리쟝고성 (丽江古城)	나시족 사람들의 민가가 모여 있는 성으로 송(宋, 960~1279)나라 말기부터 형성돼 왔으며, 1.5km²의 면적임. 마치 벼루처럼 사방이 물과 산으로 둘러싸여 있으며, 그래서 연성(砚城)이라고도 부름. 거리와 골목에는 돌다리와 나무다리가 많이 놓여있고, 가옥들은 대부분 3방1조벽의 형식을 하고 있으며, 세계문화유산으로 등록되어 있음.	리쟝 고성구
리쟝목부 (丽江木府)	리쟝고성의 서남쪽 귀퉁이에 있음. 베이징의 자금성을 모방한 나시식 궁전으로 원(元, 1206~1368)나라 때 세워진 것임.	리쟝 고성구
옥천공원 (玉泉公园)	리쟝의 샹산(象山)자락에 있으며, 흑룡담(黑龙潭)을 중심으로 하는 공원임. 흑룡담의 맑은 물에 거꾸로 담긴 위룡설산(玉龙雪山)은 한 폭의 산수화로 회자됨. 동파문화박물관이 이곳에 있음.	리쟝 고성구
오봉루 (五凤楼)	마치 아름답고 고고한 봉황 다섯 마리가 살포시 내려앉은 것 같다하여 오봉루(五凤楼)라고 불리는 누각임. 이 건물은 한(汉)·짱(藏)·나시(纳西)족의 건축예술풍격을 함께 지니고 있는 옛날 건축물로 명(明)나라 14대 황제 만력(万历, 1572~1620)년간에 지어졌으며, 청(清)나라 11대 황제 광서(光绪, 1875~1908)년간에 중건됨.	리쟝 고성구
리쟝벽화 (丽江壁画)	리쟝 고성구 관내의 백사촌(白沙村), 용천촌(龙泉村), 설송촌(雪松村) 등 10여 곳에 걸쳐 있으며, 벽화의 면적은 4,200여 평에 이름. 명(明, 1368~1644)나라 때의 것으로 백사촌의 것이 널리 알려져 있음. (입장료 10위안)	리쟝 고성구
옥봉사 (玉峰寺)	라마(喇嘛)의 절로 리쟝의 북쪽 15km되는 곳에 있음. 청(清)나라 6대 황제 건륭(乾隆, 1735~1796)년간에 창건됐으며, 경내에 있는 동백꽃나무 완뚜워챠화(万朵茶花, 만타차화)는 한 자리하는 윈난의 경관임.	리쟝 고성구
위롱설산 (玉龙雪山)	해발높이 5,596m의 산으로 리쟝고성의 서북쪽 10km거리에 있음. 연중 산꼭대기를 덮고 있는 눈이 마치 흰 용이 엎드려있는 모습 같다하여 옥룡(玉龙, 위롱)이라는 이름이 붙여졌다고 함. 위롱설산의 꼭대기에서 갈라지는 19 줄기의 계곡에 빙하가 흐르고 있으며, 해발고도에 따라 서로 다른 식물분포를 보이고 있음.	리쟝 고성구

경 점	개 요	소재지
석고진나루터 (石鼓津渡口) 챵쟝제일만 (长江第一湾)	리쟝 서쪽 68km거리의 진샤쟝(金沙江)에 있음. 강폭이 넓고 물 흐름이 완만하여 안전하게 강을 건널 수 있음. 제갈량의 "5월도루(五月渡泸)" 고사와 후비리에(忽必烈)의 "혁낭도강(革囊渡江)" 고사(故事)가 모두 이곳에서 있었던 일임. 챵쟝의 상류인 진샤쟝이 발원지로부터 계속하여 동남쪽으로 흐르다가 석고진(石鼓津)에 이르러 처음으로 북쪽으로 방향을 트는데, 이를 두고 챵쟝이 처음으로 만든 물굽이라 하여 "챵쟝제일만(长江第一湾)"이라고 하는 것임.	리쟝 고성구
후탸오시아 (虎跳峡)	후탸오시아(虎跳峡, 호도협)는 리쟝 북쪽 70km거리의 진샤쟝에 있음. 석고진에서 북쪽으로 방향을 바꾼 진샤쟝을 사이에 두고 위롱설산(玉龙雪山)과 하바설산(哈巴雪山)이 마주하며 대협곡(大峡)을 이루는데, 협곡의 길이는 15km이고, 강 양면의 봉우리는 3,000m 이상이며, 그 폭이 30m로까지 좁아져서 물 흐름이 거세고 물소리가 뇌성벽력처럼 요란함. 이 험난한 물줄기위의 협곡을 호랑이들이 뛰어 건너다닌다고 해서 호도협(虎跳峡, 후탸오시아)이라는 이름이 붙었다고 함.	리쟝 고성구
바오샨 석두성 (宝山石头城)	리쟝 동북쪽 110km거리에 있는, 0.5km² 넓이의 작은 성보(城堡)임. 원(元, 1206~1368)나라 때 축성됐으며, 성 안에는 민가가 있음. 성 안의 좁디좁은 골목에는 돌절구·돌 항아리·맷돌 등이 놓여있고, 성문·성벽·봉화대 등이 남아있음. 석두성의 북쪽으로 "적혈구자동(滴血求子洞)"이라는 이름의 동굴이 있는데, 굴 안에는 여성의 생식기와 흡사하게 생긴 바위가 있으며, 매우 보기드믄 명품바위로 소문이 나 있음.	리쟝 고성구
루지에후 (泸沽湖)	루지에후(泸沽湖, 로결호)는 리쟝시 닝랑이족자치현(宁蒗彝族自治县)의 따싱쩐(大兴镇, 대흥진) 북쪽 70km거리에 있으며, 서북쪽으로 쓰촨성(四川省)과 접해있음. 48.5km² 넓이의 아름다운 호수 주변지역에는 마수워인(摩梭人)이 모계씨족사회의 풍속을 유지하며 살고 있음.	리쟝 고성구
동파만신원 (东巴万神院)	위롱설산(玉龙雪山)의 남쪽기슭에 있음. 동파문화와 예술이 집약되어 있는 곳임.	닝랑현
대보적궁 (大宝积宫)	리쟝 북쪽 5km거리의 백사촌에 있음. 명(明, 1368~1644)나라 때 목씨(木氏) 가문이 세를 떨칠 때 창건됐으며, 한(汉)·짱(藏)·나시(纳西)·빠이(白)족의 화공들이 함께 그린 벽화는 각 민족의 다양한 풍격을 나타내고 있음.	리쟝 고성구

리쟝구청(丽江古城)

만고루에서 보는 썅샨과 고성

리쟝구청(丽江古城)의 내력과 본모습

리쟝구청은 "따옌쩐(大研镇, 대연진)" 혹은 "옌청(研城)"이라고도 부른다. 구청(古城)의 주변이 마치 벼루의 가장자리 턱처럼 나무로 둘러싸여 있고, 벼루의 물 담는 홈처럼 호수가 있다 해서 벼루 "연(砚)"자를 붙여 부른 것이다. 간다는 의미의 "연(研)"자와 벼루를 의미하는 "연(砚)"자는 그 발음이 같다.

리쟝은 북부의 신성(新城)과 남쪽의 고성(古城)으로 나뉘며, 그 경계는 사자산(狮子山)이다. 사자산에는 완구로우(万古楼, 만고루)가 우뚝 솟아 있으며, 이곳에 오르면 리쟝의 고성과 신성이 한 눈에 들어온다. 리쟝 고성의 동쪽으로 썅샨(象山, 코끼리산이라는 의미의 상산)이 있고, 그곳에 올라서도 리쟝시를 굽어볼 수 있다.

사자산 만고루

썅샨에서 보는 고성과 사자산

리쟝구청은 지금으로부터 800년 전인 송(宋, 960~1279)나라 말, 원(元, 1206~1368)나라 초에 축성됐으며, 명(明, 1368~1644)나라와 청(清,1616~1911)나라 때에 최성기를 누렸다. AD1254년에 이곳의 나시족(纳西族)이 원(元)나라의 세조(世祖, 1260~1294)에게 복속됐고, 1276년에 리쟝루군민총관부(丽江路军民总管府)가 설치되었다.

리쟝은 차마고도(茶马古道)가 지나가는 곳이자 남방실크로드의 시발지(始发地)였으므로 각지의 다양한 물자가 이곳으로 모였다가 여러 지방으로 흩어져 나갔다. 또한 흐르는 물자를 따라 중원의 문화와 불교·도교·기독교문화가 들어왔으며, 이곳의 동파문화와 공존하며 발전하였다.

리쟝이 널리 알려진 것은 세계문화유산으로 등록 되고나서부터이다. 이후 관광객이 늘고, 관광산업이 도시의 발전을 견인하고 있지만, 옛날의 그 질박한 아름다움이 서서히 사라지고, 환경의 오염을 우려하는 소리가 높아지고 있다.

옥천(玉泉)의 물이 서(西)·중(中)·동(东)의 세 갈래로 흘러 구청(古城)으로 들어온 후에 다시 여러 갈래로 나뉘어 오색돌이 깔린 길들과 엇갈리면서 집집마다를 휘돌아 흐른다. 사람들은 물소리와 더불어 살아간다. 하늘의 별과 더불어 저녁에 밝혀진 등불이 물위에 잦아들면서 사람들은 깊은 잠에 빠져든다. 꼭두새벽에 일어나 거리에 나서보면, 어제의 그 소란과 혼잡은 먼 나라의 이야기이고, 눈에 보이는 것은 고요함과 평화로움뿐이다. 거리를 걷다보면 "차마고도(茶马古道)"라고 쓴 팻말이 보이고, 팻말이 이끄는 대로 따라가다 보면 그 시간에 벌써 일터로 나가는 나시족 여인들을 만나게 된다. 그들에게서 리쟝구청에 사는 사람들의 본모습을 보는 것 같은 생각이 든다.

고성의 원터

원터에 흐르는 옥천의 물

마을 안 개울

마을 안 큰 길

고성의 집들

상산이 보이는 고성거리

옥하광장(玉河广场)

리쟝의 고성은 중국 서북부의 이름난 관광지이고, 국내외에서 많은 관광객이 몰리는 곳이다. 이곳의 경점(景点)은 고성 안에도 있지만, 고성에서 제법 떨어진 곳에도 많이 있기 때문에, 개별 여행자들을 모아 팀으로 움직이는 체제가 잘 되어 있다. 여러 관광업체가 있어서 다양한 관광상품 예컨대, "라씨하이(拉市海)-차마고도(茶马古道)-슈허(束河) 1일관광(一日游)"과 같은 상품을 팔고 있으며, 사전에 예약도 하고 당일에 경비를 내고 참여할 수도 있는 것이다.

옥하광장의 표지석

그러한 사업을 하는 업체들이 몰려있고, 그렇게 관광하고자 하는 사람들이 모여드는 곳이 옥하광장이다. 관광여행에서 돌아온 사람들이 파하는 곳도 이곳이고, 이곳에서는 관광에서 돌아오는 사람들을 위해 나시족 사람들이 흥겹게 놀아준다. 표지성 시설물로는 "따수이챠(大水车)", "쇼우챠오롱(手抄龙)",

옥하광장

춤추는 나시족 사람들

쇼우챠오롱

"나시족 모자상(母子像)" 등이 있다. 따수이챠는 두 바퀴가 도는 물레방아이고, 챠오롱토우는 대중 음식점이다.

대수차

나시족 모자상

쓰팡지에(四方街, 사방가)

쓰팡지에는 리쟝구청(丽江古城)의 중앙에 자리 잡고 있는 120평 정도의 네모꼴 작은 광장이다. 의미면에서는 베이징의 티앤안먼광장(天安门广场) 같은 곳이다. 쓰팡지에는 예전엔 "간지에(赶街)"라고 불렸는데, 이는 장날에 물건을 사거나 팔기 위해 모인다는 의미의 "간지(赶集)"에서 비롯된 것이라고 한다. 지금도 여전히 떠들썩한 곳으로 음식점이 많이 들어서 있다.

쓰팡지에

쓰팡지에를 기점으로 하는 동쪽방향의 동다지에(东大街), 신화지에(新华街)가 옥하광장(玉河广场)에 이르고, 남쪽방향으로 우이지에(五一街)와 치이지에(七一街)가 뻗어내려 가며, 서쪽의 목부(木府)로 이어지는 씨앤원썅(现文巷) 골목이 있다. 이들 길이 사방으로 뻗어나간다 하여 쓰팡지에(四方街)라는 이름이 붙었다고 한다.

춤추는 나시족 사람들

쇼우챠오롱

이곳에서는 일주일에 세 차례에 걸쳐 "다탸오(打跳)"라는 이름의 집체가무활동(集体歌舞活动)이 벌어진다. 쓰판지에의 한가운데서 불길이 솟아오르면, 관광객들은 이곳 사람들이 이끄는 대로 손에 손을 잡고 음악에 따라 춤을 추며 횃불 주위를 돈다. 낯선 사람들끼리의 서먹함도 이내 사라지고, 즐거움이 고조된다. 다탸오는 윈난의 여러 지방에서 즐기는 오락 활동인데, 그 뿌리에 관하여 다음과 같은 이야기가 전해온다.

> 아주 오래 전, 사람 사는 세상에 아직 빛과 불이 없을 때, 마수우인(摩梭人)의 시조인 하마다미(哈玛达咪)가 백성을 복되게 하기 위해 불을 마련해 주기로 하였다. 그는 불을 구하러 하늘에 올라갔고, 불을 훔친 다음에는 그 불을 꺼뜨리지 않기 위해 자신의 몸을 땔감으로 삼았다. 천신만고 끝에 인간세상으로 내려온 하마다미(哈玛达咪)였지만, 그는 이미 온 몸에 불이 붙어 횃불이 되어 있었다. 이렇게 해서 불은 사람들에게 전해졌지만 하마다미의 몸은 타 없어져버렸던 것이다. 불을 전해 받은 마수위인(摩梭人)들은 하마다미의 공덕을 기리고자 제사를 지냈는데, 그 의식으로 불을 피워 둘레를 돌면서 노래를 부르고 춤을 추었다. 이것이 흐르는 세월과 더불어 다탸오(打跳)가 되었다.

야시장(夜市)

리쟝의 야시장은 구청(古城)에서부터 신다지에(新大街) 삼거리 일대가 중심이 된다. 이곳에서는 주로 불고기와 맥주를 판다. 저녁 7,8시부터 영업을 시작하여 새벽녘까지 이어진다. 여행객과 현지사람들이 격의 없이 어우러져 이야기들을 주고받는다.

신화지에(新华街)

　신화지에는 리쟝구청(丽江古城)의 술집거리로 다리(大理)의 양런지에(洋人街)에 버금간다. 그리 크지 않은 하천양편 거리에 모양새가 다양한 작은 주점(酒吧)들이 들어서 있으며, 하천변의 버드나무 아래에는 식탁이 놓여있고, 식탁위에는 촛불이 밝혀져 있다. 신화지에의 이러한 풍경을 놓고, 어떤 이는 참으로 낭만적이며 다시 와보고 싶다고도 하고, 또 어떤 이는 리쟝의 예스러움과 질박한 아름다움을 훼손한다고도 한다. 어쨌거나 주점들이 그곳에 있고, 사람들로 북적인다.

무푸(木府)

　나시족의 수령은 그 성(姓)이 목씨(木氏)였다. 따라서 그들의 생활본거지가 자연스레 목부(木府, 무푸)로 불리게 된 것인데, 이곳에는 담장이 없다. 그 까닭은 "목(木)" 자에 "구(口)" 자 모양의 담장을 두르면 궁하다는 의미의 "곤(困)" 자가 되기 때문이었다고 한다.

　사람들이 무푸에 들어서면서 받는 첫 느낌은, 그에 비해 규모는 좀 작지만 자금성(紫禁城)을 떠올릴 만큼 크다는 것이다. 쉬시아커(徐霞客, 1587~1641: 명나라의 지리학자이자 탐험가)가 이곳에 들렸을 때, 목씨 가문의 사람들은 그를 한사코 집에 들이지 않았는데, 그것은 그가 돌아가 황제에게 알릴까봐서라고 했다.

　무푸의 또 다른 느낌은 책을 보관하는, 만권루(万卷楼)라는 이름의 장서루(藏书楼)가 매우 크다는 점이다. 그것은 그만큼 학문을 중시했다는 반증이기도 하다. 그들이 특히 학문에 열중했던 이유는 민족의 생존을 위해서였다. 그들의 북쪽에는 짱족(藏族)이 있고, 그들의 남쪽에는 빠이족(白族)이 있는데, 세력이 왕성한 이들 민족의 틈바구니에서 생존을 지키고자 중원의 한족(汉)을 등에 업었으며, 책을 열심히 읽어 중원조정의 벼슬길에 오르는 것이 위민보국(为民报国)의 가장 큰 길이었던 것이다. 무푸(木府)의 대문격인 패루에 "천우유방(天雨流芳)"의 네 글자가 새겨져 있는데, 이것도 책을 읽어서 그 명성이 후세에 길이 남을 인물이 되라는 의미를 담고 있는 것이다.

천우유방 패루

무푸 정문

무푸 의사청

의사청 뜰과 조벽

만권당

무푸 후헌경관

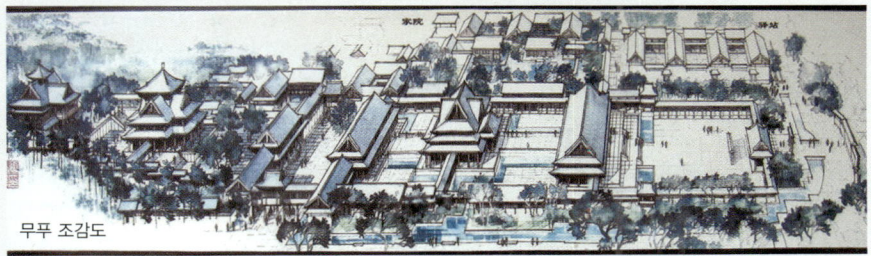
무푸 조감도

완구로우(万古楼)

리쟝의 고성 마을은 북에서 남쪽으로 비스듬히 흘러내리는 산비탈로부터 시작해서 평지로 전개된다. 이 북쪽의 야트막한 산이 사자산(獅子山)이고, 그 정상에 완구로우(万古楼, 만고루, 일명 望古楼)라는 이름의 누각이 있다. 다섯 층의 처마가 달려있는, 높이 33m의 이 누각은 1997년에 낙성됐으며, 이곳에 오르면 리쟝의 아름다운 경치가 한눈에 들어온다. 완구로우는 원래 목씨(木氏)의 토사궁전(土司宮殿)인 무푸(木府)의 후원이었으나 지금은 사자산공원(獅子山公园)으로 되어있다.

완구로우

완구로우 정문

사자산공원

Close Up

흑룡담(黑龙潭)

리쟝의 흑룡담은 구쳥(古城) 동북쪽의 썅샨(象山)자락에 있으며, 위취옌공원(玉泉公园)으로도 불린다. 구쳥의 쓰팡지에(四方街)에서 위허(玉河, 옥하)를 따라 2km 정도 올라가다 보면 흑룡담에 닿는다. 흑룡담은 속칭 용왕묘(龙王庙)로도 불린다. 이러한 이름은 쳥(清)나라의 6대 황제 건륭(乾隆, 1735~1796)이 1739년에 "옥천용신(玉泉龙神)"이란 이름을 하사한 데서 비롯된 것이다.

흑룡담에는 지세에 따라 용신사(龙神祠)·대월루(待月楼)·쇄취교(锁翠桥)·옥황각(玉皇阁) 오봉루(五凤楼)·일문정(一文亭)·문명방(文明坊) 등의 여러 옛 건물들이 자리를 잡고 있다. 흑룡담의 물은 호수 가운데에 있는 정자부근에서 분출되며, 23만여 평의 수면을 이룬다. 흑룡담은 중국에서도 이름이 나있는 연못이며, 호수 면에 비친 위룽쉐샨(玉龙雪山)의 아름다운 모습은 윈난 절경의 하나로 꼽힌다.

흑룡담

흑룡담과 썅샨

흑룡담의 물

Close Up

위룽쉐샨(玉龙雪山, 옥룡설산)

■ 전체모습

위룽쉐샨은 북반구(北半球)의 설산(雪山) 중에서는 가장 남쪽에 있는 설산이다. 윈링산맥(云岭山脉)에서 가장 높은 위룽쉐샨은 북쪽에서 남쪽을 향해 자리를 잡고 있으며, 남북길이 35km에 동서간의 폭은 25km이다. 위룽쉐샨은 해발높이가 5,000m가 넘는 13자리의 고산준령으로 이루어졌으며, 주봉인 샨즈도우(扇子陡, 해발 5,596m)는 윈난에서 메이리(梅里, 6,740m)에 이어 두 번째로 높다. 이 산봉우리들은 해발 4,000m 이상에서 눈에 덮여있다.

위롱쉐샨은 산자락에서부터 시작하여 산꼭대기에 이르는 동안에 아열대(亚热带)·온대(温带)·한대(寒带)의 기후적인 특징이 순차적으로 나타난다. 좀처럼 보기 드문 수직대(垂直带)자연경관이 형성돼있는 것이다. 이 외에도 눈과 빙하풍경, 고산풀밭풍경, 원시삼림풍경, 설산의 눈 녹은 물 풍경 등 자연경관의 관광자원이 풍부하다. 이곳이 국가5A급풍경명승구이자 성급의 자연보호구로 지정되어 있는 배경이기도 하다. 지세가 비교적 완만한 동쪽비탈에 기후대삼림공원이 있는데, 다음은 그 삼림공원의 고도별 삼림분포를 본 것이다.

(표) 위롱쉐샨의 고도 별 주요 식생

해발고도(m)	주 요 식 생
2,400 ~ 2,900	반습윤상록활엽림(半湿润常绿活叶林), 윈난송림(云南松林)
2,700 ~ 3,200	철삼침엽·활엽혼교림(铁杉针叶·活叶混交林), 경엽상록활엽림(硬叶常绿活叶林)
3,100 ~ 4,200	고산한온성침엽림(高山寒温性针叶林) : 운삼(云杉), 홍삼(红杉), 냉삼(冷杉) 등
3,700 ~ 4,300	고산진달래군락·저습초생대(高山杜鹃灌从·草甸带)
4,300 ~ 5,000	돌 가닥다리 사이에 번식하는 앉은뱅이 식물과 이끼류 : 각시서덜취(雪莲), 녹융묘(绿绒苗) 등
5,000 ~	빙하적설지대(冰川积雪地带)

위롱쉐샨을 평하기를 험준하고, 기이하며, 아름답고, 수려하다고 한다. 또한 위롱쉐샨은 그 변화가 계절 따라 다르고, 날씨 따라 다르다고 한다. 때로는 노을이 비끼는 가운데 구름이 뭉게뭉게 피어오르는 것 같기도 하고, 때로는 숨어있던 옥룡(玉龙)이 나타나는 것 같다고 한다. 때로는 푸른 하늘에 담겨있는 물과 같고, 때로는 뭇 봉우리들이 보석처럼 반짝인다고 한다. 때로는 구름을 끌어다가 띠처럼 두르기도 하고, 때로는 흰 구름 속에서 밝게 빛난다고도 한다. 때로는 흰 구름 아래에 비취를 겹쳐 세워놓은 것 같기도 하고, 노을에 비낀 설산은 분홍빛 면사포로 얼굴을 가린 신부 같다고도 한다. 이렇게 변화무쌍한 산은 세상 어디에도 없을 것이라고 한다.

위롱쉐샨은 역사성도 지니고 있다. 당(唐, 618~907)나라 때는 "신외용설산(神外龙雪山)"이라 했고, 난쨔오(南诏)의 왕 이무쉰(异牟寻)은 "북악(北岳)"으로 봉했던 것이다. 위롱쉐샨은 나시족 사람들의 외면적 상징이며, 전설 중의 위롱(玉龙)은 저들의 내면적 상징이기도 하다. 나시족 사람들은 자신들의 보호신인 "싼뚜워(三朵)"를 위롱산신(玉龙山神)의 화신으로 여기고 있다. 다음과 같은 이야기가 전해온다.

위롱(玉龙)과 하바(哈巴)는 쌍둥이 형제였다. 그들은 서로를 격려하며 진샤쟝에서 사금을 일어, 부모님을 공양하며 살았다. 어느 날 느닷없이 북방에서 흉악한 마왕이 쳐내려와 진샤쟝을 차지하고, 아무도 사금을 일지 못하게 하였다. 위롱과 하바 두 형제는 크게 화가 나서 간직해 오던 보검을 휘두르며 마왕과 맞붙어 싸우기 시작하였다. 힘이 달린 아우 하바의 목이 마왕의 칼에 잘려나갔다. 형 위롱은 더욱 화가 나서 있는 힘을 다해 마왕을 압박해 들어갔다.

보검 13자루가 모두 닳아 무기가 바닥날 무렵에 마왕은 더 견디지 못하고 북으로 도망갔다. 위롱이 마왕을 퇴치한 것이다. 마왕이 도망가자 두 형제는 산으로 변했는데, 하바샨(哈巴山)은 산꼭대기가 평평하고, 위롱샨은 13자리의 험준한 봉우리가 포진하고 있다. 하바샨의 꼭대기가 평평한 것은 하바의 머리가 마왕에게 잘려나갔기 때문이고, 위롱샨의 13준령은 위롱이 들고 싸우던 보검이라고 한다. 위롱은 지금도 보검을 갖춰들고 진샤강을 지키고 있는 것이다.

■ 교통

리쟝 구청(古城)의 홍타이양광챵(红太阳广场, 위허광장 따슈이처 부근)에서 위롱쉐샨으로 가는 7번 버스(중형)가 뜬다. 요금은 15위안(2010년 현재, 이하 같음)이다. 차를 대절할 수도 있으며(1일 100위안), 위롱쉐샨의 케이블카 회사에서 운행하는 버스도 있다.

위롱쉐샨풍경구에 도착하면, 케이블카가 세 방향으로 있다. 따수워다오(大索道, 대삭도), 윈샨핑수워다오(云杉索道, 소삭도라고도 함), 마오니유수워다오(牦牛坪索道) 등이 그것이다. 따수워다오는 3km거리에 요금은 110위안이며, 해발 4,506m까지 올라가서 눈 위에 내린다. 관광성수기에는 4~5시간씩 줄을 서서 기다려야 하는 불편을 감수해야 올라가볼 수 있다. 두터운 외투와 고산증세에 대처할 산소통 등을 준비한다. 윈샨핑수워다오(요금 40위안)와 마오니유핑수워다오(65위안)는 산 중턱까지만 올라간다. 눈밭을 직접 걸어볼 수는 없지만, 위롱쉐샨의 전체적인 사진을 찍기에는 이곳만한 곳이 없다. 느낌으로 보아 윈샨핑은 여성스럽고, 마오니유핑은 남성답다.

■ 관광노선

위롱쉐샨을 돌아봄에 있어 각자의 취향에 따라 선택이 달라질 수 있겠지만, 주된 흐름을 보면 구청(古城)-간하이즈(甘海子)-윈샨핑(云杉坪)·마오니유핑(牦牛坪)-빠이슈이허(白水河)-빠이샤벽화(白沙壁画)-구청(古城)으로 이어진다. 전반적인 구도를 보면 다음 그림과 같다. 위롱쉐샨은 리쟝에서 북쪽으로 10km정도 떨어져 있으며, 다쥐(大具)까지는 90km이다.

위롱쉐샨 관광도

간하이즈(甘海子, sweet meadow)

간하이즈는 위롱쉐샨의 동쪽기슭에 있는 고원풀밭이다. 길이 4km에 폭 1.5km인 이 풀밭은 해발 2,900m높이에 있으며, 이곳 개활지는 위롱쉐샨의 주봉을 한 눈에 볼 수 있는 최적지로 꼽힌다. 짱족(藏族)·이족(彛族)·나시족(纳西族) 사람들이 야크, 양, 황소 등을 몰고나와 이곳에서 한 여름을 보낸다.

"간하이즈(甘海子, 감해자)"에서의 "감(甘, 달다는 의미의 감)"자는 본래는 "건(干, 말랐다는 의미의 건)"자가 쓰였고, 이는 마른 호수라는 의미였다. 이곳은 본래 빙하가 밀고 내려와 만들어진 호수였으나, 물이 줄어들면서 바닥이 마르자 사람들은 그렇게 불렀던 것이다.

간하이즈표지석

간하이즈의 풀밭

간하이즈에서 본 설산

윈샨핑(云杉坪, 운삼평)

윈샨핑은 위롱쉐샨의 동편에 있는 임간초지(林间草地)이다. 이곳을 나시족 사람들은 "오로유취각(吾鲁游翠阁)"으로 부르기도 하는데, 이는 그들의 말로 "순정(殉情)의 땅"이자 "이상의 나라(理想之国)로 통하는 문"을 의미한다. 케이블카를 타거나 말을 타고 이곳에 이르러보면 저들이 그렇게 생각하고, 이곳에 와서 순정(殉情)을 하는 정서를 알 것 같아진다.

윈샨핑에서 본 위롱쉐샨

멀리서 보는, 눈이 부시게 흰눈을 이고 있는 위룽쉐샨의 봉우리는 속세와는 다른 천국 그 자체처럼 보인다. 이러한 잔영이 머리 속에 남아있는 상태에서 위룽쉐샨에 가까이 다가와서 보는, 수놓은 듯 아름다운 들꽃들이 촘촘히 깔려있는 푸르른 초지는 이곳이 천국으로 통하는 문이 아니겠는가 하는 환영을 떠오르게 하는 것이다.

마오니유핑(牦牛坪, 모우평)

마오니유핑은 근년에 개발된 곳이다. 이곳의 해발높이는 윈샨핑(云杉坪)에 비해 높고, 그곳에 비해 풀이 무성한 고산 저습지가 많다. 이곳에서는 보검을 세워놓은 듯한 위룽쉐샨의 13산봉우리들을 또렷하게 볼 수 있다. 이곳에서는 청과주(青稞酒)·쑤요우차(酥油茶)와 더불어 구운 야크고기를 파는데, 그 맛이 괜찮다. 이곳에서는 또한 말이나 야크를 태워 주위를 구경시키는 현지인들이 많다. 그들과 더불어 계곡을 한 바퀴 돌아 나오는 것도 괜찮다. 30위안 정도이나 계절에 따라 변동 폭이 크다.

마오니유핑

마오니유핑은 해발높이가 3,800m이다. 일반인은 이곳에 이르렀을 때 가슴이 답답해지거나 현기증을 느끼게 되는데, 이것이 이른 바 고산반응인 것이다. 이러한 증세가 나타나면, 몸놀림을 천천히 하면서 쑤요우차를 좀 마시도록 한다. 이내 괜찮아질 것이다 마오니유핑에서는 민속복장을 한 여자 아이들이 해맑은 표정으로 같이 춤추기를 권한다. 관광객이라면 자연스레 사진도 같이 찍게 되는데, 이때 대가로 5위안정도는 지불할 생각을 하고 그들의 권유에 응하도록 한다.

마오니유핑에서 본 설산

마오니유핑에서 본 설산

빠이슈이허(白水河)와 헤이슈이허(黑水河)

윈샨핑(云衫坪)에서 케이블카를 타고 내려오다 보면 천길 낭떠러지 아래의 깊은 골짜기를 흐르는 빠이슈이허 하천이 있다. 위롱쉐샨의 눈 녹은 물이 윈샨핑의 원시림에서 모여 이루는 하천인데, 전설상으로는 위롱(玉龙)이 진샤쟝을 독차지하려던 북방의 마왕과 싸울 때, 그때 흘린 땀이 봇물을 이루면서 만들어진 강들로 되어있다. 빠이슈이허(白水河, 백수하)의 바닥은 하얀 빛깔의 석회석이기 때문에 그 위를 흐르는 물이 하얗게 보이는 데서 그 이름이 유래됐으며, 헤이슈이허(黑水河, 흑수하)는 그 바닥이 검은 빛깔의 현무암(玄武岩)이기 때문에 그 위를 흐르는 물이 검게 보이는 데서 그 이름이 비롯되었다. 이 두 강의 물은 수질이 아주 깨끗하여 사람들은 이를 음료수로 쓰고 있다.

윈샨핑에서 본 빠이슈이허

계곡에 흐르는 빠이슈이허

샨즈도우(扇子陡)

샨즈도우(扇子陡, 해발 5,596m)는 롱샨(龙山)의 주봉이다. 롱샨 전체로 볼 때는 남쪽으로 치우쳐 있다. 리쟝평원에서 보는 샨즈도우는 은빛 보습(쟁기) 같고, 산중에서 보는 샨즈도우는 흰 비단으로 만든 접부채를 펼쳐놓은 것 같다. 이곳의 풍경은 빙하가 중심이 되며, 하나의 풍경구로 관리되고 있다. 케이블카는 고도 상으로 해발 3,356m의 지점과 4,506m의 지점을 운행하며, 케이블카에서 내리면 눈을 밟고 174m를 더 올라갈 수 있는 잔도(栈道)가 설치되어 있다.

위롱의 샨즈도우(원경)

샨즈도우풍경구 안에는 동파곡(东巴谷), 옥주경천(玉柱擎天), 동파만신원(东巴万神院), 옥수채(玉水寨), 옥봉사(玉峰寺), 동파왕국(东巴王国) 등이 있다. 동파곡과 옥수채 쪽에 사람들의 발길이 비교적 잦다.

동파구

샨즈도우에 오르는 케이블카

동파곡은 위롱쉐샨의 남쪽자락에 있는 자연생태협곡이다. 옛날 히말라야조산운동 때 단층이 갈라지면서 생긴 것으로 깎아지른 절벽에 온갖 형태의 풍경이 살아 움직이고 있다. 동파곡 안으로 들어가면 넓디넓은 동파광장이 있으며, 그 뒤로 좁고 긴 "장런지에(匠人街)"가 이어지고 있다. 광장에서는 전통복장을 한 소수민족의 아가씨들이 춤을 추는 등 관광분위기를 띄우고, 장런지에에서는 이 지역 토산물이 판매되고 있다.

샨즈도우(근경)

옥수채(玉水寨, 위슈이짜이)는 나시족 사람들이 모여 사는 마을이다. 이곳에서 나시족의 문화유물이 많이 발굴됐으며, 이런 유물들을 정리하고, 연구하며, 전시하는 등 여러 활동을 통해 동파문화의 전승기지로 역할하고 있다.

위슈이짜이 마을 안

위슈이짜이 입구

라쉬하이(拉市海)와 미취앤차마고도(美泉茶马古道)

　　라쉬하이는 리쟝고성의 서쪽 10km쯤에 있는 호수이다. 수면면적 9km² 에 최대수심 9m인 라쉬하이 호수는 라쉬빠(拉市坝)의 중심에 자리 잡고 있다. "빠(坝, 패)는 고원에 펼쳐진 평원을 의미한다. 이러한 빠(坝)가 리쟝에는 100~200m의 고도차로 세 곳이 있다. 라쉬빠 외에 리쟝빠(丽江坝)와 치허빠(七河坝)가 그것인데, 이 셋 중에서 라쉬빠의 지대가 가장 높아 해발 2,437m이다. 라쉬하이는 국제습지고원이다. 겨울철에는 칭짱고원의 반토우옌(斑头雁, 얼룩머리기러기)을 비롯해서 수만 마리의 철새들이 북에서 날아 와 월동을 한다. 이곳이 겨울철 관광지라고 불리는 배경이다. 또한 이곳에서는 승마와 뱃놀이를 함께 즐길 수 있다.

라쉬하이 호수전경

　　미취앤차마고도(美泉茶马古道)는 차마고도 노선 중 리쟝의 라쉬하이 호수를 내려다보며 이어지는 구간이다. 리쟝(丽江)−라쉬하이(拉市海)−미취앤 춘(美泉村)−따쉬챠오(大石桥)−구슈린(古树林)−성취앤위옌(圣泉

마장풍경

성천원 표지석

반토우옌

고성의 차마고도 안내판

미취앤차마고도

源)－폭포군(瀑布群)－일선천(一线天)－칠선호(七仙湖)－차마고도유적지(茶马古道遗迹)로 이어지는 이 구간은 7km거리이며, 옛 모습이 그대로 유지되고 있는 곳이라고 한다.

서낭당 같은 수호신

폭포와 나시 여인

나시구예(纳西古乐)

나시구예 무대

나시족(纳西族) 사람들의 옛 음악인 구예(古乐, 고악)는 그 명성이 리쟝(丽江)만큼이나 높다. 많은 사람들이 나시구예를 일컬어 "살아있는 음악의 화석(活的音乐化石)"이라고 한다. 음악전문가들은 평가하기를 "당(唐, 618~907)·송(宋, 960~1279)의 음악이 나시족 사람들에 의해 보존되어 왔다는 것은 중국 음악사의 최대기적"이라고 한다. 리쟝에 왔다가 나시의 고악을 들어보지 않고 돌아가면 후에 반드시 후회할 날이 있을 것이라고 하는데, 그러나 역설적으로 듣고 나서도 후회하기는 마찬가지라고들 한다. 그만큼 이해하기가 어렵다는 이야기일 것이다.

이곳 본토박이 사람들의 말로는 나시구예에는 나시족의 고전음악, 도교법사음악(道教法事音

乐), 유교전례음악(儒教典礼音乐), 당송음악(唐宋音乐) 등의 선율이 모두 녹아있다고 한다. 나이 7,80세의 풍류를 즐기는 연장자들은 일상적으로 나시구예를 연주하고, 방송진행자들은 프로그램 사이사이에 나시구예를 삽입한다. 이러한 나시구예의 진수를 맛보려면 나시구예를 집대성한 쉔커(宣客)의 해설을 곁들이면서 듣는 것이 좋다. 입장료는 좌석의 위치에 따라 120위안에서부터 160위안까지 다양하다.

나시구예 연주장면

나시구예를 해설하는 쉔커

후탸오씨아(虎跳峡)

후탸오씨아(虎跳峡, 호도협)는 리쟝 고성(古城)에서 차로 3시간 거리에 있으며, 세계에서도 가장 좁고 가장 깊은 계곡의 하나로 꼽힌다. 이 협곡은 남쪽의 위롱샨(玉龙山, 5,596m)과 북쪽의 하바샨(哈巴山, 5,396m)이 맞붙어있어 생겨난 것으로, 16km 길이에 폭 30~60m이며, 협곡의 최대고도차는 3,790m에 이른다. 강바닥의 경사가 심하여 상류 쪽 계곡입구(해발 1,800m)와 하류 쪽 계곡출구(해발1,630m)간에는 170m의 고도차가 있으며, 강바닥이 10m 이상씩 갑자기 낮아지는 곳이 7군데가 있다.

후탸오씨아 표지석

후탸오씨아는 상후탸오(上虎跳)·중후탸오(中虎跳)·하후탸오(下虎跳)의 세 부분으로 나뉜다. 상후탸오(上虎跳)는 계곡입구에서 9km되는 곳에 있으며, 협곡 전체를 통틀어 가장 좁은 곳이다. 상류에서 흘러내리던 물길이 상대적으로 좁아지는 가운데 물 한가운데에는 높이 13m의 바위가 놓여있다. 빠르게 흐르던 물이 바위에 부딪치면서 두 줄기로 나뉘어 소용돌이치며 흘러내리는데, 성난 물 덩어리들은 사방으로 날고, 질러대는 소리는 천지를 진동시킨다. 후탸오씨아(虎跳峽)라는 명칭은 호랑이들이 위롱산과 하바샨을 오갈 때, 물 한가운데의 호도석(虎跳石)을 한 차례 뛰어 밟고 건넜다 해서 붙여진 것이라고 한다.

상후탸오

호도석

후탸오씨아를 따라 북쪽으로 올라가면, 영승촌(永胜村) 마을에 이어 중후탸오(中虎跳)에 이른다. "만천성(满天星)"으로도 불리는 이 구간은 깎아지른 절벽에 싸여있으며, 5km도 채 안되는 거리에 그 낙차가 100m나 된다. 게다가 강 가운데에는 암석이 숲을 이루고 있어 그 위를 흐르는 물은 마치 날뛰는 용 같다고들 말한다.

관음폭

만천성을 지나 울퉁불퉁한 소로를 따라 걷다 보면 하바샨(哈巴山) 허리에 걸린 폭포가 눈에 들어온다. 관음폭포이다. 관음폭포에서 그리 멀지 않은 곳의 밋밋한 산기슭에 허타오위엔(核桃园)이란 마을이 있고, 이곳을 지나 3km정도 내려오면 하후탸오(下虎跳)이다. 이곳의 지세는 넓게 열려있고, 뒤로는 하얀 눈을 뒤집어쓴 위롱산과 하바샨이 보인다. 하후탸오에서 멀지 않은 곳에 활석판(滑石板)이 있다. 폭 300여m의 매끄러운 돌 판이 강가에서부터 85도의 경사로 하바샨의 허리를 향해 올라오고 있으며, 자칫 발을 헛디뎌 미끄러져 떨어진다면 강물로 직행하게 되어있다.

중후탸오

하후탸오 활석판

루지에후(泸沽湖)

■ 전체풍경

후탸오씨아 표지석

루지에후(泸沽湖)호수는 윈난성(云南省)과 쓰촨성(四川省)이 맞닿는, 리쟝시의 닝랑현(宁蒗县)에 있다. 루지에후(泸沽湖)를 현지 마수워인(摩梭人)들은 "씨에나미(谢纳米)"라고 부르는데, 이는 "모해(母海)"를 의미한다. 마수워 말로 "루(泸)"는 산골짜기(山沟)를, 그리고 "지에(沽)"는 안쪽을 각각 의미한다. 전체적으로는 산골짜기 안에 들어있는, 어머니 같은 호수라는 말이 된다.

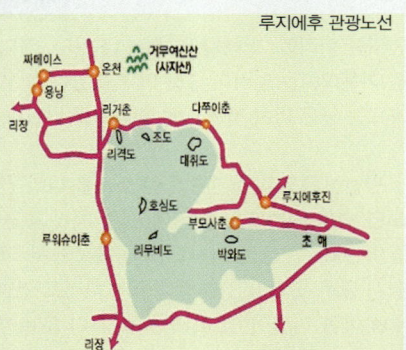

루지에후 관광노선

루지에후(泸沽湖)호수는 해발 2,685m 높이에 있으며, 그 넓이는 48.5km²로 윈난에서 두 번째로 큰 호수이다. 담수호로서 그 깊이는 평균 40m이고, 가장 깊은 곳은 93.5m에 이른다. 루지에후(泸沽湖) 호수를 감싸고 있는 산에는 일년에 3개월쯤 눈이 덮이는데, 호수가 어는 일은 없었다고 한다. 이 지역의 월별 평균기온은 다음과 같다. 이 지역의 온도는 연교차(年较差)보다 일교차(日较差)가 더 크다.

(표) 루지에후의 월별 기온   (기온 : ℃)

1월	2월	3월	4월	5월	6월	7월	8월	9월	10월	11월	12월
4.0	6.6	11.0	14.5	17.8	19.4	19.0	18.5	17.5	12.8	8.0	5.2

■ 인문(人文)

루지에후(泸沽湖)에 도착하면, 우선 그 생소한 아름다움에 감탄하게 되고, 이어서 그곳 사람들의 문화에 대해 호기심이 발동한다. 이곳의 마수워인(摩梭人)은 그 조상이 원(元)나라 건국당시의 몽고군이 쳐내려 왔을 때, 이들을 따라온 몽고사람들이었다. 이곳을 정벌하고 몽고군이 돌아갈 때, 그 몽고사람들은 돌아가지 않고 이곳에 정착하였는데, 오늘 날 이들을 나시족(纳西族)의 한 계파로 보고 있다. 하지만 엄밀한 의미에서는 나시족이 아닌, 몽고족이다. 마수워인의 인구는 '90년 인구조사 때 4만 명이었고, 2000년 조사 때 4만6,000명이었으며, 그간의 추세라면 2010년에는 5만3,000명 수준이 될 것으로 추정하고 있다.

마수워인들은 어머니를 숭배하고, 여자를 존경하는 "숭모존녀(崇母尊女)"의 전형적인 모계씨족문화를 이어오고 있다. 모계대가족제(母系大家族制)와 아하주혼(阿夏走婚)이 그 증거이기도 하다. 이러한 전통들이 루지에후(泸沽湖) 호수의 산수(山水)를 더욱 수려하고 아련하게 하는지도 모른다. 루지에후 호수에 다음과 같은 이야기가 전해온다.

나수워의 처녀들

먼 옛날, 이곳은 평온한 시골마을이었다. 이 마을에 일찍이 부모를 여읜 소년이 있었는데, 그는 마을 사람들이 맡기는 양과 소 등 가축을 몰고 마을 뒤의 사자산(狮子山)으로 올라가 풀을 뜯겼다. 이 소년은 부지런하고 총명하여 가축들이 토실토실하게 살이 쪘으며, 마을 사람들은 다투어 그에게 가축을 맡겼다.

그날도 가축을 풀밭에 풀어놓고 풀 뜯는 것을 살피다가 깜빡 잠이 들었는데, 꿈에 커다란 물고기가 나타나 말하기를 착하다고 하면서 이후에는 점심을 싸오지 말고, 자신의 고기를 뜯어먹으라고 하였다. 깜짝 놀라 잠에서 깬 소년은 꿈에 본 곳을 찾아갔는데, 거기에는 커다란 동굴이 있었고, 그 안에 꿈에서 본 물고기가 있었다. 소년은 물고기 살을 뜯어 점심요기를 하였다. 그 다음 날에 가보니 어제 점심으로 뜯어먹은 자리는 흔적도 없이 덜쩡했다. 소년은 그렇게 점심요기를 하며 지냈는데, 마침내 우려했던 일이 벌어졌다.

마을의, 남의 재산을 탐하는 불량배들이 소년과 물고기의 관계를 낌새채고 그 동굴로 와 그 물고기를 끌고 가려 하였다. 동아줄로 물고기를 꽁꽁 묶은 다음 다홉 마리의 말과 아홉 마리의 소로 하여금 끌어내도록 하였다. 힘이 달린 물고기가 막 동굴 밖으로 끌려나오려던 찰나에 동굴 속으로부터 엄청나게 많은 물이 엄청난 소리와 더불어 엄청난 속도로 폭발하듯 뿜어져 나오기 시작하였다. 물은 산골짜기의 모든 것을 집어삼키며 빠른 속도로 마을을 향해 쏟아져 내려갔다. 마침 두 아이 남매를 돌보던 젊은 어머니가 이 광경을 보고 대경실색하며 기르던 돼지를 불러 두 아이를 태워 피신을 시켰지만, 자신은 힘이 빠져 물속에 가라앉아버렸다. 온 마을 사람들과 더불어 수장된 것이다. 훗날 그 두 아이가 이곳 사람들의 조상이 되었으며, 사람들은 그 때 생긴 호수를 "모친해(母亲海)"라고 불렀다. 그리고 이곳 사람들이 호수에 나갈 때 타는 배의 모양이 돼지(猪, 쮸)에게 먹이를 주는 구유(槽, 차오) 처럼 생겼는데, 이는 물난리가 났을 때 어린 남매의 생명을 구해준 돼지를 형상화한 것이라 하며, 그 이름도 "쮸차오촨(猪槽船)"으로 불여 그 공을 기려오고 있다.

■ 마수워(摩梭)사람들의 혼인습속

마수워사람들의 혼인에는 세 가지 유형이 있다. 주혼(走婚), 동거혼(同居婚), 정식혼(正式婚)이 그것이다.

나수워 가정

길쌈하는 나수워 여인

주혼(走婚)의 갖춰진 명칭은 "아씨아쪼우훈(阿夏走婚, 아하주혼)"이다. "아씨아(阿夏)"는 마수워(摩梭)사람들의 말로 반려자라는 의미이다. 이 유형의 혼인에서는 남자가 장가드는 것도 아니고, 여자가 시집을 가는 것도 아니다. 그냥 각자 자기 집에서 살면서 서로 느끼는 애정을 바탕으로 밤이면 남자가 여자의 집으로 가서 자고, 낮에는 되돌아와 자기 집의 일을 하며 지낸다. 자식이 생기면 여자 쪽에서 키운다.

이러한 유형의 결혼은 어떠한 수속이나 의식이 필요 없고, 경제적으로 이해관계가 얽히는 일도 없다. 서로간의 애정이 식으면, 남자가 여자의 집으로 가지 않거나 여자가 받아들이지 않으면 그뿐이다. 생긴 아이들은 모친과 함께 생활하다가 성년이 되고, 그러는 사이에 자신의 부친이 누구라는 것을 알게 되지만, 어려서부터 외가에서 살아왔기 때문에 부친과의 사이에 별다른 문제가 생기거나 하는 일은 없다. 마수워사람들은 저녁에 만났다가 새벽에 헤어지는, 이런 종류의 혼인을 "쪼우쪼우(走走)"라고 하는데, 이는 왔다 갔다 한다는 의미의 "쪼우라이쪼우취(走来走去)"를 줄인 형태이다.

이런 유의 혼인습속에서는 일생을 살면서 몇 차례의 "아씨아(阿夏)"를 경험할 수 있다. "아씨아(阿夏)"로서 처신할 수 있는 나이는 여자는 15세부터이고, 남자는 17세부터이다. 남자가 이 나이를 지나 마음에 드는 여자가 나타나면 선물을 들고 여자의 집을 방문한다. 이때 여자가 웃음으로 맞아주면 아씨아관계가 맺어지는 것이고, 엄숙한 표정으로 다른 선물을 요구한다면 여자 쪽에서 아씨아관계 맺기를 거부한다는 의미가 된다. 성격이 쾌활한 처녀 총각들은 이와는 다르게 노래를 주고받으면서 상대방의 의중을 타진한다. 다음은 그런 경우에 부르는 노래가사의 예이다.

남 : 전세에 우리는 배를 타고 함께 강을 건넜네.
　　(前世姻缘, 过河一船).

여 : 이승에서 만나 원앙 한 쌍이 되었네.
　　(今世相遇, 鸳鸯一对).

남 : 금빛 꽃과 은빛 꽃이 모두 활짝 피었네.
　　(金色的花, 银色的花一起盛开吧).

여 : 금빛 새와 은빛 새, 우리 함께 호수로 달려가 물을 마시네.
(金色的鸟儿, 银色的鸟儿, 我们一起跑到河边去喝水吧).

가사가 이렇게 이어지면 남녀 서로가 아씨아 되기를 승낙하는 것이고, 다음과 같이 이어지면 여자가 아씨아 되기를 거절하는 게 된다.

남 : 그대는 물이고, 이 몸은 다리이니 물과 다리는 같이 있어야 하는 것이다.
(你是水, 我是桥, 桥和水要在一起).

여 : 그대는 다리이고, 이 몸은 물인데, 물이 낮고 다리가 높으니 어찌 함께 할 수 있으리오.
(你是桥, 我是水, 水低桥高怎么能在一起).

이렇듯 남녀가 아씨아의 관계로 발전함에 있어서는 대등한 위치에서 자신의 의지대로 상대를 선택하게 되는데, 상대를 고를 때 중점을 두는 것이 남녀간에 차이가 난다. 남자 쪽에서는 아름다움과 젊음을 우선시하고, 다음에 근면성과 몸의 날렵함, 그리고 자신에 대한 열정을 본다. 여자 쪽에서는 상대방의 경제적 능력을 우선시하고, 다음에 인품과 재능, 그리고 외모를 본다. 아씨아 관계를 맺을 때는 지켜야 할 원칙이 있다. 동일모계가 아니면 누구나 서로 아씨아 관계를 맺을 수 있고, 만약에 동일 모계라면 3대가 지났어야만 한다. 연령, 선후배, 민족 등에 관하여는 일반적으로 제한을 두지 않는다.

동거혼(同居婚)은 아씨아(阿夏)관계를 맺어오던 남녀가 함께 살기를 희망하는 경우에 맺어진다. 별도의 예식이나 연회 없이 다바(达巴, 마수워인의 원시종교 제관)를 초청하여 경을 읽으며, 조상에게 제사를 올린다. 동거혼에는 남자가 여자의 집으로 옮겨가는 경우, 여자가 남자의 집으로 옮겨오는 경우, 아예 둘이 별도로 살림을 차리는 경우 등, 세 가지 경우가 있다. 동거혼으로 발전한 부부는 아씨아(阿夏)관계로 되돌아가지 못하며, 남자는 본래의 성을 유지하지만, 자식들은 모계의 성을 내려받는다. 모계의 세대는 이때부터 기산된다.

정식혼인은 중매가 필수적이며, 양가의 동의와 부락민의 찬성이 있어야 이루어진다. 정식혼인은 마을의 어른이 주관하며, 남자는 "하츄바(哈楚巴)", 여자는 "쇠츄미(刷楚米)"라고 부른다. 이 정식결혼은 외동딸을 두었거나 딸들이 있더라도 노동력이 결핍된 가정에서 데릴사위를 들일 때 채용하는 혼인방식으로 여자가 마음에 드는 남자를 고른 후 매파를 통해 청혼을 하며, 그 낙점했던 남자가 동의하지 않으면 결혼은 이루어지지 않는다. 남자 쪽에서 정식혼인을 수락할 경우, 여자 쪽에서는 예물로 술과 떡과 차와 돼지 뒷다리 등을 남자 집으로 보내고, 남자 집에서는 이들 예물을 받아 조상에게 제사를 지낸다. 결혼 날짜는 남자 집에서 정하며, 당일에 여자 집에서는 술과 고기와 떡 등 음식을 남자 집으로 보내 손님 접대를 할 수 있도록 하고, 남자 쪽에서는 데릴사위로 들어가는 아들에게 새 옷 한두 벌을 내어 준다. 결혼 날 아침에 여자 쪽의 남정네 몇 사람이 와서 신랑이 될 하츄바(哈楚巴)를 맞이해 가는데, 이때 신랑의 형제들이 따라간다. 하츄바(哈楚巴)가 여자의 집에 도착하면 다바(达巴)의 주재로 혼례식이 거행된다. 다바는 먼저 쑤요우(酥油)를 신랑인 하츄바(哈楚巴)와 신부인 쇠츄미(刷楚米)의 이마에 바르면서 두 사람이 백두해로(白头偕老)할 것을 축원하고, 이어서 하츄바와 쇠츄미로 하여금 천지신명과 조상에게 참배하도록 한다. 그날 저녁 조촐한 가족연회가 열리며, 이 자리에서 하츄바는 자신의 처와 대등한 지위를 요구하지 않을 것과 자기 본래의 성을 버리고 여자 쪽의 성을 따를 것을 천명한다.

■ 마수워(摩梭)사람들의 주택

마수워사람들은 산자락이 물에 닿는 곳에 살며, 그들의 주택은 독특한 풍격(风格)을 지니고 있다. "口"자 모양으로 건물이 배치돼있고, 가운데는 정원이다. 4합원(四合院)으로 4면의 건물은 정방(正房)·화루(花楼)·경당(经堂)·문루(门楼)로 짜이며, 이러한 구도는 종교신앙·혼인형태·가족구성에 부응하는 것이다. 대문의

초해의 호변 마을

양쪽으로는 가축우리가 있다. 대문을 들어서면서 오른쪽으로 있는 건물이 정방(正房)이며, 모방(母房)이라고도 부른다. 모친과 아이들이 함께 지내며, 취사·제사·가족회의 등이 이곳에서 이루어진다. 대문을 들어서면서 마주 보이는 건물이 경당(经堂)이고, 그 위층이 불당(佛堂)이다. 불당에는 티베트불교 황교파(黄教派)의 창시자인 쭝거바(宗喀巴)와 역대 다라이라마 및 반선의 신상이 안치돼 있다. 이 건물에 남자어른들이 기거하는 방이 있고, 손님방(客房)이 있다. 문을 들어서면서 왼쪽으로 있는 건물이 "니짜이(尼扎意)"로도 불리는 화루(花楼)이며, 성년이 된 여자가 남자 아씨아(阿夏)를 맞아 밤을 같이 지내는 곳이다.

마수워인의 옛날 집

루워슈이의 거리

■ 마수워(摩梭)의 금기사항

마수워 사람들의 금기사항은 그들의 원시종교에서 비롯된 것으로 생산 활동, 음식조리, 혼인, 임신 및 출산, 사망 등 생활 곳곳에 설정되어 있다. 예컨대, 화탕(火塘, 방 바닥 한가운데를 파서 만든 불구덩이)을 뛰어넘어서는 안 되며, 화탕에 물을 가까이 가져가서도 안 된다. 개고기·고양이고기·개구리고기를 먹어서도 안 되며, 여자가 앉는 긴 의자를 타고 넘어서도 안 된다. 술을 띄우는 중에 있는 집에 가서 술 좀 먹어보자는 말도 하지 말아야할 사항 중의 하나이다.

■ 마수워(摩梭)의 전통축제일

마수워 사람들에게는 "챠오샨지에(朝山节)"라는 명절이 있다. 음력 7월 25일인 이날, 루지에후(泸沽湖) 호수 주변에 사는 마수워 사람들은 거무샨(格姆山 : 狮子山, 사자산)을 참배하고, 축제를 연다. 마수워 언어로 "거무과(格姆刮)"는 "전녀신산(转女神山)"을 의미한다. 고증된 바로는 챠오샨지에(朝山节)는 그 역사가 1천여 년 전 마수워인의 조상인 "니위예우(泥月鸟)"가 용닝(永宁, 영녕)에 자리를 잡고 세력을 떨치던 때부터라고 한다. 마수워사람들은 거무샨 뿐만 아니라 각 마을 주위의 산이라면 어디든지 가서 참배를 했다. 후에 불교가 들어오고, 모계씨족 사회가 자리를 잡으면서 산에 관한 이야기들이 많이 생겨났다. 그 중에서 으뜸가는 것이 거무샨전설인 것이다.

> 거무샨(格姆山) 용닝들판(永宁坝) 마을에 예쁘고 일 잘하는 아가씨가 살았다. 그녀는 길쌈도 잘 하려니와 수놓는 솜씨도 빼어났다. 그녀가 노래라도 부를라치면 새들도 지저귐을 멈추고, 온갖 짐승들이 귀를 기울였다. 용닝의 총각들이 너나 할 것 없이 모두 그녀를 따르고 흠모하였다. 그녀는 자기를 따르는 사람들에게 자신이 짜고 수를 놓은 허리띠를 나누어 주었지만, 아무도 아씨아(阿夏)로 받아들이지 않았다.
>
> 어느 날 그녀가 길쌈을 하면서 "아하바라(啊哈巴拉), 마다미(玛达咪)" 노래를 부르는데, 그 아름다운 소리가 천상(天上)에까지 울려 퍼졌고, 이를 들은 천신이 그 아가씨를 데려오기로 마음을 먹었다. 천신이 회오리바람에 아가씨를 감싸 올릴 때, 온 마을 사람들이 아우성을 쳐댔고, 이에 놀란 천신은 당황한 나머지 아가씨를 놓쳐버렸다. 하지만 아가씨는 인간 세상에 돌아오지 못하고, 거무샨에 떨어져 여신이 되었다.
>
> 그런 일이 있은 후 사람들은 종종 거무샨에서 흰 옷을 입은 신녀가 한 손에는 금으로 만든 피리를, 그리고 다른 한 손에는 진주로 된 나뭇가지를 들고 신록(神鹿)을 타고 다니는 것을 보았으며, 마을에 불행이 닥칠 때면 번번이 나타나 보살펴주곤 하였다. 이에 사람들은 마을이 평온하고, 오곡이 풍등하며, 육축이 흥왕한 것이 모두 거무샨의 신녀가 보살펴주기 때문으로 믿었으며, 그리하여 때를 정해 챠오샨지에(朝山节)제례를 올리고 있는 것이다.

챠오샨지에(朝山节) 당일 동틀 무렵이면, 옷갓을 차려입은 마을 사람들은 마련해 둔 참배음식을 받쳐 들고 열을 지어 거무샨으로 향한다. 여신사당에 이른 행렬은 제단에 제물을 차려놓고, 분향한 후 원을 이뤄 제단을 돌며 풍수(丰收)·안녕(安宁)을 기원한다. 저녁 무렵 제사가 끝나면 너른 풀밭에 모닥불을 피워놓고, 제사음식을 나누어 먹으면서 여흥을 즐긴다. 일년 중 가장 큰 축제이다. 거무샨 여신에 관하여 다음과 같은 이야기가 전해온다.

> 전설상의 거무샨여신은 천성이 쾌활·명랑하고, 감정이 풍부하여 멀리에 있는 설산남신(雪山男神)을 아씨아로 맞았을 뿐만 아니라 주위의 여러 산신들과도 아씨아관계를 맺고 있었다. 설산남신이 거무샨여신과 주혼(走婚)을 맺고자 진주 다섯 알을 준비하여 거무샨여신에게로 길을 나섰다. 그러나 예기치 않게 도중에서 거무샨여신이 다른 산신과 정을 통하는 장면을 목격하게

되었고, 놀란 설산남신은 황급히 말고삐를 당겨 말을 세웠다. 이때 말이 급작스럽게 서는 바람에 말발굽자국이 깊게 났다. 말울음 소리를 들은 거무산여신은 정신이 번쩍 들어 달려가 보았지만, 그곳에는 말발자국만 남았을 뿐 설산남신은 이미 가고 없었다. 거무산여신은 회한에 젖어 울고 또 울었는데, 그 눈물이 말발굽자국을 채우고, 넘쳐흘렀다. 한편, 되돌아가던 설산남신이 거무산여신의 울음소리를 듣고 멈춰 서서 뒤를 돌아보다가 그래도 안됐다 싶은 마음이 들어 되가져가던 진주 다섯 알을 눈물이 흘러넘치는 말발자국에 던져 넣었다. 그러는 사이에 닭이 울고 날이 밝았으므로 설산남신은 더는 움직이지 못하고, 그 자리에서 산으로 굳어져버렸다. 훗날, 거무산여신의 눈물로 채워진 말발굽이 루지에후(泸沽湖) 호수가 되었고, 그곳에 던져 넣어진 진주 다섯 알은 다섯 개의 섬이 되었다. 그리고 되돌아가다가 도중에 굳어져버린 설산남신은 오늘날의 위롱쉐샨(玉龙雪山)이 된 것이다.

■ 교통

리쟝에서 루지에후(泸沽湖)까지는 구도로의 경우 230km에 7시간가량이 소요되고, 신도로의 경우 130km에 4시간가량이 소요된다. 루지에후(泸沽湖)호수로 가는 차편은 리쟝커윈짠(丽江客运站, 시외버스터미널)에서 뜬다. 일단 버스를 타고 닝랑(宁蒗)까지 간 다음, 그곳에서 루지에후의 루워슈이(落水)나 리거춘(里格村)행 소형버스로 갈아탄다.

리쟝-닝랑 간은 125km의 거리에 4시간정도 소요되며, 닝랑-루워슈이·리거츈 간은 80km의 거리에 2시간가량 소요된다. 차편은 수시로 있다.

■ 먹을거리

루지에후(泸沽湖)의 먹을거리로는 수리마(酥理玛), 쮸뱌오로우(猪膘肉), 광땅지유(咣当酒), 카오위(烤鱼) 등을 꼽을 수 있다.

수리마(酥理玛)는 이 고장의 이름난 전통주이다. 보리(大麦)·밀(小麦)·메밀(荞麦)·돌피(稗子)·옥수수(玉米)·조(小谷) 등 이 지역에서 생산되는 여러 종류의 곡류와 약초를 재료로 하며, 전승돼 내려오는 기법으로 조리·발효시켜 만든다. 이 술의 주정도수를 낮춰 마시기 좋게 만든 음료를, 이 고장 사람들은 마수워맥주(摩梭啤酒)라고 부르며, 마수워(摩梭)와 푸미족(普米族) 사람들은 손님이 오면 환영한다는 의미로 이 마수워맥주를 내놓는다.

쮸바오로우(猪膘肉)는 비파육(琵琶肉)이라고도 한다. 돼지를 잡아 통돼지 그대로 유지하면서 뼈를 발라내고, 몸통의 안 쪽에 각종 조미료를 발라 다시 봉한다. 이 통돼지를 양옆에서 압착하여 비파모양으로 만든 다음 소금에 절이는데, 숙성이 끝난 쮸바오로우는 몇 해가 지나도 변질되지 않는다. 마수워사람들은 보통 두세 마리의 쮸바오로우를 아궁이 뒤쪽에 겹쳐놓고 우리가 김치를 꺼내다 먹듯이 쮸바오로우를 베어다 먹는다.

광땅지유(咣当酒)는 옥수수(玉米)·쌀보리(青稞子)·조(小谷) 등을 재료로 하여 만든 술로서, 알코올 도수는 30℃가량 된다. 입에 물었을 때 온화한 느낌을 주고, 긴장을 풀어주는 효과가 있는 것으로 알려져 있다. 마시기가 순하여 입에서 당기는 대로 마셨다가는 뒤끝에 만취되어 "꽈당"하고 나자빠지게 된다는 술이다. "광땅(咣当)"은 그 "꽈당"의 의성어이다.

카오위(烤鱼)는 불에 구운 물고기를 이르는 것이다. 물이 있는 곳에 물고기 요리가 없을 수는 없는 것이지만, 이곳의 물고기 구이는 물고기가 신선한 만큼 그 맛이 일품이다. 이곳 물고기 맛의 기억은 평생 잊지 못할 것이다.

■ 볼거리

루지에후(泸沽湖)호수도 리쟝(丽江)에서와 마찬가지로 자연경관과 인문경관이 한데 어우러진 고장이다. 어부들의 노랫소리가 잦아드는 저녁 무렵, 미풍이 산들거리는 호숫가에 앉아 물빛이 변해가는 풍경을 보고 있노라면 자신도 자연의 일부가 되어있음을 느끼게 된다. 다른 데서는 느껴보기 어려울 경험이 될 것이다.

루지에후의 일몰

루지에후의 물새들

통나무 속을 파내어 만든 쮸차오촨을 타고 호수로 나가는 데는 담도 커야하고, 평형감각도 있어야 하며, 노 젓는 기술도 있어야 한다. 이렇듯 쮸차오촨을 혼자 저어 호수로 나가는 것은 쉽지 않은 일이지만, 어찌하든 호수로 나가보면 물속은 10m속까지 들여다보이고, 물위에는 "부오예하이차이화(波叶海菜花, 파엽해채화)"라는 이름의 진귀한 수상식물이 뿌리를 물속에 뻗어 내리고 서서 노란꽃술의 흰 꽃을, 마치 뭇별이 호수에 내려앉은 듯 피우고 있다. 루지에후(泸沽湖) 호수의 일대 경관이다.

쮸차오촨 배

루지에후(泸沽湖)호반의 마을에서는, 그것이 크든 작든 간에 저녁이면 모닥불이 피어오른다.

저녁식사를 마친 사람들이 동네 한가운데의 이 모닥불로 모여들어 대나무피리의 반주에 맞춰 노래를 부르기도 하고, 춤도 춘다. 이곳 사람들은 "걸음마를 배우면서 춤을 추고(会走路, 就会跳舞), 말을 배우면서 노래를 부른다(会说话, 就会唱歌)"는 말이 있을 정도로 노래와 춤을 즐기는데, 마음대로 뻗고 내딛는 손과 발의 율동 속에 저들의 열정과 야성이 배어나온다.

루지에후(泸沽湖)호수의 물가에는 17곳의 모래사장이 있고, 14곳의 만(湾)이 있으며, 3곳의 반도가 있다. 호수 한가운데는 5개의 섬과 1개의 연륙 섬이 있다. 이들 섬은 수면 위의 15~30m 높이로 솟아 있는데, 멀리서 보면 마치 녹색의 배들이 떠있는 것 같다. 그 중에서 루워슈이다오(落水岛), 용닝다오(永宁岛), 리거다오(里格岛)의 세 섬을 펑라이싼다오(蓬莱三岛, 봉래3도)라 하여 루지에후(泸沽湖)호수의 3대 경점 중 하나로 꼽는다.

호숫가에서 2.5km 떨어져 있는 루워슈이다오(落水岛) 섬은 울창한 나무숲으로 뒤덮여 있으며, 온갖 새들이 무리를 지어 서식하고 있다. 루워슈이다오와 3km 거리에 있는 용닝다오(永宁岛) 섬에는 지난 날 용닝(永宁)지역의 토사(土司, 나라에서 소수민족의 지역 수령에게 내려주는 세습벼슬)였던 아윈샨(阿云山)의 묘와 행궁(行宫)이 있으며, 리거다오(里格岛) 섬은 호수의 북쪽 연안에 있는 연륙 섬이다.

호수에서 본 루워슈이

호수가의 루워슈이

루지에후(泸沽湖)호수에 도착하면, 우선 마수워(摩梭) 고장의 분위기를 느껴보는 것이 좋다. 루지에후 호수의 존재가 널리 알려지면서, 이 지역도 관광지로 탈바꿈되어가고 있는데, 그 중에서도 가장 번화한 곳이 루워슈이춘(落水村, 낙수촌)이다. 루워슈이춘에는 거리를 따라 음식점과 토산품을 파는 상점들이 많다. 루워슈이춘의 호숫가에는 깨끗한 느낌의 민박집이 줄지어 있다. 호숫가를 따라 나있는 소로(小路)에는 버드나무가 늘어서 있고, 물위에서는 나룻배들이 살랑거린다. 이 길을 일컬어 "마수워풍정로(摩梭风情路)"라고 한다.

호수가의 루워슈이

제6장

디칭 장족자치주
迪庆藏族自治州

디칭장족자치주 약도

1. 전체모습

디칭(迪庆)은 윈난(云南)·시짱(西藏)·쓰촨(四川)의 3개 성구(省区)가 맞닿는 곳에 위치하며, 진샤쟝(金沙江)·란창쟝(澜沧江)의 두 강 상류에 자리 잡고 있다. 북으로는 시짱(西藏)의 챵두지구(昌都地区)와, 동으로는 쓰촨(四川)의 간즈짱족자치주(甘孜藏族自治州)와, 남으로는 리쟝시(丽江市)와, 서로는 누쟝리수족자치주(怒江傈僳族自治州)와 각각 접해있다.

2부 권역별 명소_ 157

디칭은 윈꾸이(云贵)와 칭짱(青藏)의 두 고원이 이어지는 지대로 높은 산들이 많은데, 이곳의 지리환경을 한마디 말로 "3산양강1패(三山两江一坝)"라고 한다. 3산은 누샨(怒山)·윈링(云岭)·공가(贡嘎)의 세 산맥이 이 지역을 나란히 남북으로 종단(纵断)하고 있음을 나타낸 것이다. 이들 산맥의 뭇 산봉우리 위로 메이리(梅里)·빠이망(白茫)·하바(哈巴)의 세 눈 덮인 봉우리가 우뚝 솟아있다. "양강"은 진샤쟝(金沙江)과 란창쟝(澜沧江)의 두 강을 일컫는 것이고, "1패"는 쫑디앤(中甸)의 고원평원을 말한다.

디칭짱족자치주(迪庆藏族自治州)는 썅거리라현(香格里拉县), 더친현(德钦县), 웨이씨리수족자치현(维西傈僳族自治县) 등의 3개현으로 구성되며, 2만 3,400km² (제주도면적의 12배)의 면적에 34만 명 인구가 살고 있다. 주정부는 해발 3,228m의 썅거리라현(香格里拉县) 지앤탕진(建塘镇)에 소재하며, 쿤밍으로부터는 660km의 거리이고, 시짱(西藏)의 라싸(拉萨)로부터는 1,640km 떨어져 있다.

2. 디칭(迪庆)과 썅거리라(香格里拉)

많은 사람들이 "썅거리라(香格里拉)"에 대해, 영국의 소설가 제임스 힐튼이 그의 소설 <잃어버린 지평선>에서 구사하고 있는 "Shangri-La(샹그리라, 지상낙원)"의 중국어표기로 알고 있는데, 실은 그 반대이다. 힐튼은 <잃어버린 지평선>에서 '중국의 서남부에 시적(诗的)인 분위

썅거리라 풍광

기와 꿈같은 환상이 충만하고, 목가(牧歌)가 아름답게 울려 퍼지는 땅, 샹그리라(Shangri-La)가 있다'고 하였다. 여기에 나오는 "Shangri-La"는 쫑디앤(中甸)지역 짱족(藏族) 사람들의 가요 "썅아리라(香阿里拉)"를 영문으로 표기한 것이다. 짱족언어로 다음과 같이 이어진다. 괄호 안은 한어(汉语)로 옮겨진 것이다. 이는 "동방 지앤탕의 젖이 흐르는 강변이 있는데, 그곳이야말로 빛이 가장 일찍 눈부시게 비추는 곳이다"라는 의미이다.

> ··· 史杰塘吴满错喀, 囊而格玛初尼拉读,
> 香阿里拉莫阿里拉(东方建塘的奶子河畔, 是明最早照耀的地方) ···

티베트어로 "썅아리라(香阿里拉)"는 "마음속의 해와 달"을 의미하는데, 이것을 "빛이 가장 일찍 눈부시게 비치는 곳(是明最早照耀的地方)"으로 해석해 놓고 있는 것이다.

1977년에 중국정부는 전문가들로 하여금 "Shangri-La(썅그리라)"로 표현된 지역을 추적해 들어갔고, 그곳이 디칭주(迪庆州)의 쫑디앤(中甸)인 것으로 결론지었다. 그리고 이곳의 지명도 썅거리라(香格里拉)로 개명한 것이다. 디칭자치주의 주정부가 썅거리라현 지앤탕진(建塘镇)에 있다보니 때로는 디칭주(迪庆州)와 썅거리라(香格里拉)를 같은 개념으로 쓰기도 한다. "디칭(迪庆)"은 티베트 언어로 "모든 것이 마음먹은 대로 순조롭게 이루어지는 곳(吉祥如意的地方)"을 의미한다.

썅거리라풍광

썅거리라의 농장

쫑디앤 시가지　　　　　　　　　　초원에 핀 꽃

3. 인상(印象)

중국에는 10곳의 짱족자치주(藏族自治州)가 있는데, 디칭(迪庆)도 그 중 하나이다. 디칭은 윈난(云南)의 서북쪽 귀퉁이에 있으며, 시짱(西藏, 티베트)·쓰촨(四川)과 경계를 이룬다. 진샤쟝(金沙江)·란창쟝(澜沧江)·메이리쉐샨(梅里雪山)·빠이망쉐샨(白茫雪山)·하바쉐샨(哈巴雪山) 등 높은 산과 큰 강들이 이 지역을 아름답게 수놓고 있다. 리쟝(丽江)의 아름다움을 "션치(神奇, 신기)"로 표현한다면, 디칭의 아름다움은 "션셩(神圣, 신성)"으로 표현한다. 윈난의 제1고봉(第一高峰)이자 티베트불교의 성지인 메이리설산의 카거부어봉(卡格博峰)이 거기에 있고, 신비로운 고장으로 묘사된, 제임스 힐튼의 <잃어버린 지평선>이 이곳 산하(山河)에 투영되어 있기 때문일 것이다.

4. 역사

디칭(迪庆)의 역사는 7,000년 전으로 거슬러 올라간다. 관내의 신석기 유적지인 웨이씨거덩(维西戈登)에 그 흔적이 남아있다. 역사적으로 볼 때, 디칭 지역은 짱족(藏族)을 비롯한 여러 민족이 남북방향으로, 또한 동서방향으로 교류하며 살았던 곳이다. 서남실크로드(西南丝绸之路)와 차마고도(茶马古道)가 그러한 교류의 통로였던 것이다. 이러한 지리적 중요성으로 말미암아 역대 정권들의 세력이 이곳에 미치고 있었는데, 당(唐, 618~907)나라와 투번(土蕃, 7~9세기 짱족정권)은 이곳에 신천도독부(神川都督府)를 두었었고, 원(元, 1206~1368)나라는 중앙의 선정원(宣政院)에서 직접 관할하도록 하였으며, 명(明, 1368~1644)나라는 리쟝(丽江)의 목씨(木氏)정권을 통해 관리하였다. 청(清, 1616~1911)나라 때는 윈난순무(云南巡抚)를 파견하였다. 1957년에 이러러 디칭짱족자치주가 되었으며, 1997년 9월에 윈난성 인민정부는 전문가 등의 논증을 바탕으로 썅거리라(香格里拉)를 현(县)으로 하여 디칭(迪庆)에 편입시켰다.

5. 지리와 기후

디칭(迪庆)은 해발고도가 높기 때문에 한여름인 8월에도 눈송이가 날리곤 한다. 5월 하순경을 전후한 2~3개월을 봄으로, 그리고 10월 상순을 전후한 2~3개월을 가을로 보는데, 여름철의 월평균기온은 11.7~24.1℃ 범위에 있고, 겨울철은 3.3~7.7℃ 범위 이다. 이 지역이 중국의 남쪽에 있다고는 하지만 고원의 고산지대이기 때문에 겨울철 날씨는 베이징(신의주와 같은 위도)과 크게 차이가 나지 않는다. 이곳을 겨울철에 여행할 때에는 착용할 옷 준비에 소홀함이 없어야 한다.

6. 특산품

디칭의 특산품으로 목제품(木制品)·티베트약초(西藏药草)·짱족은제품(藏族银制品) 등이 있다. 목제품으로는 나무공기(木碗)·나무함(木盒)·차통(茶桶) 등이 있는데, 특히 나무그릇을 눈여겨 볼만하다. 진달래나무뿌리로 만든 것은 아무 장식이 없는데도 그 모양이 아름답다. 실용적 용도로 쓰인다고 한다. 일종의 기생식물인 "찰(咱)"나무로 만든 것은 명기(名器)로 꼽힌다. 거무튀튀하고 투명한 바탕에 실 무늬가 들어있으며, 은으로 장식을 해 놓았다. 찰나무 밥그릇은 남자용과 여자용의 생김새가 다르다. 남자용은 상대적으로 높이가 낮고 그릇의 테두리가 밖으로 벌어져 있으며, 전반적인 모양새는 중후하다. 여자용은 전체적인 느낌이 호리호리하고, 옥처럼 매끈하여 섬세하고 부드러운 느낌을 준다.

동충하초

디칭에서 생산되는 티베트의 약초로는 동충하초(冬虫夏草)·백설차(白雪茶)·홍설차

(红雪茶)·설련화(雪莲花)·장홍화(藏红花) 등이 있다. 동충하초는 동충초(冬虫草) 또는 충초(虫草)로도 불리며, 이는 버섯과 벌레의 복합체이다. 버섯의 포자가 곤충의 애벌레 몸속으로 들어가 이듬해 버섯이 되어 나옴으로써 만들어지는, 벌레와 버섯의 복합체인 것이다. 해발 4,000m의 고지대에서는 해마다 5월이 되면 동충하초를 채취하는데, 각종 아미노산기가 함유되어 있어 폐 신장 기관지의 기능향상, 비정상 혈압의 조절, 시력과 정력의 증진에 효과가 있는 것으로 알려져 있다.

상품화된 동충하초

백설차(白雪茶)는 지설차(地雪茶)라고도 한다. 해발 4,000m 이상의 설산(雪山)에서 생산되는 것으로 향기가 맑고, 달콤하며, 쌉쌀하다. 인체에 유익한 성분이 함유되어 있으며, 특히 고혈압·체중감량·각성·더위해소·체액의 분비촉진·신경쇠약·기침·인후염 등에 효과가 있는 것으로 알려져 있다.

홍설차는 명록심홍설차(名鹿心红雪茶) 또는 금사차(金丝茶)로도 불린다. 해발 4,000m이상 지대의 낙엽송(落叶松)·전나무(冷杉)·느릅나무(榆树)에서 채취한다. 홍설차에는 인체가 필요로 하는 다량의 미량원소가 함유돼 있어 보혈강장에 효능이 있으며, 특히 고혈압·협심증·비만에 개선 효과가 있는 것으로 알려져 있다.

백설차

홍설차

설련화(雪莲花)는 설산(雪山)의 바위틈새에 피는 꽃으로 6~7월에 채취한다. 양기를 돋우며, 여성의 생리불순에 효과가 있는 것으로 알려져 있다. 술에 담가

먹기도 하고, 닭과 함께 고아먹기도 하며, 짓이겨 상처부위에 바르기도 한다.

백설차 채취지   설련화

장홍화(藏红花)는 혈액순환을 돕고, 어혈을 삭이며, 답답증을 풀어준다고 한다. 소량을 달여서 먹거나 술에 담가먹는다.

짱족의 은제기구에는 은으로 만든 호신불함(护身佛函)·귀고리(耳环)·팔지(手镯)·은칼(银刀) 등 여러 가지가 있다. 호신불함은 옛날 짱족 남자들이 먼 길을 나설 때 사악함과 마를 쫓는, 이른바 "구사진마(驱邪镇魔)"의 부적을 담았던 것이다. 오늘 날에는 장식용으로 더욱 아름답게 만들어 관광 상품으로 팔고 있다. 은도(银刀)도 옛날에 호신용으로 차고 다니던 것이었는데, 오늘 날에는 장식용으로 상품화되어 있다. 칼 따위는 비행기나 열차를 탈 때 소지할 수 없다는 점을 유념하고, 구입할 때는 대비책도 함께 하는 것이 바람직하다.

7. 인문

디칭(迪庆)의 전체인구는 34만 명이고, 그 중 84%인 28만6,000명은 13개의 소수민족 사람들이다. 짱족(藏族) 사람은 9만5,000여 명으로 디칭 전체인구의 28% 수준이다. 이들은 모두 티베트불교(藏传佛教)를 신봉하며, 푸미족(普米族) 등 다른 민족이면서 티베트불교를 신봉하는 사람들까지 합치면, 그 신도 수는 디칭 인구의 35%에 이른다. 이러한 인구분포와 종교의 영향으로 디칭의 인문은 티베트불교에서 비롯되는 짱족 문화를 바탕으로 하고 있다.

티베트불교(藏传佛教)

짱족 사람들이 사는 고장에 들어가면 황금빛과 푸른빛으로 찬란하게 단장된 사원을 비롯하여 수만은 승려들과 백탑, 그리고 산등성이에 수직으로 걸린 경번(经幡)이라는 이름의 깃발 등을 보게 된다. 깃발에는 불경이 쓰여 있다. 또한 짱족 사람들의 집안치장이나 그들의 옷차림, 생계를 위한 경제활동, 축제 행사, 관혼상제, 자녀들의 교육 등 모든 분야에서 티베트불교가 폭넓게 속속들이 배어있음을 알 수 있다.

바람에 날리는 경번

티베트에 불교가 들어온 것은 1,300여 년 전이다. 중국에 불교가 들어오면서 짱족의 언어로 정착된 것이 티베트불교(藏传佛教)이고, 한어(汉语)로 정착된 것이 한전불교(汉传佛教)이며, 남방언어로 정착된 것이 남전불교(南传佛教)이다. 중국의 불교는 이들 세 갈래의 체계로 짜여져 있다.

티베트에 불교가 들어올 당시, 이 지역에는 역사상 처음으로 투부오(吐蕃)라는 이름의 고대왕국이 있었다. 송짠간부(松赞干布)가 세웠고, 다무오(达磨)에 이르러 멸망할 때까지 200여 년 간 지속됐던 짱족(藏族)의 나라였다. "부오(蕃)"는 짱족의 언어로 "짱족(藏族)"을 의미하며, 이는 고대 짱족 사람들이 신봉하던 종교 "본(苯)"의 음이 변한 것이라고 한다. 이 "부오(蕃)"에는 농업과 목축업의 개념도 포괄돼있다. 한편, "투(吐)"는 짱족 언어로 "대(大)"를 의미한다. 이런 연유로 해서 당(唐, 618~907)나라 때는 이 짱족의 고대왕국이 "따부오(大蕃)"로도 불렸었다. 9세기에 들어와 투부오(吐蕃)의 왕이 불교를 신봉하고, 일곱 집 씩 묶어 승려 하나씩을 공양하라는 "7호양일승제(七户养一僧制)"를 시행함에 따라 디칭(迪庆)에도 승려가 나타나기 시작하였다. 이렇게 확장되던 불교가, 투부오(吐蕃)의 마지막 임금 다무오(达磨)에 의해 짱족의 옛 종교였던 "번(苯)"이 권장됨에 따라 한 때 쇠퇴하였었으나, 10세기 후기에 다시 퍼지기 시작하는데, 이 시기를 일컬어 티베트불교의 "후홍기(后弘期)의 시작(发端)"이라 하며, 1467년 쫑카바(宗喀巴)가 거루파(格鲁派)를 창립하면서 티베트불교가 크게 발전하였다.

축제(祝节)

짱족의 축제는 그들이 신봉하는 종교와도 무관하지 않다. 음력 4월1일부터 4월4일까지는 석가모니의 성불(成佛)을 맞아 성산(圣山)에 참배하고, 음력 5월5일에는 새마절(赛马节, 싸이마지에)이 있다. 10월 25일에는 쫑카바(宗喀巴)의 득도(得道)를 기념하는 행사를 열고, 섣달그믐에는 "탸오션(跳神)" 활동을 한다. 탸오션은 티베트불교 사원의 이름 있는 축제활동의 하나로 부처를 비롯한 여러 보살의 탈 뿐만 아니라 "이시바(益西巴)"와 "지더바(吉德巴)" 등 요사스러운 귀신·요괴의 탈까지 만들어 쓰고 춤판을 벌리는 행사이다. 이 외에도 츈지에(春节), 무랑친부오법회(默郎钦波法会), 덩빠-지에(登巴节), 거동지에(格冬节) 등이 있다.

츈지에(春节)는 음력 정월초하루부터 정월보름까지로 그 활동이 풍부하고 다채롭다. 일반적으로 섣달 초부터 음식·옷·장난감·살림도구 등의 설빔을 장만하며, 이를 통해 츈지에 명절의 분위기가 고조된다. 섣달그믐날 저녁식사 전에 부엌의 한가운데 벽에 밀가루로 운수대길의 도안을 그려 놓고, 집안 가득히 양식이 차있다는 의미로 대들보에 흰 점을 무수히 찍어놓는다. 더불어 부엌의 찬장과 식탁위에는 요우짜귀(油炸果)를 켜로 쌓아 담은 그릇을 올려놓는다. 요우짜귀는 밀가루반죽을 발효시켜 소금으로 간을 한 후 30cm정도 길이의 꽈배기처럼 빚어 기름에 튀긴 것으로 요우탸오(油条)라고도 한다.

섣달그믐날에는 면양머리를 비롯한 여러 음식을 장만하여 숭배하는 신이나 인물에게 바치는 의식을 올린다. 자정 무렵이 되면, 가정의 안주인은 안주와 청과주(青稞酒)를 내어 온 집안 식구들로 하여금 마시도록 한다. 새해 초하루 첫닭이 홰를 치면, 가정의 안주인은 우물가로 가 그 주변에 오곡을 뿌리고 새해 첫물을 길어오는데, 짱족 사람들은 이 거동을 일컬어 "씨아취(夏曲)"라고 한다.

새해 첫날이 밝으면서 온 식구가 일어나 세수와 양치를 하고, 가축에게 물과 먹이를 준 다음 모여 앉아 새해 인사를 한다. 가장인 모친은 둘러앉은 식구들에게 만사여의형통 하라는 덕담을 하고, 식구들은 모친에게 세배를 하며 건강과 평안을 기원한다. 이렇게 새해인사가 끝나면 설음식을 즐기면서 즐거운 시간을 보낸다. 일반적으로 초하루와 초이틀은 문밖출입을 하지 않으며, 초사흘부터 친척과 친지의 집을 돌며 새해인사를 나눈다.

설 축제는 일반적으로 일주일간 계속되는데, 말달리기·야크소달리기·귀쭤앙(锅庄)·대산가(对山歌)·연극 등의 오락 활동을 한다. 귀쭤앙은 짱족의 민속무용으로 남녀가 원을 만들어 왼쪽으로 돌면서 노래를 하고 춤을 추는 것이고, 대산가는 남방의 농촌이나 산촌에서 일을 하며 서로 주고받으며 부르는 민간가곡이다.

무랑친부오법회(默郎钦波法会)는 음력 정월보름에 썅거리라의 송짠린스(松赞林寺)절에서 개최되는 대기원법회(大祈愿法会)이다. 당일 이른 아침에 쑤요우화(酥油花)가 전시되며, 한낮에는 부처마지 행사가 열린다. 마을마다에서 온 사람들로 절 안이 가득 차며, 신비로운 분위기가 감돈다. 쑤요우화는 소나 양의 젖을 끓여 냉각한 후 응고된 지방덩어리를 재료로 하여 각종 인물과 동물, 그리고 꽃 따위를 조각한 것으로 큰 것은 그 높이가 2m에 이르기도 하고, 작은 것은 10cm안팎의 것도 있다.

싸이마지에(赛马节)는 음력 5월5일에 열리는 말 관련의 솜씨겨루기대회이다. 진달래꽃이 만개한, 쫑디앤(中甸)의 오봉산 기슭에서 3일간 계속되는데, 처음에는 각 마을에서 참가한 기수(骑手)들이 자신의 말과 함께하는 재주를 선보이고, 이어서 마술(马术)·마기(马技)·달리기(速度赛) 등 전통적인 항목별로 솜씨를 겨루는 것이다. 분위기를 북돋우기 위한 가무경연이 함께 열린다. 이 5월의 싸이마지에(赛马节)는 짱족정신을 함양함과 아울러 물자교류의 장으로 성대하게 치러진다.

덩빠지에(登巴节)는 니루(尼汝)마을에 사는 짱족 사람들이 음력 7월 보름에 지내는 정통명절이다. "덩빠지에(登巴节)"를 "덩빠르구(登巴日古)"라고도 하는데, 짱족 언어로 "덩빠(登巴)"는 "7월(七月)"을 의미하고, "르구(日古)"는 "산을 빙빙 돈다(转山)"는 의미이다. 또한 니루(尼汝) 사람들은 "번교(苯教)"를 신봉한다. 이들의 인식으로는 세상 만물에는 각각의 신이 깃들어 있다. 산에는 산신이, 물에는 수신이, 나무에는 목신이 있는 것이다. 덩빠지에(登巴节) 날에 사람들은 옷갓을 차려입고, 온갖 신들에게 오곡풍등(五谷丰登)과 육축성왕(六畜盛旺)과 인정흥왕(人丁兴旺)을 기구한다. (六畜:말·소·양·닭·개·돼지의 이름)

니루(尼汝)는 썅거리라현(香格里拉县) 루워지향(洛吉乡)의 한 마을이다. 썅거리라 현성(县城)으로부터 126km의 거리에 있으며, 누(怒)·진샤(金沙)·란창

(瀾沧)의 세 강이 나란히 흐르는, 이른바 "삼강병류(三江幷流)" 지구에 들어있다. "삼강병류"는 윈난의 비경(秘景)으로 소문이 나있으며, 세계자연유산으로 등재된 곳이기도 하다.

8. 예절

짱족(藏族) 사람들에게는 다양한 예절이 있다. 세상 사람들에게 널리 알려진 하다(哈达), 이마를 땅에 조아리며 절하는 커토우(磕头), 허리를 굽혀서 절을 하는 쥐공(鞠躬), 술과 차를 권할 때의 징지유(敬酒)와 징챠(敬茶) 등 생활 곳곳에 지켜야 할 예절들을 정해놓고 있다.

하다(哈达)는 짱족 사람들이 일상생활을 하는 가운데, 경의·축하·순결·성실·진심·환영 등의 마음을 나타내는 징표이다. 재질은 주로 비단천이고, 색깔은 청색·백색 황색·녹색·홍색 등의 다섯 가지이다. 일반적으로 흰 하다(哈达)를 많이 쓰고, 5채하다(五彩哈达)는 가장 융숭한 예물이 된다.

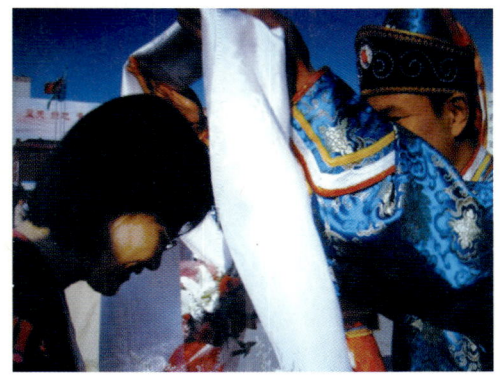

하다를 주고 받는 장면

이 하다(哈达)를 주고받을 때 격식이 있다. 아랫사람이 윗사람에게, 또는 신도들이 고승활불(高僧活佛)에게 하다를 바칠 때는 몸을 약간 숙인 상태에서 하다를 두 손으로 받치거나 받는 사람의 앞에 놓인 탁자 위에 놓는다. 그리고 뒷걸음으로 몇 발자국 물러난 다음에 몸을 돌린다. 이러한 거동에는 존경의 의미가 들어있다. 윗사람이 아랫사람에게 하다를 줄 때에는 그냥 목에 걸어주고, 또래끼리 하다를 주고받을 때 받는 사람은 몸을 약간 앞으로 숙여 두 손으로 공손하게 받은 다음 양손으로 양쪽 끝을 잡고 머리위로 넘겨 목에 건다. 고맙다는 의미가 담겨있는 동작으로 이해된다.

징지유(敬酒)는 청과주(青稞酒)로 한다. 주인이 먼저 한잔 가득이 따르면, 손님이 마시게 되는데, 이때 "짜시더러(扎西德勒)"라고 소리 내어 외치고, 식지

(食指, 두 번째 집게손가락)로 세 차례 잔에 담긴 술을 찍어 허공에 튕긴다. "짜시더러(扎西德勒)"는 짱족 사람들이 환영과 축복의 마음을 담아서 하는 덕담으로, 모든 일이 마음먹은 대로 이루어지기를 바란다는 의미가 들어 있다. 주량이 여의치 않을 때는 집 주인의 동의를 구하고 마시지 않을 수 있다. 일반적인 징지유(敬酒)의 경우, 잔에 들은 술을 조금씩 세 번에 나누어 마시고, 다시 가득 채워 잔을 비우면(三口添三次再一満杯饮干), 집 주인은 매우 흡족해 한다.

징챠(敬茶)는 쑤요우차(酥油茶)로 한다. 짱족 사람들의 일상적인 예절이다. 장유 간에 순서가 있고(长幼有序), 주객 간에 순서가 있으며(主客有序), 존비 간에 순서가 있다(尊卑有序). 이들이 복합돼있는 상황에서는 연장자, 부모, 손님, 존자, 손아래사람, 주인(先长辈, 父母, 客人, 尊者, 再晚辈, 和主人)의 순이 된다. 손님에게 첫잔을 따를 때는 하나 가득 채우지 않고, 손님이 차를 한 모금 마신 후에 잔을 채우는 것으로 하는데, 이는 주인의 마음 씀씀이가 넉넉하다는 것을 나타내는 것이며, 손님된 입장에서도 찻잔을 완전히 비우지 않도록 한다. 이 또한 손님 입장에서 주인의 그러한 마음을 존경한다는 의미가 되는 것이다.

9. 금기사항

짱족 사람들이 금기(禁忌)로 삼는 사항은 행동·신앙·언어·음식·생산노동 등 여러 방면에 걸쳐있다. 이들의 고장을 여행하는 입장에서는 불필요한 마찰을 예방하기 위해서라도 그러한 금기사항을 알아둘 필요가 있다. 다음은 저들의 금기사항을 추려본 것이다.

- 나이가 든 부인은 당일 도축한 고기를 먹지 않는다.
- 집안에 우환이 있거나 걱정거리가 있을 때는 문밖에 측백나무가지나 붉은 줄을 근 돌을 놓아두는데, 이는 손님의 방문을 사절한다는 의미이다.
- 집안에서는 휘파람을 불거나 연가(恋歌)를 부르지 않는다.
- 연말에 빚을 갚지 못함을 부끄러워하고, 연초에 빚 얼음을 달가워하지 않는다.
- 여자들이 부뚜막 위에 올라가거나 걸터앉아서는 안 된다.
- 주인의 허락 없이 그 집안의 불단(佛坛)을 함부로 어루만지거나 손가락질을 해서는 안 된다.
- 우유앙금이나 발효유를 젓가락으로 먹어서는 안 된다.

- 훠탕(火塘)을 함부로 타고 넘어서는 안 된다.
- 신감(神龕, 신주나 위패를 안치하는 장) 위에 잡스러운 물건을 놓아두어서는 안 된다.
- 연장자·스님·부모의 면전에서 불경스러운 말을 해서는 안 된다.
- 초상집이나 경사 난 집에서 불길한 말을 해서는 안 된다.
- 쌍스러운 말로 남을 욕해서는 안 된다.
- 불길한 말로 가축에게 욕을 해서는 안 된다.
- 학(鶴)·기러기(雁)·매(鷹)·수리(雕)·까마귀(烏鴉)·개(家狗)·고양이(家猫) 등을 때려잡아서는 안 된다.
- 높은 산에서 나무를 베거나 큰 소리로 고함을 쳐서는 안 된다.
- 서리나 우박이 내리는 시기에 시신을 화장하지 않는다.
- 부인들이 외출을 할 때에는 부인용 어깨걸이를 착용해야 한다.

10. 장례(葬礼)

디칭(迪庆)의 짱족 사람들도 사람이 죽으면 천장(天葬)·수장(水葬)·화장(火葬)·토장(土葬)·탑장(塔葬)의 다섯 가지 중 어느 한 가지 방법으로 장례를 치르는데, 그 방법은 라마(喇嘛)와 상의하여 결정한다.

천장(天葬)은 신비하고 불가사의한 장례의식이다. 티베트불교의 인식으로는 사람은 본래 자연에서 왔고, 자연으로 돌아가는 것이다. 그 방법으로 자연의 새들로 하여금 시신을 먹어버리도록 하는 것이 천장(天葬)인 것이다. 일반승려와 더불어 보통으로 살다가 간 사람들은 천장으로 장례를 치른다. 짱족 사람들이 사는 곳에는 여러 군데의 산등성이에 천장대(天葬台)가 있다. 사람이 죽으면 라마(喇嘛)들의 영혼수습 절차인 "초도(超度)"를 거친 후 천장대로 옮겨오며, 이곳에서 시신은 분할되어 독수리 등 새들에게 주어진다. 새들이 시신을 다 먹어치우지 않을 경우 불길한 징조로 보고, 천장의 현장을 공개하지 않는다.

수장(水葬)은 7세 이하의 아이들이 죽었을 때 그 시신을 물고기로 하여금 먹어치우도록 하는 방법이다. 짱족 사람들은 물고기를 영적인 동물로 인식하며, 따라서 그들은 물고기를 먹지 않는다.

화장(火葬)은 라마교의 수장(首长)인 활불(活佛)이나 고승(高僧)이 입적하였을 때, 온 몸에 쑤요우(酥油)를 바른 후 장작더미 속에 넣어 태우는 방법이다. 시신이 타고 남은 재는 수습하여 탑 속에 안치한다.

토장(土葬)은 시신을 땅 속에 묻는 방법이다. 토장에는 세 가지 유형이 있다. 첫 번째는 한식(汉式)의 관(棺)에 시신을 눕혀 며칠간 놓아두었다가 묘 구덩이에 넣은 다음 풀 따위를 얹고 장형(长形)의 토묘(土墓)를 만드는 것이다. 두 번째는 짱식(藏式)의 관에 시신을 쪼그려 앉힌 다음 묘지에 갖다 묻는 것으로 간단하고 소박하게 치러진다. 세 번째는 관을 쓰지 않고, 시신을 그냥 헝겊자루에 넣어 묘지에 묻는 것이다.

탑장(塔葬)은 라마의 고승이 입적하였을 때, 시신을 방부제로 처리하여 탑 속에 안치하는 장례예식이다. 그 탑을 "영탑(灵塔)"이라고 하며, 신도들이 참배한다. 경우에 따라서는 시신을 태운 후 그 재를 수습, 탑 속에 안치하기도 한다.

11. 여행적기

쌍거리라 관광은 늦봄에서 초여름이 적기이다. 디칭고원(迪庆高原)의 가을철 풍광도 좋다. 음력8월 하순에서 9월 상순에 걸친 고원의 가을은 해발고도에 따라 그 들어나는 색채가 서로 달라 느낌이 유별나다.

12. 교통

항공편

디칭공항은 당초 군용비행장으로 지은 것이었으나, 지금은 민용으로도 쓰이고 있다. 매일아침 8시경에 한 차례 쿤밍발 여객기가 날아오며, 10시경에 되돌아간다. 쫑디앤의 어지간한 호텔이라면, 모두 항공권을 취급하고 있다. 요금은 650위안이며, 할인은 없다.

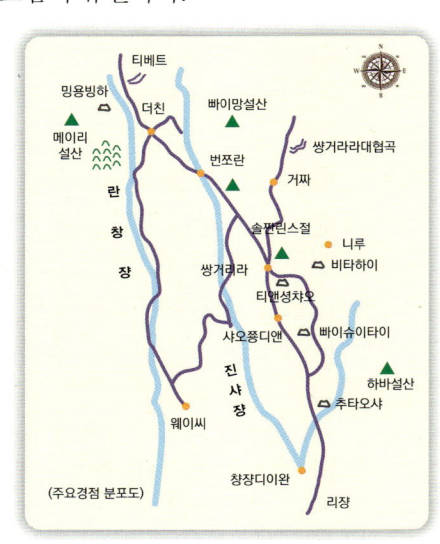

자동차편

쿤밍-쫑디앤 간을 운행하는 버스는 츄숑(楚雄)과 다리(大理)를 경유하며, 20시간 정도 소요된다. 리쟝(丽江)-쫑디앤(中甸) 간은 196km로 4시간정도 소요된다.

디칭짱족자치주(迪庆藏族自治州)의 주정부(州政府)는 썅거리라현(香格里拉县)의 쫑디앤(中甸)에 있다. 쫑디앤으로부터 디칭 관내 주요 경점까지의 거리는 다음과 같다.

- 썅거리라(香格里拉) - 송짠린스(松赞林寺) 4km
- 썅거리라(香格里拉) - 우펑샨공원(五凤山公园) 5km
- 썅거리라(香格里拉) - 나파하이(纳帕海) 8km - 동쮸린스(东竹林寺) 105km
- 썅거리라(香格里拉) - 빠이망쒜샨(白茫雪山) 153km - 더친(德钦) 184km
- 썅거리라(香格里拉) - 후탸오씨아(虎跳峡) 97km - 창쟝디이완(长江第一湾) 215km
- 썅거리라(香格里拉) - 지공쉬(鸡公石) 253km
  - 웨이씨타청달마조사동(维西塔城达摩祖师洞) 235km
- 썅거리라(香格里拉) - 티앤셩챠오(天生桥) 20km - 씨아게이원취앤(下给温泉) 26km
  - 비타하이(碧塔海) 22km - 빠이슈아이(白水台) 101km
  - 하바쒜샨(哈巴雪山) 120km
- 썅거리라(香格里拉) - 더친(德钦) 184km - 페이라이스(飞来寺) 192km
  - 메이리쒜샨(梅里雪山) 202km

13. 숙박업소

쫑디앤(中甸)의 시외버스터미널에 내리면 숙박안내를 자청하는 사람들이 있다. 숙박환경이 좋지 않은 경우가 있으므로 주의한다.

14. 먹을거리

썅거리라의 현성(县城)은 창쪙루(长征路)라는 이름의 간선도로를 사이에 두고 시가지가 형성되어 있다. 썅거리라의 이름이 나있는 음식점들도 이 거리에 모여 있다. 챵쪙루 11호에 있는 디칭찬팅(迪庆餐厅)은 쭁디앤에서 가장 큰 음식점이다. 현지음식 위주의 식단에 맛도 좋은 것으로 평판이 나있다. 겨울철 야크고기를 냄비의 끓는 물에 익혀먹는 훠궈(火锅)는 일품이다.

챵쪙루에는 "시짱까페이(西藏咖啡)" 간판을 단 커피점이 있다. 연쇄점으로 다리(大理)와 리쟝(丽江)에도 점포가 있다. 실내에는 티베트사람들의 각종 장식품들이 진열돼있고, 벽에는 티베트의 풍경사진과 인물사진이 걸려있다. 입도 즐겁고, 눈도 즐거운 곳이다.

디칭(迪庆)의 특색 있는 먹을거리로는 쑤요우차(酥油茶), 참파(糌粑), 칭커지유(青稞酒), 마오니유로우(牦牛肉, 야크고기) 등이 있다. 짱족 사람들의 생활정서와 관련하여 이런 말이 있다. 즉, "쑤요우차를 마셔보지 않고는 티베트 가정생활의 아늑함을 알지 못하고(您不知藏家生活的温馨), 칭커지유를 마셔보지 않고는 티베트 가정의 강렬하고 짙은 정을 느끼지 못한다(您难晓藏家情的浓烈)"는 것이다. 쌍거리라에 와서는 우선 쑤요우차를 마시면서 거기에 깃든 민족감정의 신비로움을 느껴본다. 티베트의 가정에서는 쑤요우차를 마시지 않는 날이 없다. 쑤요우차는 찻잔에 기름 층이 생기는데, 마실 때는 기름 층을 살살 입으로 불어 찻잔 뒤쪽으로 몬다. 거리의 찻집에서 마실 때는 내키는 대로 마셔도 관계없다.

참바(糌粑)는 청과맥의 볶은 가루를 쑤요우차나 청과주에 개어 만든 경단으로 적지 않은 티베트 사람들은 아직도 이를 주식으로 삼고 있다. 참바는 맛도 좋고, 소화도 잘 된다. 참바를 소재로 한 "짱빠바오(藏八宝)"는 이 고장의 별식으로 사람들이 즐겨먹는다.

칭커지유(青稞酒)는 이 고장 전래의 양조기법을 가지고, 이 고장에서 나는 맑은 물과 쌀보리를 기본재료로 삼아 빚어내는 수제(手制) 술이다. 술맛이 부드럽고, 향기가 오래 지속될 뿐만 아니라 뒤끝이 깨끗하다. 티베트 사람들은 손님이 들면 인사의 도리로서 칭커지유를 권한다.

마오니유로우(牦牛肉)는 해발 3,500m이상의 고지에서 자란 야크소의 고기이다. 패모(贝母), 동충하초(冬虫夏草) 등 야생 약초를 먹었었기에 이 고장 사람들도 귀중하게 여기는 고기이다.

15. 볼거리

다음은 비교적 잘 알려진, 디칭(迪庆)의 볼거리를 모은 것이다.

(표) 윈난 디칭짱족자치주의 주요 볼거리

경 점	개 요	소재지
중심진공당 (中心镇公堂)	쌍거리라 현성(县城)의 동남쪽 대구산(大龟山) 기슭에 있음. 청(清)나라 5대 황제 옹정(雍正, 1722~1735) 년간에 창건됐으며, 이곳 짱족 사람들의 집회장소로 활용되고 있음.	쌍거리 라현
가단송짠린스 (噶丹松赞林寺)	쌍거리라 현성의 북쪽으로 5km 떨어진 불병산(佛屏山) 자락에 있으며, 귀화사(归化寺)라고도 함. 청(清)나라 4대 황제 강희(康熙, 1661~1722)년간에 창건됐으며, 이곳 티베트불교의 중심지임. 각 건물에는 귀중한 종교유물과 조각상들이 보존되어 있으며, 벽에는 아름다운 벽화가 그대로 남아있음.	쌍거리 라현
천생교 (天生桥)	쌍거리라 현성의 동쪽 10km되는 곳에 있음. 도강하(都岗河) 강 상류에 있는 천연석회암 다리임. 높이 70m, 길이 50m, 폭 10m인 이 다리가 주위의 경관과 더불어 장관을 이룸.	쌍거리 라현
벽탑해 (碧塔海)	쌍거리라 현성의 동쪽 35km 되는 곳에 있음. 해발 3,568m의 고원호수임. 호수의 절반은 푸른 산이고, 나머지 절반은 물이라는 의미의 "반호청산반호수(半湖青山半湖水)"로도 불림. 해마다 5월이면 싸이마지에(赛马节)가 열림.	쌍거리 라현
백수대 (白水台)	쌍거리라 현성 동남쪽 100km 거리의 빠이슈이촌(白水村)에 있음. 9,000 평 넓이의 땅이 50m 높이로 솟아있음. 탄산수소칼슘의 침전물이 쌓여 만들어진 지형으로 위판의 지형은 계단식 논 같음. 나시문화(纳西文化)의 발상지이며, 음력 2월8일에는 사람들이 이곳에 모여 신령에게 제사지내고, 동파무(东巴舞)와 싸이마(赛马) 등을 내용으로 하는 축제활동을 벌림.	쌍거리 라현
쌍거리라협곡군 (香格里拉峡谷群)	쌍거리라 현성의 서북부에 있음. 길이100km에 폭 30~40km이며, 쌍거(香格)·리라(里拉)·ㅂ-라(巴拉)·써창(色仓)·비랑(碧壤)이란 이름의 협곡들이 있음. 협곡의 폭은 80m를 넘지 않으며, 10m에 이르지 못하는 곳도 있음. 협곡을 이루는 산들은 도끼로 깎아내린 듯 하며, 대부분의 지역은 아직 처녀지임.	쌍거리 라현
납파해 (纳帕海)	납파해(纳帕海, 나파하이)호수는 쌍거리라 현성의 북쪽 8km 거리에 있음. 고원풍경구임.	쌍거리 라현

경 점	개 요	소재지
삼강병류풍경구 (三江幷流风景区)	윈난성의 서북부를 남북으로 종단하는 헝두안산맥의 계곡들로 이루어짐. 더친(德钦)·공산(贡山)·썅거리라(香格里拉)의 세 현에 걸치며, 경내에는 짱족(藏族)·나시족(纳西族)·리수족(傈僳族)의 민속풍정이 짙게 배어있음. 이곳에서 누(怒)·진샤(金沙)·란창(澜沧)의 세 강이 나란히 남쪽으로 흘러내림. 경사가 급하여 물살이 셈.	썅거리라현
동죽림사 (东竹林寺)	썅거리라 현성의 북쪽 95km, 더친 현성의 남쪽 114km되는 수송촌(书松村)에 있음. 청(青)나라 6대 황제 건륭(乾隆, 1735~1796)년간에 창건됨. 디칭의 이름난 티베트 불교사원임.	더친현
메이리설산 (梅里雪山)	더친 현성의 서북쪽 10km 거리에 있음. 윈난성에서 가장 높은 산으로 "설산지신(雪山之神)"의 영예를 안고 있음. 산봉우리는 늘 운무에 가려있어 좀처럼 그 자태를 볼 수 없음. 산중 마을인 위벙(雨崩)에서는 아직도 두 형제가 한 부인과 함께 사는 결혼습속이 남아있다 함.	더친현
수국사 (寿国寺)	웨이씨(维西) 현성 북쪽 80km되는 곳의 란창강 동쪽 기슭에 있음. 청(清)나라의 5대 황제 옹정(雍正, 1722~1735)년간에 창건됨. 티베트불교의 갈거파(噶举派) 사원임.	더친현

챵쟝디이완(长江第一湾, 장강제일만)과 석고진(石鼓镇, 쉬구)

챵쟝디이완

챵쟝디이완은 리쟝에서 서쪽으로 70km의 거리에 있다. 차로 한 시간정도면 도착한다. 챵쟝디이완은 챵쟝의 상류인 진샤쟝(金沙江)에 있다. 진샤쟝은 옛 사람들이 이곳에서 사금(沙金)을 일었기 때문에 붙여진 이름이라고 한다. 챵쟝이 칭짱고원에서 발원하여 동남쪽으로 계속 흐르다가 이곳 석고진의 견고한 절벽에 부딪침으로써 더는 그 방향으로 나아가지 못하고, 처음으로 그 물길을 북쪽으로 꺾는다. 그 모습이 마치 거대한 "V"자 같은데, 이 물굽이를 일러 사람들은 "챵장디이완(长江第一湾)"이라 하는 것이다.

챵장의 동남향 진로를 막은 절벽은 히말라야 조산운동 때 솟아오른 것으로, 이것이 없었다면 챵장은 헝두안산맥(横断山脉)을 따라 남쪽으로 흘러 인도양으로 들어갔을 것이다. 오늘날의 챵장은 히말라야 조산운동으로 생겨난 것이다. 챵장디이완의 물굽이는 그 경관이 대단하다. 직접 보지 않고는 그 경이로움을 상상할 수 없을 것이다.

가단송짠린스(噶丹松赞林寺)절

송짠린스 산문

가단송짠린스(噶丹松赞林寺)절은 티베트불교 사원으로 귀화사(归化寺)라고도 한다. "소부다라궁(小布达拉宫)"으로도 불릴 만큼 규모가 크고, 짜임새도 잘 갖춰져 있다. 청(清)나라 4대 황제 강희(康熙)년간에 창건됐는데, 5세 다라이라마가 부지를 물색하던 중 꿈속에서 만난 선인(仙人)이 "깊은 나무숲 속에 맑은 샘이 있고, 하늘의 금빛 오리가 내려와 노니는, 그런 곳이 바로 적지"라고 하매 이곳을 찾아 절을 앉힌 것이라고 한다. 이러한 고사에 걸맞게 송짠린스절 아래쪽으로 라무양추워후(拉姆央措湖)라는 이름의 호수가 있다. 티베트 말로 성모영혼호(圣姆灵魂湖)라는 의미라고 한다.

쫑카바대전

석가모니대전

　현재, "쫑카바대전(宗喀巴大殿)"과 "석가모니대전(释迦莫尼大殿)"의 두 주전건물이 경내의 제일 높은 곳에 자리 잡고 있는데, 이들 건물은 5층의 티베트 식 건축양식으로 지어진 것이다. 주전의 지붕은 도금을 한 구리기와를 입혔고, 둘러친 처마의 네 귀퉁이는 동물의 주둥이모양으로 되어 있다. 처마 아래로는 108개의 기둥이 위를 받치고 있는데, 108은 불교에서 상서롭게 여기는 숫자이다. 쫑카바대전은 5세 다라이 기간이었던 1679년에 세워졌다. 36m높이의 전각 안에는 쫑커바 대사의 좌상이 안치되어 있는데, 그 높이가 18m이며, 티베트에서 제일 큰 불상으로 회자된다. 석가모니대전 역시 1679년에 세워졌다. 높이 13.6m의 석가모니 좌상이 안치되어 있으며, 전각 안의 벽에는 석가모니의 일생이 그려져 있다.

　쫑카바대전과 석가모니대전의 사이에는 짜창(扎仓)이라는 이름의 대전이 자리 잡고 있다. 이 대전(大殿)은 1,600명이 함께 경을 읽을 수 있는 규모이다. 좌우벽체에는 불경이 새겨져있고, 정전의 앞쪽에는 5세다라이라마의 동상이 놓여있으며, 그 뒤로 고승들의 유체영탑(遗体灵塔)이 배열되어 있다. 후전(后殿)에는 쫑카바(宗喀巴)·미륵불(弥勒佛)·7세다라이라마(七世达赖喇嘛)의 동상이 있다. 중층(中层)에는 8칸의 공간에 제신전(诸神殿)·호법전(护法殿)·감포실(堪布室, 주지승의 거실)·정실(静室)·선실(膳室) 등이 있다. 맨 위 층에는 불당이 차려져 있고, 이곳에 다라수잎(贝叶)에 새긴 불경과 더불어 당카(唐卡)와 법기(法器) 등이 보관되어 있다.

쫑카바·짜창·석가모니대전(좌→우)

　경내에는 8개의 독립된 "캉찬(康参, 소사원)"이 있으며, 곳곳에 보기드문 보물들이 소장되어 있다. 이 절이 창건될 무렵에 만들어진, 금으로 감싼 석가모니불상 8좌(坐), 금물(金汁)로 그린 오채당카(五彩唐卡), 단쮸얼(丹珠尔) 10부(部), 금도금을 한 향로(香炉)와 만년등(万年灯)들이 그것이다. 단쮸얼(丹珠尔)의 "쮸얼(珠尔)"은 짱족(藏族)언어로 번역한다는 의미이고, "단(丹)"은 논(论)한다는 의미이다. 따라서 "단쮸얼(丹珠尔)"은 불교의 대장경(大藏经)을 번역함에 있어, 그 내용을 논하는 형식을 취한 번역본을 일컫는 것이다. 이와는 다르거 대장경을 짱족의 언어로 번역함에 있어 설법하는 형식을 취한 것이 있는데, 이를 일컬어 "간쮸얼(甘珠尔)"이라고 한다. "간(甘)"은 가르치는 것을 의미한다.

송짠린스절에는 700명을 헤아리는 승려가 있다. 매우 친절하며, 중국의 표준말이라 할 푸퉁화(普通话)를 할 줄 안다. 절의 일부 구역은 여성의 접근을 금하고 있는데, 이는 저들의 신앙에서 비롯되는 것이므로 지키는 것이 도리일 것이다. 짱족 사람들의 습관으로는 탑돌이와 같이 무언가를 돌 때는 시계방향으로 움직인다. 이 또한 따라야 할 일이다.

송짠린스와 라무양추워후

나파하이(纳帕海)호수

나파하이(纳帕海)호수는 썅거리라 현성(县城) 서북부에 위치하며, 이를 중심으로 나파하이자연보호구(纳帕海自然保护区)가 지정되어 있다. 넓은 초원위에 펼쳐진 고원의 경치는 한 폭 그림으로 회자된다. 해마다 6월이 되면, 푸른 하늘에 떠있는 흰 구름과 초원위에 만개한 들꽃, 그리고 무리지어 풀을 뜯는 양떼가 한 데 어우러져 고원풍광의 진수를 보여준다.

이곳은 국가의 1급 보호동물인 흑경학(黑颈鹤)의 서식지이다. 가을과 겨울철에는 호수 주위의 초원이 황금빛으로 변하고, 그 가운데에 자리하고 있는 호수의 물속에는 멀리 있는 설산이 들어와 있어 또 다른 고원의 풍광을 보여준다. 이 황홀한 자연의 무대로 흑경학(黑颈鹤)과 황오리(黄鸭)와 얼룩머리기러기(斑头雁)들이 날아들면 자연은 생동(生动)하고, 봄이 되어 새들이 이곳을 떠날 때는 시정(诗情)을 고조시킨다.

나파하이(纳帕海)호수는 현성(县城)으로부터 8km 거리에 있으며, 버스로는 8위안이고, 대절택시로는 왕복 50위안이다. 나파하이호수에서 송짠린스절까지는 그리 멀지 않기 때문에 하루 일정으로 돌아볼 수 있으며, 나파하이호수까지의 대절 차에 조금만 더 얹어주면 된다.

나파하이 초원

흑경학

나파하이 호수

비랑샤구(碧壤峽谷)협곡

영국의 소설가 제임스 힐튼이 그의 소설 <잃어버린 지평선, 1933년>에서 묘사한 고원의 풍경이 이곳을 배경으로 했다 해서 "쌍거리라협곡"이란 이름이 붙어있는 곳이다. 쌍거리라협곡의 해발고도는 3,000m 이상이며, 협곡 안의 생태환경은 자연 그대로 유지되고 있다. 전나무와 가문비나무가 협곡의 구석구석에 숲을 이루고, 구불구불 이어지는 협곡은 그 폭이 넓어야 80m 안팎이고, 좁은 곳은 10m에 불과하다.

비랑샤구협곡

경사 70~90도의 협곡 양쪽 절벽에는 거칠게 그려진 암화(岩画)가 아직도 남아있는데, 고대 민족이 이동하면서 이곳을 지나갈 때 남겼던 부호(符号)로 보고 있다. 협곡 안에는 쫑디앤(中甸) 최대의 카스터동굴 "적토선인동(赤土仙人洞)"이 있다. 동굴입구의 석벽에는 발자국이 새겨져있는데, 다섯 발가락이 선명하다. 협곡 안에는 또한 "나거라(那格拉)'라는 이름의 티베트불교 사원이 있다.

비랑샤구협곡은 쫑디앤으로부터 103km의 거리에 있으며, 차로 3시간 정도 소요된다. 차비는 대절차로 왕복 200위안을 받는다.

나거라 사원

2부 권역별 명소_ 179

Close Up

빠이슈이타이(白水台)

　빠이슈이타이에는 "선인유전(仙人遺田)"이라는 아름다운 이름이 붙어있다. 선인들이 백성들에게 물려준 땅이라는 의미일 터이다. 50m높이로 솟아있는 9,000평 넓이의 돈대(墩台,조금 높직한 평지) 위에는 사람들로 하여금 여러 가지 상상을 하게하는 도형들이 나타나 있다. 그러한 도형은, 수중의 탄산칼슘이 햇볕을 받아 분해 되는 과정에서 생성된, 백색의 침전물이 지면에 쌓이면서 형성된 것이다.

　빠이슈이타이는 풍광이 수려할 뿐만 아니라 나시문화(納西文化)의 발상지이기도 하다. 전해오기로는 나시족(納西族) 동파교(東巴敎)의 시조 시바후이루워(西巴会罗)가 티베트에서 불경을 배워가지고 돌아오는 길에 이곳 풍광에 매료된 나머지 눌러앉아 사람들에게 불법을 전했다고 한다. 그러한 연유로 동파교를 신봉하는 사

빠이슈이타이

람들은 이곳을 성지(聖地)로 삼고 있으며, 해마다 음력 2월8일이 되면 사방 수십 리에 사는 사람들은 민족에 관계없이 이곳으로 몰려와 축제를 벌인다.

　쫑디앤으로부터 100km의 거리에 있으며, 대절차로 왕복 200위안을 받는다.

빠이슈이타이

빠이슈이타이 안내판

더친현성(德钦县城)

"더친(德钦)"은 짱족 언어로 "극락태평(极乐太平)"을 의미한다. 윈난성의 최북단이자 해발고도가 가장 높은 곳(관내의 升平镇, 3,400m)으로 3강병류지대(三江并流地带)의 중심에 자리 잡고 있으며, 쌍거리라 관광여행에서는 빼놓을 수 없는 곳으로 되어있다.

더친현성

(더친 관광지 약도)

청(清)나라 11대 황제 꽝서(光绪, 1875~1908) 때, 이 지역의 지방관이었던 씨아후위(夏胡御)가 이 고장 사람들의 가무(歌舞)를 즐기는 모습에서 태평성세가 따로 없음을 느끼고, 고장의 이름을 "성핑쩐(升平镇, 승평진)"이라 지었으며, "더친비(德钦碑)"를 세워 그 이름을 넣도록 하였다. "성핑(升平)"은 태평하다는 의미이다.

더친(德钦)은 그 독특한 지리적 위치로 말미암아 당(唐, 618~907)·송(宋, 960~1279) 이래 차마고도(茶马古道)의 요충지가 되었으며, 이곳에 형성된 저자거리를 "설산시장(雪山市场)"이라고 불렀다. 넓지 않은 이 고장은 험준한 산으로 둘려있으며, 시가지의 건물들은 산을 의지하여 계단식으로 올라가며 빽빽하게 지어졌다. 현성 안에 평지라고는 없으며, 도로도 언덕을 타고 오르내린다. 늦가을에서 초겨울로 넘어갈 무렵이 되면, 이곳의 아름다움은 절정에 이르고, 짱족 사람들은 바빴던 농사일에서 벗어나 모처럼의 한가로움을 즐긴다. 겨울철에는 현성에 운무가 자욱해지며, 때로는 문이 열린 집안으로 운무가 밀려들어오는데, 사람들은 운무가 들어온 실내를 "천향훈실(天香熏室)"이라고 일컫는다. 하늘의 향수가 뿌려진 방이라는 의미일 터이다.

더친의 1월 평균기온은 영하 0.3℃이고, 영하 13℃까지도 내려간다. 복장에 유의해야 하며, 또한 눈이 내릴 때는 교통이 통제되므로 일정계획을 짤 때 그 점도 감안하도록 한다.

번즈란(奔子栏)

번즈란(奔子栏)은 진샤쟝(金沙江) 상류에 있으며, 디칭(迪庆)의 성핑진(升平镇)에 이어 차마고도에서 두 번째로 큰 상업고장이다. 짱족언어로 "황금빛 모래톱(金色的沙坝)"이라는 의미를 지닌 번즈란(奔子栏)은 그 역사가 티베트의 옛 왕조인 투부오(吐蕃)에까지 거슬러 올라간다. 이곳을 거쳐야만 윈난과 티베트 간의 내왕이 가능했으며, 투부오(吐蕃)는 이곳에 군사를 주둔시켰던 것이다.

번즈란

번즈란(奔子栏)은 여러 지역의 문물이 교류되는 통로이다 보니 이곳의 짱족문화는 자신들만의 독특한 형태로 발전해 왔다. 이곳에서 손으로 만들어진 나무그릇(木碗)과 참바함(糌粑盒) 등은 그 모양새가 정교하고 아름다워 티베트에서도 이름이 나 있다. 이곳의 물고기 요리는 신선하고 야들야들한 것이 먹어볼만하다.

가단동쮸린스(噶丹东竹林寺)

청(清)나라 4대 황제 강희(康熙, 1661~1722)년간에 창건됐으며, 본래의 이름은 충충조강사(冲冲措岗寺)이다. "선학호반(仙鹤湖畔)에 있는 절(寺)"이라는 의미이다. 지난날, 사원의 위엄과 명망과 경제력이 막강했던 시절에 진귀한 물건들이 이곳으로 모여들었는데, 그 중에서도 도금한 미륵법륜불상(弥勒法轮像), 백도모상(白度母像), 삼세제불상(三世诸佛像), 문수보

동쮸린스 전경

살상(文殊菩萨像), 당카(唐卡) 염라왕군상(阎罗王群像), 18나한상(罗汉像), 반선력생전(班禅历生传)과 석가거행전(释迦巨行传)의 17폭 자수 등이 유명하다.

동쮸린스대전

백도모상

　본래의 사원은 훼멸됐고, 지금의 건물은 1985년에 중수된 것이다. 바닥 층은 법당으로 정면에는 티베트불교 거루파(格鲁派)의 시조인 쫑카바(宗喀巴)와 그의 제자 3인상이 있고, 양쪽으로 석가모니(释迦牟尼)·관세음(观世音)·문수(文殊)·도모(度母)·보현(普贤) 등의 부처와 보살상이 있다. 2층과 3층에는 경당(经堂)·불전(佛殿)·감포실(堪布室)·졍실(静室) 등이 있다. 각층의 안팎은 모두 화려하게 단장되어 있다. 2층의 새로 조각된 강파불(强巴佛)은 그 높이가 6.8m 로서 머리가 3층에 닿아있으며, 석가모니불전의 10.5m불상은 라싸(拉萨)의 써라스(色拉寺)절로부터 기증된 것이다. 매년 개최되는 도선법회(跳神法会) 때 8.5m길이에 폭 5.2m인 당카(唐卡)가 내어 걸리는데, 이 대형 당카에는 호법신상(护法神像)이 그려져 있다.

　가단동죽림사(噶丹东竹林寺)는 더친현(德钦县) 번즈란향(奔子栏乡) 수송촌(书松村)에 있으며, 쫑디앤의 현성(县城)으로부터는 105km의 거리이다.

메이리설산(梅里雪山)

　더친(德钦)에 오는 사람들은 아마도 모두가 메이리설산을 제대로 볼 수 있기를 바랄 것이다. 메이리설산의 제대로 들어난 모습을 보는 사람은 가슴속까지 떨려오는 감동을 느낀다고 한다. 그러나 유감스럽게도 이곳을 거쳐 가는 사람들의 10중 8,9는 데이리설산의 그러한 모습을 보

2부 권역별 명소_ 183

지 못한다. 일년 사시사철 운무(云雾)가 산 중턱에 걸려있기 때문인데, 그래서 이곳 사람들은 말하기를 메이리는 복 받은 사람에게만 자신의 모습을 드러내 보여준다고 말한다. 상황이 이렇기에 이곳 사람들은 아직도 당시의 일을 기이하게 여기고 있다. 1986년, 티베트불교의 10세(十世) 반선대사(班禅大师)가 이곳에서 법회를 성대하게 열었다. 당시 메이리설산은 언제나와 같이 운무로 가려져있었는데, 반선대사가 염불을 하며 사방을 향해 신수(神水)를 뿌리자, 운무가 사라지고 카거부어의 장엄한 자태가 들어났던 것이다. 카거부어(卡格博)는 짱족의 말로 "설산지신(雪山之神)"을 의미한다.

메이리설산의 해발높이는 평균 6,000m이고, 이보다 높은 봉우리 10여 자리가 있다. 메이리의 태자봉(太子峰)들인데, 이들 13자리의 태자봉은 저마다의 자태와 품격을 지니고 있다. 이들 봉우리 위로 우뚝 솟아오른 봉우리가 윈난에서 제일 높은 카거부어봉이며, 해발 높이는 6,740m이다. 이 산은 아직 아무도 범접하지 못한 처녀지이다.

눈 덮인 메이리설산의 봉우리에 잠깐씩 햇빛이 비칠 때면, 본래의 유백색이었던 산봉우리가 귤홍색(橘红色)도 되고, 담홍색(淡红色)이 되기도 한다. 이곳에 오는 사람들은 그런 모습을 사진에 담기위해 카메라셔터를 누를 준비를 한 채로 산을 응시하곤 한다.

메이리설산은 티베트의 8대 신산(神山) 중 으뜸이다. 짱족의 정신세계에서 가장 신성시하는 산으로 이곳을 참배하는 것을 그들은 일생에서 가장 경건하고 신성한 대사(大事)로 여긴다. 메이리설산을 13바퀴 돌면 지옥의 고통을 면하고, 메이리설산을 13바퀴 돈 사람은 죽어서 그 영혼이 승천한다고, 그들은 믿는다. 그래서 해마다 늦가을에서 초겨울에 이르기까지의 기간에 윈난(云南) · 시짱(西藏) · 칭하이(青海) · 쓰촨(四川) · 깐수(甘肃) 등지에서 수많은 사람들이 천리길을 마다않고 몰려와서 참배를 한다. 열을 지어 배밀이(匍匐)를 하며 산을 올라가는 참배광경은 보는 이로 하여금 숙연하게 한다.

티베트불교의 신도들이 벌이는, 이와 같은 참배활동은 700년이 넘게 이어오고 있는데, 메이리설산을 돌며 참배하는, 이른바 전산조배(转山朝拜)는 경건하고 복잡한 과정인 것이다. 전산조배(转山朝拜)는 내전경(内转经)과 외전경(外转经)으로 구분된다. 내전경(内转经)은 메이리설산의 내부거점을 도는 것으로 4~5일정도 소요되고, 외전경(外转经)은 참배자가 자신이 사는 곳에서부터 출발하여 메이리설산을 도는 것이므로 보름에서 한달정도 걸린다.

메이리 경내는 대본영(大本营)으로부터 시작된다. 더친(德钦)으로부터의 행보는 더친(德钦)-페이라이스(飞来寺)-원취앤(温泉)-위벙춘(雨崩村)-대본영(大本营)으로 이어지는데, 메이리를 한 눈에 볼 수 있는 곳으로 페이라이스만한 곳이 없다. 백탑이 줄지어 서있는 너머로 메이리가 바라다 보인다. 이곳에서 하룻밤을 묵고 메이리산의 아침을 감상하는 것도 좋다. 더친-원취앤 간은 차로 2시간가량 소요되며, 차비는 18위안을 받는다. 퍼이라이스-위벙춘 간은 40km 거리이며, 차편으로는 200위안을 받는다. 위벙춘에서 등산대본경까지는 12km거리이며, 말을 탈 경우 135위안을 받는다.

메이리풍광

페이라이스(飞来寺)절

페이라이스(飞来寺, 비래사)는 더친 현성에서 8km거리의 셩핑진(升平镇)에 있는 절이다. 전설에 의하면, 석가모니불상이 티베트에서 날아와 이곳에 내려앉았는데, 이 불상을 위해 지은 절이 페이라이스인 것이다. 정전(正殿)에 태자설산신(太子雪山神)·연화생(莲花生)· "줴워나카짜시불(觉卧那卡扎西佛)"의 조각상이 안치되어 있다. 3면의 벽에는 채색이 아름다운 벽화가 그려져 있는데, 그림에는 티베트불교 거루파의 시조인 쫑카바(宗喀巴), 불교호법제신(佛教护法诸神), 원근에 있는 사찰의 고승상들이 들어 있다.

페이라이스 전경

페이라이스절 서쪽 수백m쯤에 메이리설산을 건너다보는 관산대(观山台)가 있다. 카거부어봉과 정면으로 마주하고 있으며, 메이리설산의 전체모습이 한눈에 들어온다. 10세반선(十世班禅)의 더친(德钦) 시찰을 기념하고자 만든 것으로 불탑이 세워져 있다. 또한 이곳에 비석이 하나 서있는데, 이는 1991년 1월 초에 17명의 중일(中日) 연합 메이리설산 등반대가 조난으로 전원 참변을 당한 것을 추모하는 비석이다. 메이리설산은 아직 처녀지(处女地)이다.

페이라이스 산문

빠이망설산(白茫雪山)

가단동죽림사(噶丹东竹林寺)를 출발하여 윈난성(云南省)과 시짱자치구(西藏自治区)를 잇는 전장공로(滇藏公路)를 따라 북으로 올라가다보면, 빠이망설산자연보호구(白茫雪山自然保护区)로 들어가게 된다. 이곳의 산 봉오리들은 해발 5,000m 내외이고, 쵀고봉인 짜라챠오니봉(扎拉雀尼峰)은 해발 5,640m이다. 이 지대에서 가장 낮은 씨아러향(霞若乡)의 해발높이가 2,080m인 점을 감안하면, 짜라챠오니봉의 상대높이는 3,500m가 넘는다. 이 자연보호구 안에는 진샤쟝(金沙江)과 그 지류인 쮸바롱허(珠巴龙河)가 흐른다.

빠이망설산자연보호구는 윈난성의 여러 보호구 중에서 가장 높은 곳에 있으며, 그 면적도 가장 넓다. 이곳은 전형적인 헝두안산맥(横断山脉)의 협곡으로서 고산침엽수 위주의 한대원시림(寒带原始林)이 완벽하게 보전되어 있다.

이곳 관광의 최적기는 여름철이다. 이 시기에는 도로변의 빙설이 녹아 여기저기 골짜기에서 계곡수가 소리를 내며 흐르고, 숲에서는 온갖 새들이 지저귀는 가운데 원숭이들이 무리를 지어 희롱한다. 보호구는 개방되어 있으며, 입구인 공카(贡卡)에 숙박업소들이 있다.

빠이망 설산

빠이망의 휴게소

빠이망의 경번

밍용빙촨(明永冰川)

짱족 말로는 "밍용챠(明永恰)"라고 하며, 카거부어봉 아래에 있다. "챠(恰)"는 빙하를 의미한다. 란창강(澜沧江) 수면으로부터는 800여m높이에 있으며, 세계적으로도 보기 드물게 저위도(低纬度)에 위치하고 있다. 페이라이스(飞来寺)에서 밍용빙촨(明永冰川)을 건너다볼 수 있다. 해발 5,500~2,700m에 걸친 특수한 형태의 이 빙하는 하늘과 땅을 잇는 듯이 보이는데, 그래서 사람들은 이 빙하를 일컬어 카거부어봉의 신경 줄이라고도 한다.

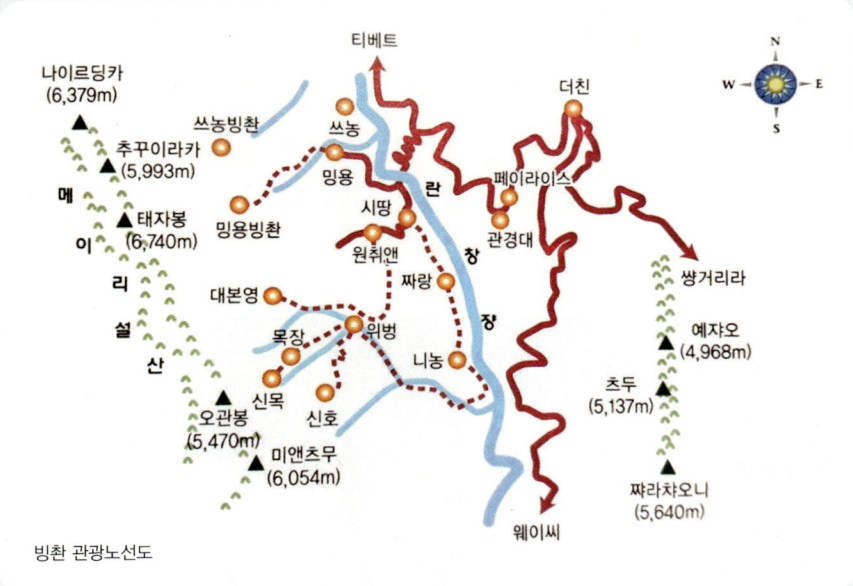

빙촨 관광노선도

밍용빙촨까지는 새로 낸 길이 있어 걷거나 말을 타고 오를 수 있는데, 경사가 매우 심하다. 산길에서는 온통 원시림이 하늘을 가리고 있는 가운데 꽃들이 흐드러지게 피어 있으며, 산토끼와 들닭들이 출몰하기도 한다. 빙촨에 도달하면 사원이 있는데, 그곳에는 수백 개의 쑤요우등(酥油灯)이 밝혀져 있고, 그 옆에서 이를 지키기라도 하듯 라마승들이 조용히 앉아있다. 절의 안팎으로는 짱족(藏族) 사람들과 외지에서 왔음직한 한족(汉族) 사람들이 북새통을 이루며 향을 사르고, 그 연기는 향을 사른 이의 염원을 싣고 빙하를 따라 하늘로 올라간다.

이곳은 빙하지대이지만, 나무가 무성하고 날씨는 덥다. 따라서 란창강으로부터 800m인, 빙하의 아래쪽은 녹으면서 혓바닥모양을 하고 있는데, 사람들은 이를 일러 빙설(冰舌)이라고 한다.

빙설에 귀를 기우려보면, 그 밑에서 흐르는 물소리가 요란하게 전해오는데, 그것은 마치 하늘로부터 오는 소리 같다. 사람이 죽어서 화장한 재를 이곳에 뿌리는 이유는 죽어서도 그 소리를 듣고자 함에서라고 한다. 밍용빙촨에는 숙박시설도 있으며, 관광객의 이동편의를 위해 기르는 말들도 많다.

밍용빙촨과 쓰농빙촨(우)

빙촨 아랫마을

빙촨풍광

빙촨풍광

빙촨풍광

성지순례코스

더친현성(德钦县城)을 출발, 서쪽으로 8km정도를 가면, 페이라이스(飞来寺)절과 빠이쫜경당(白转经堂)이 나온다. 이곳에서 성지순례코스는 "내선(内线)"과 "외선(外线)"으로 갈린다. 사람들은 이곳의 관산정(观山亭)에서 향을 사른 후, 불탑(佛塔)을 시계방향으로 세 바퀴 도는데, 이 때 사람들은 신령으로부터 복을 받는 것으로 믿는다. 사람들은 이렇게 신령으로부터 받은 복을 지니고 성지순례의 길에 나서는 것이다.

성지순례의 외선(外线)은 타이즈설산(太子雪山)을 시계방향으로 도는 코스로서, 윈난의 더친(德钦)과 시짱의 챠위(察遇)·쭈워공(左贡)간 경계를 지나며, 보통 13일이 소요된다. 성지순례의 내선(内线)은 더친현(德钦县) 관내의 3 지점, 즉 페이라이스(飞来寺)·위벙신폭(雨崩神瀑)·태자묘(太子庙)를 도는 것으로 5~6일간 소요된다.

페이라이스절에서 위벙신폭(雨崩神瀑)까지의 코스는 내왕하는 사람들이 많다. 높은 곳은 해발 3,450m이 이르며, 낮은 곳은 란창강변으로 1,950m이다. 수많은 경번(经幡)이 바람에 날리는 롱쫑강(荣宗江) 다리를 건너면 롱쫑(荣宗)과 시땅(西当)의 두 마을에 도달한다. 마을의 언덕 위에 오르면 물방앗간이 있으며, 방앗간 안에는 수많은 불경의 글자가 새겨진 물바퀴가 쉬지 않고 돌아간다. 이곳 사람들은 영험한 물로 하여금 염불을 하게 하는 것이라고 말한다. 또한 이곳에는 널리 소문이 나있는 온천 "열수탕(烈水塘)"이 있다. 사람들은 몸을 담가 피로를 씻는다.

롱쫑과 시땅을 떠나 산등성이를 넘고 숲을 빠져나오면, 별천지의 세계 같은 위벙춘(雨崩村, 우붕촌) 마을이 다가온다. 마을에 들어가면, 사람들은 우선 향을 사른다. 위벙춘에서 소목장(牛牧场)에 이르는 구간에는 빙하가 녹은 물 수십 줄기가 1,000m 높이의 암벽을 타고 내려오는데, 그 아래에 걸린 수많은 경번(经幡)이 바람에 펄럭이며 작은 물방울을 공중에 흩뿌린다. 빙하가 녹은 물이 절벽을 타고 내려와 경번에 의해 작은 물방울이 되어 자신의 몸에 닿을 때, 사람들은 자신이 복을 받고 있다는 느낌을 받는다고 한다.

순례 길에 나설 때에는 다음 사항을 참고하도록 한다.

- 고산지대이므로 온도차가 크다. 따라서 기온 차에 대응할 옷을 준비한다.
- 자외선이 강하므로 모자와 선글라스를 준비한다.
- 고산반응이 일어날 때는 적응될 때까지 활동량과 음식량을 줄인다. 진통제, 종합비타민제, 물고기 간유 등도 효과가 있으며, 현지에서 판매하는 홍경천도 효과가 좋다.
- 더친(德钦)-밍용빙촨(明永冰川)간은 버스가 운행된다. 2시간가량 소요되며, 요금은 13위안이다.
- 빙촨입구에서 타이즈먀오까지는 보행이며, 2시간가량 소요된다.

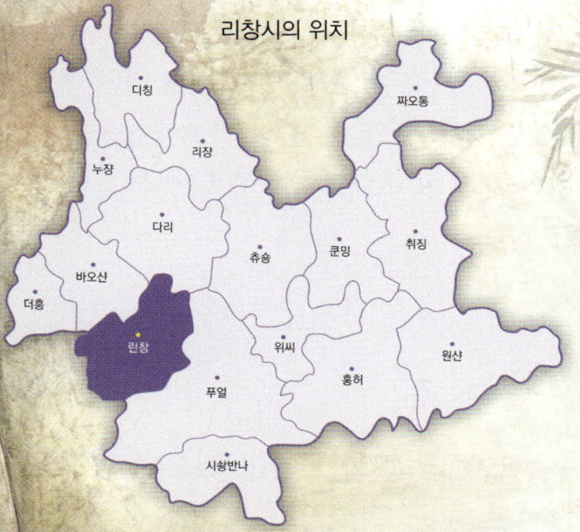

제 **7** 장

린창시
临沧市

1. 전체모습

리창시 약도

린창(临沧)이란 이름은 린창쟝(临沧江) 강에 접해있는 지역이라는 데서 유래 되었다. 윈난의 서남부에서 동쪽 면이 린창쟝에 접해있는 린창시 는 서남쪽으로 미얀마에 닿아 있다. 총면적 2만4,500km^2 (제 주도의 13배)의 린창시는 행정상 1구4현3자치현으로 나뉘어 있으 며, 231만명의 인구가 살고 있다. 그 중 37%가 이족(彝族)·와족(佤族) ·다이족(傣族)·라후족(拉祜族)·부 랑족(布朗族) 등의 소수민족 이다.

린창은 중국의 와족문화(佤族文化)가 가장 잘 보전되어 있는 고장이다. 현재 중국 전체의 와족 인구를 35만 명으로 보고 있는데, 그 중 2/3 이상이 이곳에 살고 있으며, 창위옌와족자치현(沧源佤族自治县)이 그 중심을 이루고 있다. 이곳에는 3,500여 년의 역사를 지니고 있는 창위옌 애화(崖画, 절벽에 새겨진 그림)를 비롯해서 건축·조각·회화 등 와족의 문화가 전해오고 있다. 린창은 또한 세계적으로도 이름이 나있는 "전홍(滇红)" 홍차의 생산지이며, 500여 년의 역사를 지니고 있다.

2. 교통

쿤밍-린창 간을 운항하는 항공편이 1일 2회 오가고 있으며, 40분 간 소요에 요금은 630위안이다. 육로로는 고속버스와 야간침대버스가 쿤밍-린창 간을 운행하고 있으며, 소요시간은 8시간정도 이다. 요금은 고속버스 200위안, 야간침대버스 160위안 수준이다.

3. 볼거리

다음은 린챵시의 주요 볼거리를 정리한 것이다.

(표) 윈난 린창시의 주요 볼거리

경 점	개 요	소재지
만완백리장호경구 (漫湾百里长湖景区)	린창시를 흐르는 란창쟝 유역으로 협곡·신석기유적지·조산사(朝山寺) 등 자연·인문경관이 있음.	린챵시
린창대설산 (临沧大雪山)	해발 3,400m높이의 160km² 풍경명승구임. 대설산의 설산동(雪山洞)·두견림(杜鹃林)·황혼패(黄昏坝) 등 18개의 경점이 있음.	린창현
창위옌애화 (沧源崖画)	현재 중국에서 가장 오래된 벽화 중의 하나임. 지면에서 10m높이에 있으며, 큰 것은 가로27m, 높이 3m의 크기임. 이 그림에는 인물·동물·건물·도로·산동(山洞)·수목·태양·배 등 1,063개의 그림이 새겨져있음. 어느 것은 사냥을 하고, 어느 것은 춤을 추며, 또 어느 것은 전쟁을 하고 있음. 3천여 년 전의 신석기 말 것으로 보고 있음.	창위옌현

경 점	개 요	소재지
와족원시군거촌락 (佤族原始群居村落)	원딩와족원시군거촌락(翁頂佤族原始群居村落)은 와족의 옛 주거지와 주위의 아름다운 자연경관이 잘 조화되고 있는 촌락임.	원현
다챠오샨 간하이즈 (大朝山-干海子)	다챠오샨-간하이즈 풍경명승구임. 제주도의 1/10만한 면적에 숲 철쭉 폭포 풀밭 등이 조화롭게 펼쳐져있음.	원현
우라오샨 (五老山)	우라오샨국가삼림공원(五老山国家森林公园)임. 마치 5인의 신선이 둘러앉아 도를 논하는 모습을 하고 있다 해서 그 이름이 비롯됐다함. 온갖 모양의 바위와 장관을 이루고 있는 산천 폭포 등 자연경관이 빼어남.	원현

만완백리장호의 일단

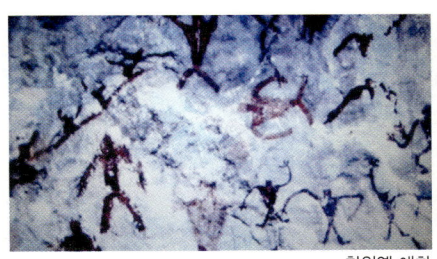

창위옌 애화

창위옌 애화

원딩와족원시군거 촌락

다챠오샨과 간하이즈

제8장

푸얼시

普洱市

푸얼시의 위치

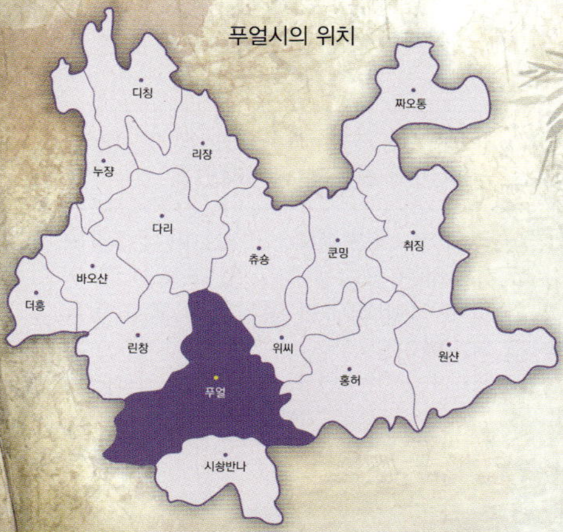

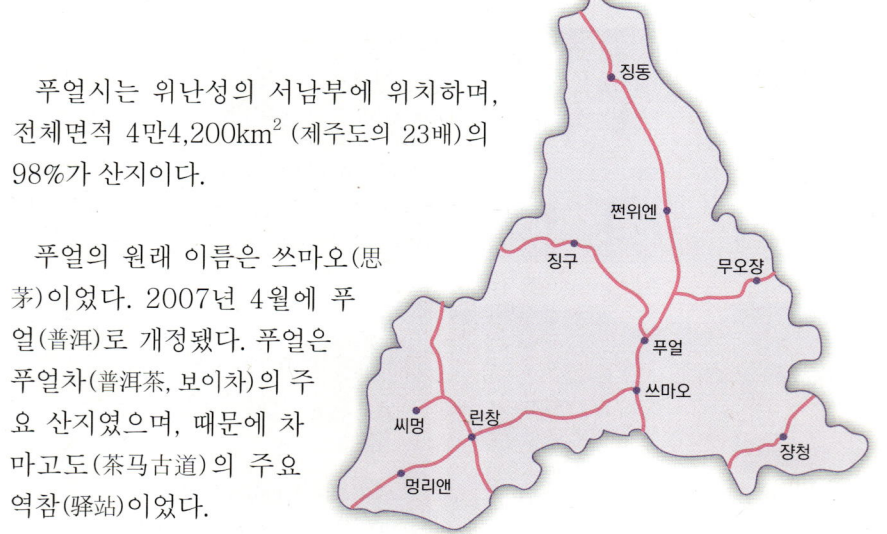

푸얼시는 위난성의 서남부에 위치하며, 전체면적 4만4,200km² (제주도의 23배)의 98%가 산지이다.

푸얼의 원래 이름은 쓰마오(思茅)이었다. 2007년 4월에 푸얼(普洱)로 개정됐다. 푸얼은 푸얼차(普洱茶, 보이차)의 주요 산지였으며, 때문에 차마고도(茶马古道)의 주요 역참(驿站)이었다.

푸얼시 약도

쿤밍시로부터는 580km 떨어져 있으며, 비행기로는 40분이 소요되고, 육로로는 8시간 정도 소요된다.

푸얼시는 행정적으로 1시할구(市辖区)와 9자치현(自治县)으로 구획되어 있다. 시할구는 쓰마오취(思茅区)이고, 9개 자치현은 닝얼(宁洱)하니족이족자치현·무오쟝(墨江)하니족자치현·징동(景东)이족자치현·징구(景谷)다이족이족자치현·쩐위옌(镇沅)이족하니족라후족자치현·쟝청(江城)하니족이족자치현·멍리앤(孟连)다이족라후족와족자치현·란창(澜沧)라후족자치현·시멍(西盟)와족자치현 등이다.

푸얼의 시가지 풍경

푸얼 차밭

차의 도시 푸얼

제9장 시쐉반나 다이족자치주
西双版纳傣族自治州

1. 전체모습

시쐉반나다이족자치주(西双版纳傣族自治州)는 윈난성의 최남단에 위치하며, 미얀마·라오스와 접해있다. 주정부(州政府) 소재지는 징홍(景洪, 경홍)이다. 이곳의 지형은 남쪽을 향해 켜가 하나씩 떨어지는 것처럼 낮아진다. 징홍(景洪)의 해발높이는 553m이다.

시쐉반나 약도

전체 면적은 19,700km² 이며(제주도의 11배), 행정상으로는 징훙시(景洪), 멍하이현(勐海县), 멍라현(勐腊县) 등 1시2현으로 나뉘어 있다.

"반나(版纳)"는 "전답1천 뙈기(一千块田)"를 그 개념의 바탕으로 한다. 이 "반나(版纳)"라는 명칭은 명(明, 1368~1644)나라 때, 선위사(宣尉司, 이곳의 최고 행정장관)가 소관지역을 효율적으로 관리하고자 전체 전답을 1,000 뙈기로 나누고, 이를 12개의 "반나(版纳)"로 나누어 세금을 징수하였다. 이러한 배경으로 볼 때, "시솽반나(西双版纳)"는 12로 나눈 1,000 뙈기의 전답지역인 셈이다.

시솽반나가 위치한 지역은 열대(热带)의 북부 가장자리이다. 이곳은 기후가 온화하고, 습윤하며, 여름에는 덥지만 비가 많아 혹서(酷暑)는 없다. 4계절은 명확하지 않으나 우기(雨期)와 건기(乾期)는 뚜렷하다.

시솽반나자치주의 전체 인구는 83만이다. 다이족(傣族)·하니족(哈尼族)·라후족(拉祜族)·부랑족(布朗族)·지누워족(基诺族) 등의 소수민족으로 구성되며, 그 중에 다이족 사람들이 35%정도를 차지하고 있다.

많은 사람들이 말하기를, 시솽반나는 신기하고 아름다운 고장이라고 한다. 지구의 북회기선(北回归线) 사막띠(沙漠带)에서 유일한 녹색지대이며, 그 열대우림생태지역(热带雨林生态地域)으로서의 전형(典型)이 그대로 보존되어 있다는 데서다. 1억4,000만평의 원시림에는 5,000 종에 이르는 종자식물(种子植物)과 양치식물(羊齿植物)이 서식하고 있는데, 이는 중국 전체 식물종류의 1/6에 해당하는 것이다. 또한 이곳에 서식하는 척추동물은 모두 539종으로 중국 전체의 3/4이고, 조류는 429종으로 1/3이다. 이들 각종의 야생동물 중에는 세계적인 보호동물 또한 적지 않다. 이러한 점에서 시솽반나는 국내외적으로 "식물왕국(植物王国)", "동물왕국(动物王国)", "약물왕국(药物王国)" 등으로도 불린다. 이곳은 지구상에서 얼마 남지 않은 동식물유전자원의 보고(宝库)인 셈이다.

이 넓고, 호사스런 삼림을 란창쟝(澜沧江)이 남북으로 관통하며, 이곳을 벗어난 강물은 미얀마·라오스·태국·방글라데시·월남 등을 통해 바다로 들어간다.

2. 인문(人文)

다이족(傣族)은 물을 사랑하는 민족이다. 이들은 소승불교(小乘佛敎)를 신봉하며, 예로부터 공작과 코끼리를 신성시해왔다. 이들에게는 3대 명절이 있다. 관먼지에(关门节)·카이먼지에(开门节)·푸오슈이지에(泼水节)가 그것이다.

관먼지에(关门节)

관먼지에(关门节, 관문절)는 다이족 사람들의 전통 종교명절 이다. 다이족 언어로는 "진와(进洼)"라고 하며, 석가모니부처가 서천(西天, 서역·극락)에 다녀오고자 떠나는 날을 기념하는 것이다. 태력(傣历, 다이족의 달력)으로 9월 보름이며, 음력으로는 7월 중순께가 된다. 다음과 같은 이야기가 전해온다.

> 매년 태력(傣历) 9월 보름이면, 석가모니부처가 서천(西天)으로 가서 그 모친과 더불어 불경공부를 하고 돌아왔다. 그 기간이 3개월이었는데, 이 기간 중에 석가모니부처의 제자승려 수천 명이 불교전파를 위해 시골을 누볐다. 이 과정에서 농사일이 방해되고, 심지어는 논밭전지에 자라는 곡식이 짓밟히는 불상사까지 발생하였다. 이로써 백성들의 승려에 대한 원성이 높아지자 석가모니부처는 자신이 서천에 가 있는 석 달 동안에는 절의 문을 닫아걸고 승려들로 하여금 일체 바깥출입을 못하게 하였다. 이 기간에 석가모니부처는 승려들로 하여금 지난 날에 저지른 잘못을 참회하고, 자기 수양에 더욱 매진하도록 한 것이다.

3개월간의 관먼지에가 시작되면서 농사일은 바빠진다. 관먼지에 기간에는 남녀간의 연애나 결혼이 금지되고, 승려들은 함부로 절 밖으로 나갈 수 없으며, 사람들은 불공을 이유로 절에 가지 못한다. 또한 남의 집에 가서 밤늦게까지 있거나 자고오지 못한다.

카이먼지에(开门节)

카이먼지에(开门节, 개문절)는 소승불교를 신봉하는 다이족(傣族)·부랑족(布朗族)·더앙족(德昂族)·와족(佤族) 사람들이 지키는 전통명절로서 관먼지에(关门节)가 끝나는 날(태력 12월14일)에 이어진다. 이날 사람들은 옷갓을 차려입고, 음식물·생화·지폐 등을 바치며 불공을 드린 후, 축제를 열어 관먼지에 때 금지됐던 여러 일들이 해제됨을 경축한다.

푸오슈이지에(泼水节)

푸오슈이지에(泼水节, 발수절)는 다이족 사람들이 가장 성대하게 치루는 축제로서 윈난의 여러 소수민족이 함께 참여한다. 푸오슈이지에는 태력(傣历) 신년 첫날이며, 음력으로는 4월 중순경이 된다. 축제는 보통 3~7일간 지속된다. 축제의 첫날은 다이족 언어로 "마이리(麦日, 맥일)"라고 하는데, 그 의미는 음력 섣달 그믐날과 같다. 둘째 날은 "나오리(恼日)"라 하여 공일(空日)이란 의미이고, 셋째 날은 "빠왕마(叭網玛)"라 하여 음력 정월 초하루와 같다. 사람들은 이 날을 길일(吉日) 중의 으뜸으로 친다.

푸오슈이지에(泼水节)가 시작되는 첫날 새벽에 옷깃을 차려입은 사람들은 청수(清水, 맑은 물)를 들고 절에 가서 욕불(浴佛, 부처 목욕시키기)을 한다. 욕불을 끝내고 나서 사람들은 서로에게 물을 끼얹으며 서로의 행운과 행복과 건강을 축원한다. 이때 사람들은 훨훨 춤을 추면서 "슈이(水)! 슈이(水)! 슈이(水)!"를 연호한다. 북과 징소리가 울려 퍼지는 가운데 서로를 향해 끼얹은 물은 허공을 나는 물꽃송이를 연출한다.

푸오슈이지에(泼水节)의 주된 축제 종목으로는 디유빠오(丢包), 롱쬬우싸이(龙舟赛), 팡까오셩(放高升), 팡콩밍덩(放孔明灯) 등이 있다.

디유빠오(丢包)는 애정의 증표로 만든 화포(花包, 꽃무늬가방)를 남녀간에 돌아가며 서로 주고받는 가운데 마음이 통하는 남녀끼리 짝을 지어가는 놀이이다. 화포는 4각형으로 꽃무늬가 들어있는 천으로 만들며, 그 안에는 다섯 가닥의 꽃술이 붙어 있다. 이 화포를 주고받을 때, 여자 쪽에서 마음에 드는 남자에게 애정을 느낀다는 암시를 하며, 그 애정을 받겠다는 남자는 준비해둔 예물을 여자에게 전한다. 이로써 이들 둘은 짝이 되며, 은밀한 장소로 들어가 사랑을 속삭인다.

롱쬬우싸이(龙舟赛)는 여러 무리의 청년들이 각 무리별로 있는 힘을 다해 어느 무리가 더 빨리 배를 저어나가는가를 겨루는 시합이다. 란창쟝(澜沧江) 강에서 열리며, 배를 젓는 청년들의 우람한 힘이 강변에서 줄지어 내려다보고 있는 관광객들에게까지 전해져서 한껏 열기를 돋운다.

팡까오셩(放高升)은 불화살 쏘아 올리기 시합이다. 준비된 발사대에 올라 불붙인 화살을 창공을 향해 쏘는 것으로, 지난 한 해의 근심과 걱정을 허공에 날려 보냄과 아울러 새로 맞는 한 해의 희망을 기원하는 의미가 거기에 담겨있다. 불화살이 높이 올라가면 높이 올라갈수록 길한 것으로 보며, 따라서 가장 높이 쏘아 올린 부락이 이기는 것이다.

> 팡콩밍덩(放孔明灯)은 고대의 성현인 제갈공명을 기리는 마음과 한해를 맞으며 갖는 희망을 등불로 밝혀 허공에 띄우는 행사이다. 열기구에 공명등을 달아 올리며, 하늘에 수를 놓듯 점점이 떠도는 공명등은 아름답기 그지없다.

푸오슈이지에(泼水节)에 관하여 다음과 같은 이야기가 전해온다.

> 옛날, 펑마디앤다라쨔(捧玛,点达拉怍)라는 마신(魔神, 악마귀신)이 있었다. 그는 천신(天神)의 뜻을 거역해가며 자신이 하고 싶은 대로 못된 짓만 골라서 해댔다. 인간 세상에 함부로 비를 쏟아 붓는가 하면, 비를 내려주지 않아 모든 것을 말라불게 하는, 그런 식이었다. 이 때문에 인간세상에서는 곡식이 말라죽고, 인축(人畜)은 물에 떠내려갔다.
>
> 천신은 지혜를 모아 도술이 높은 마신을 징벌할 계책을 마련하였다. 용모가 준수하고, 용맹스러운 청년으로 하여금 마신의 일곱 딸에게 접근하여 그 아비가 저지르고 있는 못된 짓을 알려주도록 한 것이다. 마음씨가 착한 일곱 딸들은 부친이 저질러온 죄악에 격분한 나머지 부왕을 제거하여 인간 세상에 가해질, 더 이상의 재앙을 막기로 하였다.
>
> 마신 펑마디앤다라쨔는 워낙 도술이 높은지라 그를 죽일 수 있는 방법이 없었다. 일곱 딸들은 고심 끝에 한 비밀을 알아냈다. 마신은 마신의 머리카락으로만 그 목을 자를 수 있다는 것이었다. 어느 날, 일곱 딸들은 부친이 술에 취해 잠이든 틈을 타서 머리카락을 손에 넣었으며, 이 머리카락으로 활의 시위를 만든 다음, 그 시위 줄로 톱을 삼아 부친의 목을 베었다. 그러나 그것은 또 다른 재앙의 시작이었다. 베어진 마신의 머리통은 대단한 화력을 내뿜으며 인간 세상을 닥치는 대로 태우기 시작하였다. 일곱 딸들은 크게 놀라 부친의 목 잘린 머리통을 안아들었으나 워낙 뜨거워 오래 견딜 수가 없었다. 그래도 일곱 딸들은 인간 세상에 가해질 재앙을 막고자 서로 돌아가며 마신의 머리를 안아들었으며, 머리를 안고 있지 않을 때에는 열심히 물을 퍼서 서로에게 끼얹어 주었다. 이 일곱 딸들의 불덩어리 머리통 안아 돌리기와 물 뿌리기는 그 머리통이 완전히 타 없어질 때까지 계속되었는데, 훗날 사람들은 자신들의 부친을 제거하여 지상세계의 질서를 되찾게 해 준 그 일곱 딸들의 공적을 기념하고자 해마다 봉마디앤다라쨔의 머리통이 완전히 타 없어진 그 날에 축제를 열었다.

푸오슈이지에 행사를 다이족원에서 관광객을 대상으로 매일 개최한다. 북소리에 맞춰 코끼리를 탄 남자가 등장, 행사분위기를 돋운 다음, 푸워슈이 광장을 한 바퀴 돈다. 이어서 제를 올리고, 진행자의 유도에 따라 내용을 달리해 가면서 여러 차례 물 끼얹기 소란이 벌어진다. 행사 참가자는 대부분 희망자들이며, 복장은 제공된다.

푸오슈이 축제의 북치는 사람

푸오슈이 행진

푸오슈이 제례

물 끼얹기

축제관람대

3. 여행적기

시솽반나(西双版纳)는 열대우림지대(热带雨林地带)에 속하며, 겨울철이 없는 곳이다. 4계절 모두 여행하기에 무난하지만 여름철에는 비가 많고, 더워서 다른 계절에 비해 상대적으로 부적합하다. 다음 표는 시솽반나의 월별 기상상황을 정리한 것이다.

(표) 윈난 시솽반나의 기상상황

월별		1	2	3	4	5	6	7	8	9	10	11	12
기온 (℃)	최고	25	28	32	33	33	31	30	30	31	29	26	24
	최저	11	11	13	17	21	22	22	22	21	19	16	12
	평균	16	18	21	24	26	26	25	25	24	23	18	16
강우량 (ml)		18	11	20	51	133	186	216	246	137	99	51	26

3. 교통

항공편

시솽반나자치주(西双版纳自治州)의 주정부가 있는 징훙(景洪)에는 공항이 있어서 베이징(北京)·청두(成都, 四川)·충칭(重庆)·우한(武汉, 湖北)·창샤(长沙, 湖南)·꾸이린(桂林, 广西)·광조우(广州, 广东)·쿤밍(昆明, 云南) 등 여러 지역으로 하늘 길을 통해 연결된다. 공항은 징훙 시내로부터 5km거리에 있으며, 징훙-쿤밍 간의 비행소요시간은 50분, 운임은 520위안이다.

자동차편

쿤밍-징훙 간은 침대차가 비교적 많이 다닌다. 낮과 밤에 걸쳐 15~16시간 소요되며, 차비는 170위안이다. 이 구간은 도로사정이 좋지 않으므로 다소의 고생은 예상해 두도록 한다.

4. 숙박

징훙의 방값은 성수기와 비수기에 따라 차이는 있으나, 비교적 높은 편이다. 3성급 호텔은 300~500위안이며, 2성급은 200위안 수준이다. 여행사를 통할 때는 좀 더 저렴하다. 보통 초대소의 경우 대체로 30~50위안을 받는다.

5. 먹을거리

시솽반나(西双版纳)의 소수민족은 손님들에게 매우 친절하다. 어쩌다가 운수 좋게 그 사람들의 집에 초대라도 받는 날에는 그들이 최고의 식단으로 여기는 별식을 대접받게 될 것이다. 그러한 별식으로 뚜워셩(剁生)·로우야(肉芽)·쌍쮸카오판(香竹烤饭)·쮸통샤오로우(竹筒烧肉) 등이 있다. 그런데 뚜워셩과 로우야와 같은 먹을거리는 좀처럼의 용기를 내지 않고는 씹어 삼키기가 쉽지 않을 것이다.

> 뚜워셩(剁生)은 생고기 요리이다. 아주 신선한 돼지고기 드는 쇠고기를 잘게 썬 다음, 여기에 생고기 비린내를 없앨 수 있도록 고추와 마늘, 그리고 쓴 맛이 도는 야생의 조미 식물을 듬뿍 넣어 만든다. 아직도 선혈이 돌아나는 생고기를 씹으면서 독한 술을 한 모금 입에 물었을 때, 비로소 이 음식의 자극적인 제 맛이 느껴진다. 주량이 넉넉지 못하면, 아예 처음부터 양해를 구하고 입에 안 대는 것이 낫고, 먹었다 하면 남을 원망해서는 안 된다. 감당하기 어렵겠다 싶으면, 빨리 취해서 푹 자는 편이 낫다. 다이족 사람들은 뚜워셩을 손님 대접의 최상 음식으로 여기고 있으며, 귀한 손님이 아니고서는 뚜워셩을 맛볼 영광을 얻지 못한다고 한다. 또한 다이족 사람들은 손님에게 뚜워셩을 먹여보면서 그 사람의 용기와 진실 됨을 알아보는 시금석의 계기로 삼기도 한다.
>
> 로우야(肉芽)는 세상 사람들을 놀래게 만드는, 아이니인(爱伲人, 하니족의 한 분파)들의 희한한 먹을거리이다. 아이니인들은 신선육을 싫어하는데, 그 이유는 영양가 면에서 보잘 것이 없다는 것이다. 그래서 이 사람들은 생고기를 집밖에 걸어놓고, 파리들로 하여금 쉬(알)를 쓸게(낳게) 한다. 얼마 지나지 않아 고기는 썩고, 흰 구더기가 우글거리는데, 이것이 로우야(肉芽, 고기의 싹)인 것이다. 로우야를 먹을 때는 대나무 몽둥이로 썩은 고기를 두들겨 구더기를 털어낸 다음, 이것을 쓸어 담아 기름에 튀기거나 불에 볶는다. 이런 습속을 사람들은 "사육취아(舍肉取芽)"라고 표현한다. 고기에 싹을 틔어 그 싹을 먹는다는 의미일 터이다.
>
> 쌍쮸카오판(香竹烤饭)은 시솽반나에 사는 다이족 사람들의 명품요리이다. 대나무 토막에 찹쌀을 넣어 익혀낸 밥으로, 그들은 이것을 "만허라(曼禾拉, 만화랍)"라고 부르며, 차게도 먹고 데워서 먹기도 한다. 찹쌀 향기와 대나무 향기가 어우러져 다이족 사람들의 민족풍정을 떠올리게 하는 이 쌍쮸카오판은 색(色)과 향(香)과 맛(味)이 함께 어우러진, 그런 다이족 사람들의 음식이다.

> 쮸통샤오로우(竹筒燒肉)는 대나무 속에다가 소(餡)를 넣어 익혀낸 음식이다. 소(餡)는 돼지 뒷다리와 표고버섯, 그리고 야생의 조미식물들을 그들만의 솜씨로 배합, 조제하여 만들며, 이 소를 대나무 속에 채워 넣은 다음 파초의 잎 등으로 그 구멍을 막고 열을 가해 익힌 음식이다. 하니족 사람들은 집에 귀한 손님이 들었을 때 이 쮸통샤오로우(竹筒燒肉)를 만들어 대접한다.

시솽반나에서의 먹을거리 섭렵은 야시장과 몇 군데 전문식당가를 통해서 할 수 있다. 징홍(景洪) 시가지의 야경을 배경으로 벌어지는 야시장에는 미씨앤(米线)·뱀고기(蛇肉)·대나무쥐고기(竹鼠肉)·오리발(鸭脚)·유작우피(油炸牛皮)·유작돈피(油炸猪皮) 등 이곳 소수민족 사람들이 즐겨먹는 식품들이 즐비하다. 곤충류로는 벼메뚜기(蚱蜢)·전갈(蝎子)·죽충(竹虫) 등이 있으며, 많지 않은 돈으로 넉넉하게 맛을 볼 수 있다.

5. 볼거리

다음은 시솽반나다이족자치주(西双版纳傣族自治州)의 볼거리를 모은 것이다.

(표) 시솽반나자치주의 볼거리

경 점	개 요	소재지
민족풍정원 (民族风情园)	8만여 평의 부지 위에 시솽반나의 자연경관과 이곳에 사는 소수민족의 풍정이 압축되어 실려 있음. 1958년에 개원됨	징홍시
만각불사 (曼阁佛寺)	남송(南宋)의 2대 임금 효종(孝宗, 1162~1189)년간에 창건된 소승불교 사원임. 불전(佛殿)과 경방(经房)이 남아있음.	징홍시
열대화훼원 (热带花卉园)	24만 평의 대지에 8,000여 종의 열대 화훼와 과일 나무가 보존되어 있음.	징홍시
원시삼림공원 (原始森林公园)	원시림, 야생동물, 민족풍정 등을 주제로 하는 종합생태관광공원임. 1944년에 개원됨	징홍시
만팅공원 (曼听公园)	시솽반나에서 연조가 가장 오래된 공원으로 란창쟝(澜沧江)과 리유샤허(流沙河)의 두 강 사이에 자리 잡고 있음. 옛날 다이족 왕실의 화원(어화원)이었던 이곳에는 만불조종(万佛朝宗)의 사찰과 팔각정탑 및 백탑이 있음.	징홍시

경 점	개 요	소재지
다이족원 (傣族园)	만쟝(曼将)·만춘만(曼春满)·만쨔(曼乍)·만가(曼嘎)·만팅(曼听)의 5개 자연부락으로 조성되어 있으며, 다이족의 역사·종교·건축·생활습관 등을 전시하고 있음. 다이족 사람들의 가정에 들어가 그곳 사람들과 환담할 수도 있음.	징훙시
예쌍구 (野象谷)	야생코끼리가 서식하는 곳으로 싼챠허풍경구(三岔河风景区)라고도 함. 시솽반나국가자연보호구(西双版纳国家自然保护区)의 일부로 개방되어 있음. 보호구 안에는 코끼리를 볼 수 있는 관상대(观象台)와 나비사육장 및 수상여관(树上旅馆)등이 있음. 1999년에 조성됨.	징훙시
만페이롱탑 (曼飞龙塔)	따멍룽풍경구(大勐龙风景区)에 있음. 태력(傣历) 565년(1203년)에 창건된 소승불교 탑임. 높이 16.3m의 모탑(母塔)과 높이 9.1m의 자탑(子塔) 8자리로 되어 있으며, 다이족 건축예술의 특색을 갖추고 있음.	징훙시
멍쩐불탑 (勐真佛塔)	징쩐팔각정(景镇八角亭)이라고도 함. 멍하이현성(勐海县城)의 서북 14km되는 곳의 징쩐산(景镇山)이 있음. 탑 위에는 우산 모양의 조형물이 올라앉아 있는데, 전해오기로는 석가모니의 모자를 형상화한 것이라고 함. 청(清)나라 4대 황제 강희(康熙)년간인 1701년(대력 1063년)에 창건됨. 팔각정은 15.4m높이에 폭이 8.6m이며, 다이족 건축의 정수(精髓)로 평가됨.	멍하이현
반나식물원 (版纳植物园)	징훙시 동쪽 80km되는 곳에 있음. 멍라현(勐腊县) 멍룬쩐(勐仑镇)의 후루다오(葫芦岛)섬에 있는 270만 평에 자리 잡고 있으며, 공식명칭은 "중국과학원 시솽반나열대식물원" 임. 1958년에 문을 열었으며, 전형적인 열대풍광과 소수민족의 풍정을 보여줌. 멍룬식물원(勐仑植物园)이라고도 함.	멍하이현
만벙동탑 (曼蹦铜塔)	멍하이현성(勐海县城)) 남쪽 2km되는 곳에 있음. 청(清)나라 때 건립된 것으로 3층이며, 10m높이임. 다이족과 부랑족의 건축양식으로 지어짐.	멍하이현
녹석림 (绿石林)	윈난에는 형태가 각기 다른 석림들이 곳곳에 있음. 위엔모우(元谋)의 토림(土林), 루량(陆良)의 채색사림(彩色沙林), 쿤밍(昆明)의 석림(石林), 시솽반나의 녹석림(绿石林)이 대표적임. 녹석림(绿石林)은 공기 중에 들어난 석회암 기둥에 천자백태(千姿百态)의 각종 식물이 붙어살고, 그 위를 거칠고 큰 넝쿨이 얽어매고 있어 마치 녹색의 살아있는 기둥 같아 보임. 이곳의 전체적인 경관은 열대우림(热带雨林)이며, 식물 피복 비율이 90%이상임.	멍하이현

경 점	개 요	소재지
간란빠 (橄榄坝)	징홍시 남쪽의 란창쟝(澜沧江)을 끼고 있는 타원형 평야지로서 나무가 울창하며, 이를 정원 삼아 들어서 있는 죽루와 그곳에 사는 다이족 사람들의 모습은 움직이는 풍경화 같음. 이곳은 녹색의 공작새 형상을 하고 있는 시솽반나에 있어 공작새의 꼬리와 같은 부분으로 이곳의 자연경관은 다양하고, 아름다움.	멍하이현
만후이후디에구 (曼回蝴蝶谷)	만후이(曼回) 나비골짜기는 간란빠 동부의 뭇 산들 속의 협곡으로, 열대호접곡(热带蝴蝶谷)으로도 불림. "만후이(曼回)"는 다이족 말로 "나무가 우거진 산골짜기의 마을(山菁里的寨子)"을 의미함. 푸오슈이지에(泼水节)를 전후하여 나비들이 떼로 나타나 장관을 이룸.	멍하이현
멍라 (勐腊)	멍라는 북쪽 면을 제외하고 동·서·남의 3면이 미얀마와 라오스에 닿아있음. 때문에 "육지반도(陆地半岛)"로도 불림. 숲이 울창하고, 이곳에 6,000여 종의 동물들이 서식하고 있음. 동물의 낙원으로 회자됨.	멍하이현
따멍롱 (大勐龙)	징홍(景洪)의 서남쪽에 있는, 117km² 넓이의 풍경구임. 미얀마와 접해있음. 불탑위주의 소승불교 건축물들이 모여 있어 "불탑의 고장(佛塔之乡)"이라고도 함. 만페이롱탑(曼飞龙塔)·흑탑(黑塔)·북두칠성탑(北斗七星塔)·쌰오지에온천(小街温泉)·만페이롱댐(曼飞龙水库) 등이 이곳에 있음.	멍하이현
비앤쩐다루워 (边镇打洛)	다루워쟝(打洛江)을 끼고 있는 400km² 넓이의 고장임. 나무 하나가 숲을 이루었다 해서 "독목성림(独木成林)"이라 불리는 거목이 이곳에 있음. 이 나무는 시상반나의 상징물이기도 함.	멍하이현

징홍(景洪)

　　징홍의 "징(景)"자는 다이족 언어로 도시(城市) 내지는 수부(首府)를 의미하고, "홍(洪)"자는 여명(黎明)을 의미한다. 따라서 두 글자를 합한 의미는 "여명의 도시(黎明城市)"가 된다. 다음은 이러한 지명의 내력에 관한 전설이다.

아주 오랜 옛날, 멍바라나시(勐巴拉纳西)에 사냥하기를 좋아하는, 파야라우(帕雅拉武)라는 이름의 왕자가 있었다. 어느 날, 그는 시종들을 거느리고 사냥을 나갔다가 금빛 사슴을 만났다. 그는 그 사슴을 잡고자 그 뒤를 쫓았다. 왕자가 빠르게 뒤쫓으면 사슴도 빨리 뛰고, 왕자가 힘에 부쳐 걸음이 쳐지면 사슴도 느리게 걸었다. 그렇게 산을 넘고 물을 건너다가 어느 순간에 사슴이 온데간데없이 사라지고, 드넓은 초원이 눈앞에 펼쳐지는데, 그 느낌이 마치 공작새가 꼬리를 활짝 펴는 것 같았다. 왕자는 마음속에 짚이는 바가 있어 이 곳에 터를 잡아 성을 짓고, 이름을 징홍(景洪)이라 하였다.

징홍의 풍광은 열대의 전형적인 모습이다. 어느 곳을 보나 열대식물이 무성한데, 거리의 양편으로는 남국의 미녀라고 일컬리는 야자수와 더불어 요조숙녀인양 가냘픈 진랑나무(槟榔树)가 늘어서 있다. 징홍의 풍광은 이곳을 여행하는 사람들로 하여금 남국의 정취에 푹 젖어들게 한다.

징홍의 거리 모습

예썅구(野象谷)

예쌍구(野象谷, 야상곡)은 징훙시의 중심에서 50km가량 떨어진 싼챠허(三岔河)의 멍양자연보호구(勐养自然保护区) 남부에 있다. 이곳은 시솽반나에서도 가장 아름다운 삼림공원이자 야생의 코끼리들을 볼 수 있는 곳이다. 예쌍구(野象谷)라는 이름도 이 골짜기에 야생코끼리가 자주 나타나기 때문에 붙은 이름이다.

예쌍구는 110만평 정도의 저산구릉지대(低山丘陵地帶)이다. 이곳의 해발높이는 740~1,100m 범위이며, 경내에는 야생 코끼리 외에도 국가차원의 보호동물인 들소·왕도마뱀(巨蜥)·큰구렁이(蟒蛇)·록공작(绿孔雀) 등이 서식하고 있다.

예쌍구 관람은 열대우림 속을 걸으면서 야생코끼리 출몰지역을 보고, 원숭이를 비롯한 열대동물들과 마주쳐도 보며, 길들여진 코끼리의 공연을 보는 것을 내용으로 하고 있다. 중간에 걸쳐있는 골짜기는 도보로 건너기도 하고, 케이블카로 수고를 덜기도 한다.

예쌍구 표지석

케이블카

코끼리 공연 장면

코끼리공연장면

예쌍구의 야생 원숭이들

예쌍구의 야생코끼리

다이족 처녀

만페이롱불탑(曼飞龙佛塔)

　　만페이롱불탑은 따멍롱(大勐龙)에 있으며, 그 모양이 마치 무리를 지어 돋아난 죽순 같다하여 "순탑(笋塔)"이라고도 하고, 그 빛깔이 희디희다고 하여 "백탑(白塔)"이라고도 한다. 둘레가 43m인 이들 탑 자리의 중앙에는 높이 16m인 주탑(主塔, 母塔)이 서 있고, 그 주위로 높이가 9m인 소탑(小塔, 子塔) 8자리가 서있다. 소탑 하나하나에는 불감(佛龕)이 있고, 그 안에 불상이 들어 있다. 불감 위는 흙으로 빚어 만든 봉황이 있고, 문에도 역시 흙으로 만든 대룡(大龙)이 지키고 있다. 모탑의 꼭대기에는 동불(铜佛)과 더불어 "천적(天笛)"이 달려있어 바람이 불 때면 청아한 소리를 낸다. 탑은 각양각색의 아름다운 채색그림과 조각으로 장식되어 있다.

만페이롱탑은 다이족 사람들이 세운 것이지만, 미얀마불탑의 풍격을 지닌 것으로 보아 당시 지역간 문화교류가 활발했었음을 알 수 있다. 만페이롱불탑의 정남향 불감 아래에는 토박이 바위가 있고, 그 바위에는 사람 발자국 형상의 홈이 깊게 나 있다. 석가모니의 발자국이라 하며 다음과 같은 이야기가 전해온다.

어느 해, 석가모니가 이 고장에 왔을 적에 그를 반기기나 하는 것처럼 공작새들이 날아와 들판 하나를 가득 채웠다. 이 고장 사람들 또한 석가모니를 반기면서 자신들이 세우고자 하는 불탑을 어느 곳에 앉히는 것이 좋을지를 그에게 물었다. 석가모니는 그 대답으로 한 바위를 왼발로 짚어 보였는데, 그 바위가 그 바위이고, 그 패인 자국이 그 때 짚은 석가모니의 발자국이라고 한다.

사람들은 그 바위 옆에 탑을 세웠다. 석가모니가 탑의 준공을 축하하러 온 사람들에게 불경을 설하는데, 날씨가 너무 더워 모두들 갈증에 시달렸고, 석가모니 자신도 혀가 꼬여 말을 할 수가 없을 지경이었다. 이에 일곱 동자를 마을로 내려 보내 물을 길어오도록 하였으나, 마을의 우물들조차 말라버린 지 이미 오래였다. 석가모니는 불가피하게 법력을 쓸 수밖에 없게 되자 지팡이를 들어 자신의 족적이 새겨진 바위 옆을 내려찍으니 석자 깊이의 구멍이 생기면서 물이 쏟아져 나왔다.

그 일이 있은 후부터 동남아 일대의 불교신도들은 만페이롱탑을 참배하려 몰려들었으며, 돌아가는 길에는 호롱 박에 하나 가득 그 물을 받아갔다.

따멍롱(大勐龙)에는 이 백탑 외에도 흑탑(黑塔)이 있다. 백탑은 석가모니부처의 왼쪽 발이며, 자신들에게 기쁨을 가져다주고, 흑탑은 석가모니부처의 오른쪽 발로 자신들에게 재물복과 행운을 가져다 준다고 사람들은 여긴다.

만페이롱 불탑

중국과학원시쐉반나열대식물원
(中国科学院西双版纳热带植物园)

반나식물원 입구

사람들은 간략해서 반나식물원(版纳植物园)이라고 부른다. 1959년, 중국의 저명한 식물학자 차이씨타오(蔡希陶) 교수가 주관하여 만든 것으로, 중국에서 보존식물이 가장 많은 식물원이다.

반나식물원은 270만 평 규모이다. 열대우림(热带雨林)을 잘 보존하면서 1만 종류에 달하는 열대식물을 모아 관리하고 있다. 종려원(棕榈园), 용수원(榕树园), 용혈수원(龙血树园), 소철원(苏铁园), 민족문화식물구, 희귀멸종식물이식보호구 등 35개의 전문 구역으로 나뉘어 있다.

반나식물원은 중국농업과학원 소관으로 있으며, 보호생물학연구센터, 삼림생태계연구센터, 민족식물 및 자원식물연구센터, 야생희귀식물자료보존은행 등 여러 전문 연구기구로 조직되어 있으며, 250여 명의 인력이 일하고 있다.

반나식물원 약도

2부 권역별 명소_ 211

식물원 풍경

소철나무   용혈나무

용수   종려

시쐉반나다이족원(西双版纳傣族园)

다이족원은 시쐉반나의 간란빠(橄榄坝)에 자리 잡고 있다. 다이족(傣族)의 잘 보존된 5개 자연부락을 기반으로 하여 꾸민 관광지로서, 1999년에 일반인에게 공개되었다. 대문루 및 상가, 손님맞이 광장, 강변활동구, 푸오슈이광장, 다이족민가, 만송만고불사 등의 경점이 있다.

만송만고불사

다이족원 문루와 상가

4면불

다이족민가 내부

다이족 민가

다이족민가 내부

푸오슈이 광장

즐거운 푸오슈이

익어가는 야자

과일 좌판

Close Up

시솽반나지누워샨짜이
(西双版纳基诺山寨)

지누워샨짜이는 징훙시 동쪽 28km되는 곳에 있다. 예쌍구(野象谷)와 반나식물원(版纳植物园)의 중간쯤인, 지누워향(基诺乡) 바푸오촌(巴坡村)에 자리 잡고 있으며, 이곳에 더불어 있는 40여 곳의 산채(山寨)에 1만 7,000여 명의 지누워족 사람들이 살고 있다. 지누워족은 그 인구수가 그리 많지 않은 중국의 소수민족이며, 대부분의 지누워족 사람들이 이곳에 모여살고 있다고 한다.

지누워산(基诺山)은 역사적으로도 유명한 중국의 6대 차산지·茶产地 중 한 곳이다. "지누워(基诺)"의 "지(基)"는 외삼촌을 의미하고, "누워(诺)"는 후손을 일컫는다. 따라서 "지누워(基诺)"는 "외삼촌의 후손이 사는 곳"이 되는 것이다.

지누워족의 창세시조는 "아무오야오뻬이(阿嫫腰北)"이다. 여기서 "아무오(阿嫫)"는 어머니를, "야오(腰)"는 넓은 땅을, "뻬이(北)"는 창조를 각각 의미하는데, 다음과 같은 이야기가 전해온다.

> 태고 적, 우주가 아직 제자리를 잡지 못하고 있을 때, 천하무적의 힘을 지닌 여신(女神)이 나타났다. 그녀는 오른손을 들어 하늘과 땅을 가르고, 왼손으로 땅을 주물러 산하(山河)를 만들었으며, 양손바닥으로 흙을 비벼 만물을 만들었다. 그렇게 만들어진 만물들이 한시도 쉬지 않고 서로 다투고 해침으로써 세상이 몹시 어지러워지매 여신은 7개의 태양을 띄워 식물들을 타 죽게 하고, 홍수를 일으켜 동물들을 물에 빠져죽게 하는 한편, 큰 북을 만들어 그 속에 마헤이(玛黑)와 마뉴유(玛妞) 남매를 태워 떠내려 보냈다. 이들 남매가 거친 물에 휩쓸려 떠내려가다가 닿은 곳이 지누워샨(基诺山)이고, 이곳에서 남매는 부부가 되어 자손들을 퍼뜨리니, 그들을 일러 지누워족(基诺族)이라고 하였다.

푸르른 숲 속의 산채 입구에는 지누워족의 열정을 상징하는 대고문(大鼓门)이 있고, 창조여신 아무오야오뻬이(阿嫫腰北)의 산세 따라 비스듬히 누운 상반의 나상(裸像)은 모성이 짙게 배어 있다. 쭈워바팡(桌巴房)의 5근신주(五根神拄)는 신성한 권위를 상징하고, 따공팡(大公房)과 챵팡(长房)에는 지누워족 사람들의 생활풍습이 보전되어오고 있다. 이들이 추는 대고무(大鼓舞) 춤에서는 원시종교의 풍치가 짙게 배어있다.

아무오야오뻬이.

2부 권역별 명소_ **215**

대구문

아무오야오뻬이

대고무

지누워 여인

따공팡 내부

지누워가정의 내부

따공팡

시솽반나만팅공원
(西双版纳曼听公园)

만팅공원은 옛 다이국(傣国)의 왕실화원으로 징훙(景洪) 시가지 남부에 자리 잡고 있다. 2만 4,000평 넓이의 만팅공원은 민족문화광장, 등나무과 식물구역, 열대난초구역, 방생호수, 불교문화구, 기념식수구, 차원(茶园) 등의 8개 경구(景区)로 나뉘어 있다.

반나식물원 입구

백탑

팔각정

총불사

만팅공원의 숲

화장실 외벽의 벽화

방생호수

제 10장

츄숑 이족자치주 楚雄彝族自治州

츄숑자치주 위치

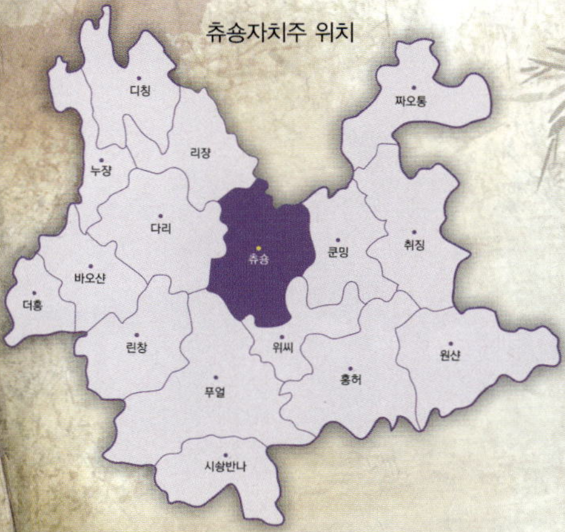

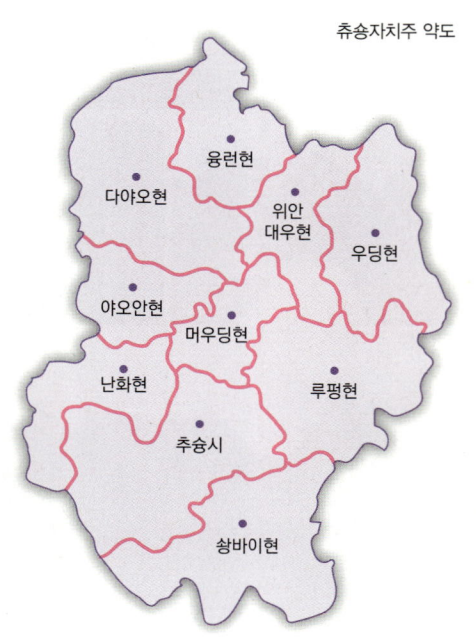

츄숑자치주 약도

1. 전체모습

츄숑이족자치주는 윈난성의 중부에 위치하며, 1시9현(一市九县)으로 편제되어 있다. 주 정부는 현급의 시인 츄숑에 소재하고 있으며, 성회(省会)인 쿤밍으로부터는 160km 떨어져 있다. 9현(九县)은 솽부오(双柏)·무딩(牟定)·야오안(姚安)·따야오(大姚)·용른(永仁)·위옌모우(元谋)·우딩(武定)·루펑(禄丰)의 현

(县)들이다. 이 고장은 츄숑(楚雄)보다는 위옌모우(元谋)라는 이름으로 더 잘 알려져 있다. 그것은 츄숑주(楚雄州)의 위옌모우현(元谋县)에서 발굴된 고인류화석(古人类化石)이 위옌모우인(元谋人)으로 명명되면서 중국의 역사교과서에 실렸기 때문이다. 츄숑을 "중국인류의 발상지"라고도 하는 연유이다.

츄숑이족자치주(楚雄彝族自治州)는 "천리이산(千里彝山)"이라고도 부른다. 이는 츄숑주(楚雄州)가 이족 사람들의 전통 복장으로 수놓아진 듯 화려하고 아름다운 고장이라는 데서 비롯된 말이다. 이족(彝族) 사람들은 매년 정월 보름날이면 "싸이쫭지에(赛装节)"라고 해서 "옷 잘 입기 경연대회"를 벌여왔는데, 이와 관련하여 다음과 같은 이야기가 전해온다.

그 옛날, 츄숑주의 북부, 진샤쟝 강변의 쩌쥐(直苴)라는 곳은 산수가 수려하고, 토지가 비옥하며, 짐승이 떼 지어 평화롭게 노닐던 곳이었다. 이제까지 사람의 발걸음이 없었던 이곳에 이족 사냥꾼인 챠오리누워(朝里诺) 두 형제가 사냥을 하러 왔다가, 그 환경에 도취되어 이런저런 생각을 하게 되었다. 형인 챠오리누워는 이런 곳에서 농사를 짓고 살면, 먹고 살 걱정은 안 해도 되겠다는 생각을 하며 연못의 물을 떠 마시려 허리를 굽히는데, 메고 있던 화살 통에서 눈부시게 반짝이는 곡식 씨앗 세 알이 떨어졌다. 이를 보고 있던 동생 사냥꾼 챠오라누워가 이는 필시 이곳에 씨앗을 뿌리고 자리를 잡으라는 하늘의 계시라고 생각하며, 그 씨앗을 물이 자작자작한 습지에 잘 심었다.

그 씨앗은 날이 지남에 싹이 트고, 달이 감에 열매를 맺었다. 두 형제는 이듬해 봄에도 씨앗을 뿌렸고, 해가 감에 소출도 늘어났으며, 소문을 들은 사람들이 몰려와 마을을 이루게 되었다. 마을이 번창하자 사람들은 그 모든 것이 사냥꾼 형제의 공덕이라 칭송하며, 그들을 마을의 촌장으로 추대하는 한편, 결혼하여 가정을 꾸릴 것을 권하였다. 이에 형제는 그리 하기로 하고, 배필로서는 착한 마음씨에 총명하며 길쌈 솜씨가 출중한 아가씨를 맞겠다고 하였다.

평소에 사냥꾼 형제를 흠모하던 마을의 아가씨들은 야간에조차 횃불을 밝혀놓고 마(麻)를 삶아 실을 뽑고, 천을 짜서 온갖 색상의 물을 들이며, 옷을 지어 수를 놓았다. 수를 놓음에 있어서도 사냥꾼 형제가 좋아하는 풀·나무·돌·벌레·새·꽃 등을 소재로 하였으며, 그 솜씨들이 하도 좋아 마치 실물들을 옷에 옮겨놓은 듯 하였다. 그렇게 하여 마을 촌장이 된 사냥꾼 형제들은 아내를 맞았고, 사람들은 이 날을 기념하여 매년 정월 보름이 되면 "옷 잘해 입기" 경연을 벌였다. 이 경연을 통해 이족의 전통의상은 꾸준히 발전하여 오늘에 이르고 있는데, 계관모(鸡冠帽)·마영화(马缨花)·금계복(锦鸡服)·호문마갑(虎纹马甲)·호두혜(虎头鞋)·석류화(石榴花)·위요(围腰) 등 그 종류

> 도 다양하다. 그 모양새도 성별과 연령에 따라 달랐으며, 평상복과 예복 등과 같이 용도
> 에 따라 그 기능을 달리 하였다.

2. 지리와 기후

츄숑주(楚雄州)는 진중고원(滇中高原)에 위치하며, 전체적으로 볼 때 윈난성의 한 복판에 자리 잡고 있다. 동쪽의 디앤치(滇池, 쿤밍시)호수와 서쪽의 얼하이(洱海, 다리자치주)호수 중간에 놓여있는 츄숑주(楚雄州)는 동쪽으로는 쿤밍시(昆明市)와, 남쪽으로는 위씨시(玉溪市)와, 서쪽으로는 다리빠이족자치주(大理白族自治州)와 각각 접해있다.

츄숑주는 북아열대동건하습계절풍기후구(北亚热带冬干夏湿季节风气候区)에 속한다. 기온의 일교차(日较差)가 크고, 기온의 연교차(年较差)는 비교적 크지 않다. 츄숑도 윈난의 대다수 지역과 마찬가지로 그렇게 추운 날과 그렇게 더운 날이 없으며, 건기(乾期)와 우기(雨期)가 분명하다. 우기는 5월 하순부터 10월에 걸치며, 연간 강수량의 80~90%가 이 시기에 내린다.

3. 역사

츄숑의 역사는 유구하다. BC4~5세기에 이미 청동기시대에 진입해 있었다. 츄숑의 완쟈바(万家坝)에서 동고(铜鼓)·편종(编钟)·청동농구(青铜农具)·병기(兵器) 등이 출토됐고(1975년), 그 중에서도 구리북인 동고는 세계적으로도 오래 된 것으로 평가된다. 1986년에 출토된 갖가지 청동기(青铜器)들은 춘추전국시대(春秋战国时代, BC770~BC221)의 유물인 것으로 고증되었으며, 이를 통해 이 지역이 이미 노예사회에 진입했고, 문화수준도 상당히 높았을 것으로 추정하고 있다.

이 지역의 이름에 "츄(楚, Chu, 초)"라는 글자가 쓰이기 시작한 것은 BC300~BC280년경으로 보고 있다. 기록에 의하면, 당시 초국인(楚国人) 쫭지(庄跻)라는 사람이 이곳 전(滇)을 점령하여 나라를 세우고, 그 이름을 츄(楚)라고 했다 했으며, 원(元, 1206~1368)나라 때 웨이츄현(威楚县)을 설치하고,

명(明, 1368~1644)나라 때 츄숑현(楚雄县)을 설치했다. 츄숑이 지급(地级) 행정구역으로 된 것은 1983년 9월의 일이다.

4. 인문

츄숑시(楚雄市)는 츄숑이족자치주(楚雄彝族自治州)의 수부(首府)이며, 녹성(鹿城)이라고도 부른다. 진중(滇中)지역의 거점도시로 츄숑자치주 전체인구 25만5,000명의 1/5정도가 츄숑시에 살고 있다. 츄숑이족자치주의 이족인구는 60여만 명으로 주 전체인구의 1/4 정도가 된다.

종교신앙

츄숑의 이족사람들은 원시종교를 신봉한다. 원시종교는 비무오(毕摩)라는 신분의 사람이 주관한다. 원시종교의 주된 내용은 자연숭배(自然崇拜)·토템숭배(图腾崇拜)·조상숭배(祖上崇拜)·영혼숭배(灵魂崇拜)이다. 이들의 토템은 호랑이이며, 지신(土主)을 독실하게 모신다. 웬만한 마을에는 모두 지신사당(土主庙)이 있으며, 각 가정도 뒤뜰에 지신신주가 있다. 지신(土主)에 대한 제사는 1년에 몇 차례 지내는데, 그 중에서도 음력 3월 28일의 것이 가장 크다.

비무오

비무오(毕摩)는 중국의 서남부 지역에 거주하는 이족(彝族)사람들의 종교의식(宗教仪式)을 주관하는 사람으로, 이족문화의 중심에 자리 잡고 있다. 이족(彝族)은 유구한 역사와 전통적인 문화를 지니고 있는, 중국 소수민족의 하나로 776만 명(2000년 현재)의 인구가 중국 전역에 흩어져 살고 있는데, 특히 쓰촨(四川)·윈난(云南)·꾸이죠우(贵州)·광시(广西) 등 중국의 서남부지역에 비교적 밀도가 높다.

이족 사람들은 자연신(自然神)·조상신(祖上神)·지신(地神, 土主)의 3신을 숭배하고, 3계관(三界观)·만물유령관(万物有灵观)·만물자웅관(万物雌雄观)의 삼관(三观)을 지니고 있다. 3계관의 3계는 천계(天界)·지계(地界)·지하계(地下界)를 함축한다. 이러한 신앙과 관념을 바탕으로 하는 이족 사람들의 정신활동과 그 결과물들을 총체적으로 일컬어 비무오문화(毕摩文化)라고 한다. 여기서 "비(毕)"는 이족언어로 경을 외우는 "념경(念经)"을, 그리고 "무오(摩)"는 지식과 덕망을 겸비한 연장자를 각각 의미한다. 총체적으로는 이족언어로 된 경전을 속속들이 알고 외움으로써 인간과 신(神) 간의 영적소통을 매개하는 존재인 것이다. 이족 사람들은 이 비무오가 제사와 굿을 통해 사람들이 갈구하는 안강(安康) · 오곡풍수(五谷丰收) · 6축흥황(六畜兴旺)의 염원을 신들에게 전하고, 신들은 이 비무오를 통해 그러한 염원이 실현되는 것으로 알았던 것이다.

비무오는 이렇듯 신권을 대행하는 존재로 인식돼왔고, 그렇게 인식하는 사람들의 기대에 부응하기 위해서 비무오가 되고자 하는 사람은 종교 · 철학 · 윤리 · 역사 · 천문 · 의약 · 농약 · 공예 · 예속 · 문자 등의 학문에 통달해야 했다. 비무오는 비무오를 배출한 집안끼리 혼인을 함으로써 자연스레 이족사회의 지배계층으로 자리 잡았다.

전통적으로 이족 사람들은 중요한 일에 맹세를 하고, 그 맹세를 지키는 것을 미덕으로 삼아왔는데, 그 맹세의 대상이 신이라는 차원에서 서약의식의 주관을 비무오가 했다. 뿐만 아니라 비무오는 예리한 관찰력과 폭넓은 지식으로 마을 사람들의 출생 · 상혼 · 질병 · 사냥 · 파종 등 일상사를 살피고 대처했다. 마을사람들에게는 비무오가 신통력이 넘치는 신권대행자였던 것이다.

가정경사

이족사람들의 대표적인 가정경사는 자녀들의 결혼과 집안 노인의 생일이다. 혼인을 앞둔 예비신랑 · 신부의 집에서는 힘을 모아 새집을 짓고, 길일을 잡아 식을 올린다. 식을 올리기 3일 전부터는 신혼집에 불을 지펴 파충류와 벌레들을 쫓아낸다. 식을 올린 신랑 · 신부가 신혼집으로 향할 때는 횃불 두 자루가 앞장서서 길을 안내하며, 집에 다다르면 기다리고 있던 마을의 연장자가 덕담을 하면서 대문을 열어준다. 대문이 열리면, 신랑 · 신부가 들어가기 전에 먼저 네 사람이 차례대로 들어가는데, 첫 번째 사람은 땔감을, 두 번째 사람은 물을, 세 번째 사람은 양식을, 네 번째 사람은 고기와 돈을 각각 들고 들어간다. 신혼부부는 그날 저녁, 손님들에게 잔치를 열고 음식을 대접한다.

집안 노인의 생일잔치는 기본적으로 50세 이상의 남자들에 해당됐었다. 비무어(毕摩)의 주관 하에 지신사당(土主庙)에서 무병장수를 기원하는 의식이 행해지며, 이때 양과 수탉이 올려진다. 의식이 끝나면, 가솔들은 생일을 맞는 이에게 큰절을 올리며, 예물로 새 옷을 내 놓고, 장만한 음식을 마을 사람들과 더불어 나누어 먹는다.

예절

　이족사람들은 기본적으로 나이든 사람을 공경하고, 어린 아이들을 자상하게 보살핀다. 손님이 집에 들어오면 온 식구가 일어나 맞이하며, 술과 음식을 대접한다. 이족 사람들의 집을 손님으로 방문하면 통상 대문을 들어설 때 술 세 잔을 권해 받는다. 마시지 않을 경우 권주가를 부르는데, 그 가사가 사뭇 강압적인 데가 있다. 가사 중에 "그대가 좋아하든 좋아하지 아니하든 간에 마시어야 한다(管你喜欢不喜欢, 你都得喝)."는 문구가 있는 것이다. 그리고 손님이 떠날 때는 고별주를 내어 마시게 하고, 온 식구가 문박까지 나와 환송하며, 그 중 한 사람이 멀리까지 따라 나와 배웅한다.

　이족사람들에게는 엄격하게 지켜지는 가정규범이 있다. 집 안에 땅바닥을 화로모양으로 파서 불을 지피는 훠탕(火塘)이 있는데, 문을 들어서면서 훠탕의 뒤쪽으로 있는 자리는 가장의 자리이고, 문 쪽으로 있는 자리는 부녀자들의 자리이다. 나머지 식구들은 훠탕의 양쪽으로 나누어 앉는다. 혹여 손님들이 오고, 여흥이 벌어지더라도 서로의 자리는 지켜주며, 이를 어기는 것은 매우 버릇없는 것으로 여겨진다.

　식사 때가 되면, 가정주부가 음식을 고루 나누어 준다. 다만, 고기만은 가장이 나누어 주는데, 젖을 빨리는 여인에게는 2인분을 준다.

금기사항

　이족사람들에게는 금기사항이 많은 편이다. 츈지에(春节)·훠바지에(火把节)·리스지에(立私节) 때는 농사일을 하지 않는다. 남의 집에 들어가 함부로 노래를 부르거나 장난질하지 않으며, 문지방을 타고 앉거나 훠탕을 버릇없이 타고 넘지 않는다. 연장자의 이름을 함부로 부르지 않으며, 사람의 시신이 있는 곳으로 가축을 몰지 않는다. 솥을 거는 삼각대를 밟지 않으며, 저녁 무렵에는 청소를 하지 않는다. 이러한 금기사항들은 사람 사는 도리에 관한 것, 위계질서에 관한 것, 미신에 기초한 것들로 뭉뚱그려 볼 수 있다.

주거

　윈난 남부일대 이족사람들의 가옥은 지붕이 평평하다. 사람들은 이런 집을 가리켜 "투쨩팡(土掌房)"이라고 부른다. 투쨩팡은 그 벽이 흙벽돌로 쌓아지며, 지붕은 벽채에 서까래를 걸어 만든다. 서까래 위에 나무판을 깔고, 그 위에 짚을 펴며, 다시 그 위에 반죽한 진흙을 두텁게 깔아 굳히는 것이다. 투쨩팡은 경사지에 계단식으로 지어지며, 그렇게 해서 2층이 되고, 3층이 되기도 한다. 아래쪽 투쨩팡의 지붕이 위쪽 투쨩팡의 마당이 되는 것이다. 투쨩팡은 겨울에 훈훈하고, 여름엔 시원하며, 불이 날 염려가 없다. 수명 또한 길어 백년이 넘는 것도 있으며, 그래서 학자들은 투쨩팡을 일컬어 건축기술의 살아있는 화석이라고 한다.

투쨩팡

투쨩팡 지붕의 용도

명절

이족 사람들의 대표적인 명절로 후지에(虎节, 호절)와 휘빠지에(火把节, 화파절)를 꼽는다. 후지에는 음력 6월 24일이다. 그리고 축제는 일주일 정도 계속된다. 후지에(虎节)는 이족언어로 "루워마(罗马)"라고 하는데, 이는 "호랑이춤(虎舞)"을 의미한다. 이족사람들은 호랑이와 같은 용맹성을 추구하며, 어떠한 사악함에도 위축되지 않기를 소원한다. 사람들은 축제를 통해 마을의 평화와 가족의 안녕, 그리고 오곡과 가축의 풍년을 기원한다. 옛날 이족사람들이 밀림에서 지낼 때, 해를 많이 입히는 것이 이리·표범·구렁이들이었다. 사람들은 이들을 물리치는 수단의 하나로 사냥한 호랑이의 가죽을 벗겨 뒤집어쓰고 호랑이 행세를 하였는데, 오늘날의 호랑이춤은 거기에서 비롯된 것이라고 한다.

휘빠지에(火把节)는 음력 6월 24일부터 26일 사이에 열린다. 이족(彝族)·빠이족(白族)·나시족(纳西族)·하니족(哈尼族)·라후족(拉祜族)·푸미족(普米族) 등 여러 민족의 공통 명절이다. 민족이 다른 만큼, 축제의 내용도 다양하지만, 공통적인 것은 횃불을 밝히는 것이다. 휘빠지에(火把节)는 "싱후이지에(星

回节, 성회절)"라고도 한다. 이는 "하늘에 별이 총총한 섣달그믐(星回于天而除夕)"이라는 의미이다. 이족달력으로는 섣달그믐인 이때에 사람들은 밤하늘에 횃불과 모닥불을 밝혀 새해를 맞으면서 마을의 평호와 가정의 안녕, 그리고 풍년을 기원한다. 사람들은 축제기간 중에 투우, 경마, 가무 등 여러 오락을 하며 즐긴다.

5. 먹을거리

츄숑의 특별한 요리로 카오샤오쮸(烤小猪), 지쫑(鸡纵), 옌먼지(盐焖鸡), 니유간바(牛干巴) 등이 있다. 카오샤오쮸는 어린 새끼돼지를 밀봉한 토굴 속에서 은근히 구어 낸 것이다. 지쫑은 본초강목(本草纲目)에도 나오는 버섯으로 약간 풍건한 버섯을 유채기름에 튀겨 요리한 것이다. 지쫑은 옛날 황실에도 올려갔던, 이 고장의 별식이다. 옌먼지는 은근히 구운 소금구이 닭이고, 니유간바는 소금에 절여 바람에 말린 쇠고기이다. 음식을 주문할 때에는 사람 수에 비해 양이 지나치게 많아지지 않도록 음식점 종업원들과 상의하는 것이 좋다.

6. 볼거리

다음은 비교적 잘 알려진, 츄숑의 볼거리들을 모은 것이다. 그 중 주요 관광지의 분포를 보면 아래 그림과 같다.

(표) 윈난 츄숑이족자치주의 주요 볼거리

경 점	개 요	소재지
태양력문화원 (太阳历文化院)	이족 사람들이 그 옛날에 창안한 천문역법(天文历法)을 비롯하여 이족의 문화유산을 총집합시켜놓은 전시관임.	츄숑시
안탑 (雁塔)	명(明, 1368~1644)나라 초에 세워졌고, 청(淸, 1616~1911)나라 4대 황제 강희(康熙, 1661~1722)년간에 중스됨. 17m높이의 4면벽돌탑으로 7층의 처마가 달려있음.	츄숑시
대요백탑 (大姚白塔)	당(唐, 618~907)나라 말기에 세워졌고, 청(淸)나라 10대 황제 동치(同治, 1861~1875)년간에 중수됨. 18m팔각형의 벽돌탑으로 12층의 처마가 붙어 있음. 탑형이 중국에서도 보기 드물게 특별한 것으로 알려짐.	다야오현

경 점	개 요	소재지
위옌모우원인유지 (元谋猿人遗址)	구석기시대 유적지임. 170만 년 전의 것으로 추정되는 남성의 앞니 두 개의 화석이 발굴됨. 중국에서 가장 오래된 원인(猿人)의 화석임.	위옌 모우현
위옌모우토림 (元谋土林)	토림은 두부모처럼 솟아오른 지면의 연한부분이 빗물에 씻겨 내려가고 남아있는 흙기둥들임. 위옌모우토림이 토림의 전형(典型)인 것으로 평이나 있음.	위옌 모우현
사자산 (狮子山)	쿤밍의 서북쪽 88km 거리에 있으며, 주봉의 높이는 해발 2,452m임. 경내에는 고목이 하늘을 가리고, 온갖 산꽃들이 사시사철 만발해 있음. 명(明, 1368~1644)나라 때부터 이름난 관광명승지임.	우딩현
공룡박물관 (恐龙博物馆)	1991년에 개관됨. 츄슝자치현의 루펑현(禄丰县)은 공룡의 고향으로 불림. 이곳에서 발견된 공룡화석은 24속(属) 30여종(种)임. 세계적으로 가장 원시적이고, 가장 풍부하며, 가장 원형에 가까운 공룡의 화석으로 평가됨.	루펑현
라마고원화석지점 (腊玛古猿化石地点)	1980년에 라마고원(腊玛古猿)의 두개골 화석을 발견한 곳임. 인류의 원형(猿型)조상인 것으로 고고학자들은 추정하고 있음.	루펑현
헤이징구쩐 (黑井古镇)	옛날, 우물소금을 생산하던 고장임. 우물소금이라 함은 소금기가 있는 우물물을 졸여서 만든 소금을 말함.	루펑현
자계산 (紫溪山)	해발높이 2,000여m의 산으로, 송(宋, 960~1279)나라 이전부터 불교성지였음. 사원유적 68곳과 고승을 기리는 탑 21좌가 있음.	츄슝시
체육관 광장	시민들이 여가를 즐기는 공간임. 바둑을 두기도 하고, KK맥주를 마시며 환담을 하기도 함. KK는 Kunming Kiss의 머리글자를 딴 것이며, Kunming Kiss는 쿤밍맥주의 상표임.	츄슝시
츄슝박물관	지방민족 특색이 잘 살려진 건물에 서청(序厅)·고생물청·역사문물청·민족청·도화청·동식물표본청 등 7개의 전시청(展示厅)이 있음. 이족 사람들의 생활에 관심을 가지고 있는 여행자는 들려볼만한 곳임	츄슝시

위엔모우(元谋)

위엔모우는 츄숑이족자치주(楚雄彝族自治州)의 한 현(县)이다. 제주도만한 넓이(1,850km²)에 한(汉)·이(彝)·후이(回)·먀오(苗) 등의 민족 26만 명이 살고 있으며, 외지인에게 친절하다. 이곳에 위엔모우원인유적지(元谋猿人遗址)와 위엔모우토림(元谋土林)이 있다.

쿤밍에서 위엔모우로 가는 교통편으로는 자동차(汽车)와 기차(火车)가 있다. 자동차편은 192km의 거리에 차종에 따라 5~7시간 정도 소요되며, 기차편은 149km로 쾌속열차로는 4시간, 보통쾌속열차로는 5시간정도 소요된다.

위엔모우는 진샤쟝(金沙江)과 룽촨강(龙川江) 사이에 있다. 이곳의 연평균 기온은 21℃이지만, 열대초원기후로서 습기와 건기가 있고, 건기에는 무척 덥고 건조하다. 그러나 170만 년 전의 이곳은 기후가 온화하며, 삼림이 무성하여 동물들의 번식이 왕성했을 것으로 보고 있다.

① 위엔모우원인유적지(元谋猿人遗址)

위엔모우원인유적지는 위엔모우현 시가지에서 7km거리의 다나우촌(大那乌村)에 있다. 중국인의 가장 오래된 선조의 유골이 이곳에서 발견된 것은 1965년이다. 지질학자 치앤팡(钱方)·푸칭위(蒲庆余) 일행이 이곳의 제4기(第四纪) 지질(地质)을 탐사하면서 앞니 두개의 화석을 발견한 것이 그 시초였다. 그 앞니는 형태 면에서 북경원인(北京猿人)과 비슷하나 그보다는 굵고 단단했으며, 원시적인 성상이 더 뚜렷하였다.

> 지질에서 제4기(第四纪)라 함은 현세와 가장 가까운 지질시대로서 약 200만 년 전부터 현재까지를 말한다. 여기서 기(纪)는 지질시대의 구분단위이다. 이 제4기 지질시대에 마지막 빙하시대가 존재했고, 현재 지형의 대부분이 이시기에 조성됐으며, 인류가 등장하였다.

(표) 지질시대 구분

신생대		중생대			고생대
제4기	제3기	백악기	주라기	3첩기	
1만년~300만년	1,200만년~7,000만년	1억3,500만년 이전			2억7,000만년 전

중국과학원 고척추동물고인류연구소의 감정결과, 이곳에서 발견된 고인류의 생존연대는 160만~180만 년 전으로 북경원인(北京猿人)이나 남천인(蓝天人)보다도 훨씬 오래전의, 아시아

에서 가장 오래된 원시인류였다. 이곳 유적지에서는 7건의 석기가 출토되고, 지표에서도 10건의 석기가 채집된 바 있는데, 모두 깎아서 만든 마제석기였다. 또한 화석층에 섞여있는 많은 양의 숯과 불에 글린 동물의 뼈는 당시에 이미 불을 사용하고 있었음을 확인시켜준다. 위옌모우원인은 인류역사상 불을 사용한 최초의 인류였던 것이다. 위옌모우현에서는 위옌모우인전열관(元谋人展列馆)을 개관하여 이곳에서 발견된 유물들을 전시하고 있다.

위옌모우 전경

위옌모우인 박물관

위옌모우인 동상

② 위옌모우토림(元谋土林)

토림은 위옌모우의 절경 중의 절경으로 꼽힌다. 토림이란 멀리서 바라다 본 흙기둥이 마치 숲과 같다 해서 비롯된 명칭이다. 토림은 두부모처럼 솟아오른 지형에서 연한 지층이 오랜 세월에 걸쳐 빗물에 씻겨 내려가고, 보다 단단한 지맥이 나무기둥처럼 남아있는 지형이다. 당연한 결과로 토림은 분

생성된 토림

지 안에나 넓은 계곡에 있으며, 그 높이가 20m 내외인 것이 많고, 40m 이상인 것도 있다. 위엔모우의 토림은 중국 내에서 가장 전형적인 것으로 평가되며, 이곳에 많이 있는 토림 중에서도 후탸오탄토림(虎跳灘土林)이 유명하다.

후탸오탄토림은 위엔모우현 서북쪽 32km되는 곳의 우마오향(物茂乡, 물모향) 후시촌(虎溪村, 호계촌)에 있다. 우마오토림(物茂土林) 또는 쯔마토림(芝麻土林)으로도 불린다. 후탸오탄토림은 성보상(城堡狀)·병풍상(屏风狀)·발상(帘狀) 등의 모양의 것이 주를 이루며, 높이는 10~15m가 일반적이고, 27m에 이르는 것도 있다. 멀리서 보는 후탸오탄토림은 계곡 안에 종횡으로 놓여있고, 그 분위기는 퇴락한 성루같이 을씨년스럽다. 위엔모우현에서 우마오향까지는 버스를 타며(중형 5위안), 우마오향으로부터 토림까지는 3km이다. 걷거나 말을 탈수도 있고, 대절하는 차도 있다.

토림생성의 시초　　　　　　토림생성 진행　　　　　　자리잡은 토림

토림(土林) 관광을 할 때는 다음 사항을 유념한다.

- 매년 11월에서 이듬해 3월까지가 관광적기이다. 기후가 온난하고, 길이 질척거리지 않는다. 4~5월은 덥고 건조하다. 반면에 사진 찍기에는 좋다. 6~10월은 우기이다. 길에 물이 고이고, 진흙탕이 되어 많이 불편하다.
- 나침반을 휴대하는 것이 좋다. 토림 안에서는 자칫 길을 잃기 쉽다. 특히 쿼반토림과 랑바푸토림에는 사람이 없는 구역이 있는데, 이런 곳에는 혼자 들어가지 않도록 한다.
- 흙기둥에는 가급적 오르지 않도록 한다. 올라가 보고 싶을 때는 경사가 완만하고, 관목이 있는 곳을 택하도록 한다.
- 토림관람은 아침 무렵과 저녁 무렵에 나서는 것이 좋다. 한낮은 덥고 건조하다.
- 목이 긴 신발을 신는다. 목이 낮으면 모래 따위가 신발 속으로 들어와 불편하고, 신경이 쓰인다.
- 음료수와 간식거리를 준비한다. 토림에서는 돈이 있어도 음료수와 먹을거리를 사기 어렵다. 물건이 넉넉한 위엔모우에서 챙기도록 한다.

헤이징(黑井)

　　헤이징은 윈난성의 3대 문화고장(文化名镇) 중 하나로 루펑현(禄丰县) 서북부의 옥벽산(玉碧山) 아래에 자리 잡고 있다. 헤이징은 쿤밍(昆明)-청두(成都) 간의 성곤선 철도역 중 하나이며, 쿤밍(昆明)-판쯔화(攀枝花) 간을 운행하는 보통쾌속열차가 이곳에 정거한다. 버스를 이용할 경우 "쿤밍-루펑, 루펑-헤이징"으로 환승, 연결된다. 츄슝에서부터 헤이징 간은 174km로 버스가 운행된다.

　　헤이징은 흙탕물의 롱촨강(龙川江)을 사이에 둔, 강우(江右)거리와 강좌(江左)거리로 이루어진 마을이다. 지금은 퇴락한 모습이고, 거리에 서면 격세지감의 괴괴한 느낌을 주는 고장이지만, 예전에는 원근에 그 이름이 쟁쟁했던 소금 생산지였다. 이런 이야기가 전해온다.

헤이징 전경

헤이징 성문

헤이징 표지물

옛날에 한 여인이 검은 색의 건장한 소 한 마리를 키우고 있었는데, 이 소가 걸핏하면 어디론가 갔다가 한참 만에 오곤 하였다. 이를 이상하게 여긴 여인은 그 소를 뒤따라가 보았는데, 그 소가 한 웅덩이에 이르러서 아주 맛있게 물을 마시고 되돌아서는 것이었다. 그 여인도 뒤따라가 소가 먹은 물의 맛을 보는데, 물맛이 짜디짰다. 누에콩알을 띄워도 가라앉지 않았다. 소금의 농도가 아주 높은, 양질의 소금물이었던 것이다. 여인은 그 우물물을 길어다가 솥에 졸여보았다. 백옥같이 흰 소금이 들어났다.

이런 일이 있고부터 사람들은 너도나도 그 웅덩이의 물을 길어다가 소금을 생산했고, 이 소금이 팔려나가면서 이 마을도 알려지기 시작했는데, 원근에서 이 마을을 일러 헤이뉴징(黑牛井)이라 했다. 흑소(黑牛)가 안내한 우물이 있는 고장이라는 의미였던 것이다. 세월이 흐르면서 사람들은 부르기 좋게, 그 이름에서 소 "우(牛)" 자를 빼고 그냥 헤이징(黑井)이라 했다. 소금은 국가의 중요한 자원의 하나였기에 헤이징은 그 양질의 소금을 바탕으로 부를 쌓은 고장이 되었으며, 명(明)·청(淸)시대에는 이곳에서 내는 세금이 전체 윈난성 세금의 절반이 넘었다고 한다.

헤이징의 흑우상

헤이징, 이곳의 소금은 그 모태가 암염(岩盐)이다. 중원이나 연해지구의 사람들이 먹는 소금과는 그 원천이 다르다. "화투이(火腿)"는 전국적으로 이름이 나있는 윈난산 햄인데, 원료 돼지고기를 소금에 절일 때, 그 소금이 헤이징 것이 아니면 제 맛이 안난다고 한다. 이곳 거리의 정적에 귀를 기우리다보면 그 옛날의 끊임없이 드나들던 마차소리가 들리는 것 같다. 체험해 볼만한 분위기이다. 헤이징의 볼거리로 절효총방(节孝总坊), 무가대원(武家大院), 비래사(飞来寺), 문묘(文庙), 염정(盐井) 등이 있다.

① 절효총방(节孝总坊)

통상 "정절패방(贞节牌坊)"이라고 부른다. 이 정절패방은 청나라 11대 황제 광서(光绪, 1875~1908)가 이 고장의 홀로된 여인 78명이 개가하지 않고, 먼저 간 남편을 받든 충절을 칭송하여 하사한 것이라고 한다. 패방은 그 화려하기가 장관이다. 패방의 위쪽 중앙에는 황제가 하사했다는 증표로 "옥새정표(玉玺旌表)" 네 글자가 새겨져 있고, 돌기둥에는 78위(位) 여인들의 생전 공덕이 쓰여 있다. 또한 패방 양쪽의 처마를 장식하기 위해 새겨놓은 조각은 봉황이 용을 짓누르고 있는 형상을 하고 있는데, 이는 당시 수렴청정을 하던 자희태후(일명 서태후)와 황제의 관계를 나태 낸 것으로 보고 있다.

절효총방

무가대원

② 무가대원(武家大院)

이 고장의 무씨(武氏)성 집안은 부자에다가 권세도 있었다. 무가대원에는 그러한 부와 권세가 잘 표현돼있다. 이 무가대원은 청(清)나라 9대 황제 함풍(咸丰, 1850~1861)년간에 지어진 것으로, 99칸의 규모이며, 집안의 곳곳에 나있는 쪽문을 통해 4통8달하였다.

무가대원은 그 처마가 맵시 있게 살짝 들어올려진 데다가 기둥과 대들보들은 채화로 단장돼 있는 등 헤이징 지역의 민간건축 특색을 많이 담고 있다. 무가원은 "왕(王)"자 구도로 건물들이 배치되어 있다. 사람들은 이에 대해 무씨 집안사람들이 내면적으로 군왕이 되려는 야망이 표출된 것으로 보기도 한다. 또 하나 특이한 것은 지붕의 기왓장 하나하나에 "서상기(西厢记)"라는 글자가 도안되어 있는데, 그 의미가 무엇인지에 대하여 설이 많다. "상(厢)"은 사랑채를 의미하는 글자이다.

③ 비래사(飞来寺)

헤이징이 한창 번창했을 때는 이곳에 4,50자리의 사찰과 사당이 있었으며, 사람들은 헤이징의 소금생산을 돌봐주는 신룡(神龙)을 경배하였다. 축제일에는 쿤밍에서부터 참배행렬이 줄을 이었다. 헤이징의 퇴락과 더불어 그 좋았던 시절도 흘러갔지만, 그나마도 문화혁명 때 모두 파괴되고, 지금은 비래사(飞来寺)만이 외롭게 이곳을 지키고 있다.

④ 문묘(文庙)

문묘는 공자 사당이다. 문묘는 헤이징의 동부에 있으며, 무가대원에서 그리 멀지 않

헤이징 문묘

다. 유가(儒家)의 학설과 중원(中原)의 문화가 이 오지에까지 영향을 미친 것이다. 이곳 출신의 문인학사(文人学士)와 진사(进士) 및 거인(举人)이 많았다. 진사는 옛날 황제가 있는 궁궐에서의 과거시험에 합격한 선비이고, 거인은 명(明)·청(清)시대에 지방의 향시에서 합격한 선비이다. 지금은 학교로 개축, 활용되고 있으며, 학교 뒤쪽에 옛 공묘사당이 보전되어 있다.

⑤ 염정(盐井)

소금을 만들기 위해 소금물을 퍼 올리던 우물을 일컫는다. 지금은 모두 폐기되고, 이곳의 "천은정(天恩井)"만이 그 흔적으로 남아있다. 철책으로 둘려진 천은정은 아무것도 들여다보이지 않지만, 그래도 한번쯤은 들려보는 것이 좋을 것이다.

염정

소금물을 나르는 인부조각상

소금을 나르는 모습

제 11 장

쿤밍시
昆明市

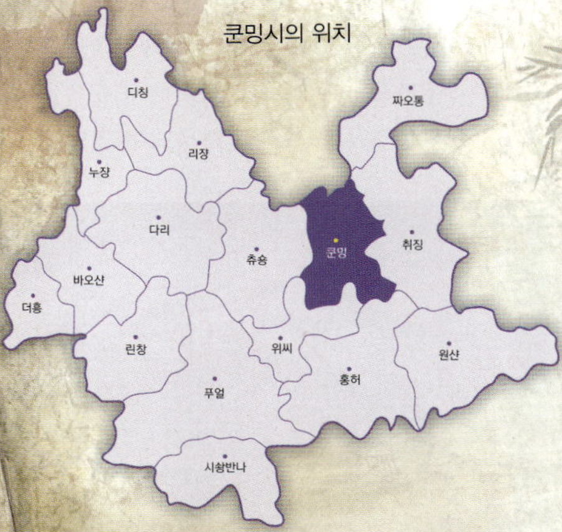

1. 전체모습

쿤밍은 윈난성의 성회이며, 국가급의 역사문화 도시이자 동남아시아와 남아시아로 향하는 거점도시 이다. 쓰촨성의 성회인 청두(成都), 직할시인 총칭(重庆), 샤안시성의 성회인 씨안(西安) 등과 더불어 중국 서북지역의 4대 도시로 꼽히는 쿤밍은 해발 1,890m높이에 있으며, 21,473km² 의 면적(제주도의 12배)에 720만 인구가 살고 있다. 쿤밍시가지만을 놓고 볼 때는 330km²에 320만 인구이다.

쿤밍시 약도

쿤밍 인구의 87%가 한족(汉族)이다. 행정상으로는 판롱구(盘龙区)·우화구(五华区)·관두구(官渡区)·시산구(西山区)·동촨구(东川区)·안닝시(安宁市)·청공현(呈贡县)·진닝현(晋宁县)·푸민현(富民县)·이량현(宜良县)·쑹밍현(嵩明县)·쉬린이족자치현(石林彝族自治县)·루취앤이족자치현(禄劝彝族自治县)·쉰디앤회족이족자치현(寻甸回族彝族自治县) 등 5구1시5현3자치현(五区一市五县三自治县)으로 편제되어 있다.

쿤밍의 역사는 유구하고, 고적이 많아 전국적으로도 꼽히는 역사문화도시이다. 이곳은 토지가 비옥하여 아주 오랜 옛날부터 인류가 살아온 흔적이 있다. 청공현(呈贡县)의 롱탄샨(龙潭山)에서는 3만 년 전 구석기시대 고인류(古人类)의 두개골화석과 석기 및 불을 사용한 흔적이 연이어 발견되고 있다. 쿤밍의 디앤치(滇池)호수 주위에서는 신석기시대에 이곳에 이미 사람들이 살았던 흔적이 있으며, 전국(战国,BC475~BC221)에서부터 서한(西汉,BC202~AD8)에 이르기까지의 수백 년 동안 디앤치호수 주변에 살던 사람들은 찬란한 청동기문화를 꽃피웠다.

BC3세기경 초(楚)나라 장수 쫭쟈오(庄跷)가 군사를 이끌고 이곳으로 와 디앤치호수 변두리에 성을 쌓으니, 이것이 역사상 첫 번째의 쿤밍성(昆明城)이다. AD983년, 두안씨(段氏)가 윈난의 서부지역에 다리국(大理国)을 세우고, 윈난지역에 8부4군(八府四郡)을 설치하면서 쿤밍을 샨찬성(鄯阐城, 선천성)이라고 하였다. AD1253년에는 원(元, 1206~1368)나라의 세조(世祖, 1260~1294) 홀필렬(忽必烈)이 군사를 이끌고 남하하여 다리국(大理国)을 멸하고, 이곳에 쿤밍천호소(昆明千户所)를 설치하는데, 이로써 쿤밍(昆明)이라는 지명이 생겨난 것이다. 원(元)나라는 1276년부터 이곳에 조정의 관리를 파견하기 시작하며, 행정의 중심도 다리(大理)에서 쿤밍(昆明)으로 옮김과 아울러 쿤밍성을 대대적으로 확충한다. 쿤밍성의 확

쿤밍고성표지석(민족촌 내)

충은 청(清, 1616~1911)나라 때까지 이어지며, 당시의 기록으로는 성 안에 150여 갈래의 도로와 400여개의 골목이 있었다. 세계적인 여행가 마르코폴로는 쿤밍을 "장엄하고 아름다운 도시(壯麗的大城市)"로 기록하고 있다.

쿤밍은 지리적으로 외진 곳에 있지만, 시대정신을 앞장서서 구현해온, 깨어 있는 고장이다. 청나라가 멸망하고 난 후 1915년에 원세개(袁世凱)가 나라를 세워 황제를 칭하려하자, 장군 차이어(蔡鍔, 채악)가 이곳에서 반기를 들어 이를 저지하였으며, 일본과의 전쟁 중에는 항일의 본거지이기도 했다. 일본이 패망한 후, 1945년 8월부터 1949년 9월까지에 있었던, 마오쩌뚱(毛泽东)의 공산당과 짱지에스(蔣介石)의 국민당 간 전쟁(중국역사에서는 해방전쟁 또는 제3차 국내혁명전쟁이라 함) 기간 중에는 "전국민주운동중심"의 쿤밍청년들 주동으로 12·1 애국학생운동을 전개하여 해방전쟁에의 "전국인민동원"에 앞장서기도 했다.

쿤밍 야경

쿤밍 전경

중국 인민해방전쟁에서 마오쩌뚱의 공산당이 승리하고, 중화인민공화국이 성립(1949. 10. 1.)되고부터는 기록에 남는 훌륭한 교육자들이 이 지방에서 배출되어 피폐한 중국을 부흥하는데 앞장섰다.

유구한 역사를 돌이켜볼 때 쿤밍은 풍운의 도시이자 풍물(风物)과 풍속(风

俗)에 관한 전설과 고사도 많은, 정감과 매력이 있는 도시이기도 하다.

2. 지리와 기후

쿤밍은 운귀고원(云贵高原)의 중부에 위치한 아름다운 도시로 4계절이 모두 봄 같이 온화하다.

쿤밍은 헝두안(橫斷)산맥과 디앤뚱(滇东)고원 사이의 분지에 들어 있으며, 위도 상으로는 타이베이(台北)와 같은 북위 25도 선상에 있다. 쿤밍은 겨울이라 해도 그리 추운 날이 없고, 여름이라 해서 그렇게 더운 날씨가 있는 것도 아니다. 그래서 사람들은 말하기를 "쿤밍의 날씨는 항상 봄 같고, 사시사철 꽃 없는 때가 없다."고 한다. 이러한 날씨로 해서 쿤밍은 전 세계적으로 피한지이자 피서지이기도 한 도시로 이름이 나 있다.

쿤밍의 이러한 기후는 지리적 여건에서 비롯된다. 쿤밍은 그 서(西)·북(北)·동(东)쪽이 높은 산들에 가려져 있고, 남쪽으로는 디앤치(滇池)호수가 250km밖까지 뻗쳐있다. 때문에 겨울에는 북방에서 몰려 내려오는 한파가 차단되고, 여름에는 인도의 북부와 뱅골만으로부터 올라오는 온난기류가 들어온다. 이 온난기류의 영향으로 여름철 기온이 30℃가까이 되면 쿤밍의 디앤치(滇池), 양쫑하이(阳宗海), 푸시앤후(抚仙湖) 등 호수의 수분 증발량이 많아지면서 구름이 끼고 비가 내린다. 그리고 그 영향으로 기온이 5~6℃ 내려간다. 이렇게 해서 쿤밍의 봄 같은 4계절이 있게 되는 것이다. 쿤밍의 가장 덥다는 7월 평균기온이 19℃이고, 가장 춥다는 1월의 평균기온이 7.8℃이며, 년 평균기온은 15.1℃이다. 쿤밍에도 겨울에 어쩌다가 눈이 올 때가 있는데, 이는 시베리아에서 강하게 발달한 한랭기류가 첩첩의 산을 타고 넘은 결과이며, 그리 오래 지속되지는 않는다.

한편, 쿤밍은 해발고도가 높기 때문에 밤에는 바람이 많이 불고, 낮에 비해 기온이 10℃정도 낮아진다. 또한 한여름 대낮이라 하더라도 비가 내릴라치면 기온이 뚝 떨어져 겨울날씨에 버금가게 추어진다. 많은 사람들이 쿤밍의 4계절이 봄 같다는 것은 알고 있으나, 비 내리는 날은 겨울 못지않게 쌀쌀하다는 것을 아는 사람들은 그리 많지 않다. 쿤밍을 여행할 때는 이런 점도 잊지 말고, 두꺼운 옷을 함께 준비하도록 한다. 다음은 쿤밍의 기온과 강우량을 정리한 것이다.

(표) 쿤밍의 월별 기온과 강수량

(기온 : ℃, 강수량 : mm)

월 별	평균기온	최고기온	최저기온	강수량
1	8.1	15.3	2.2	16
2	9.9	17.2	3.6	16
3	13.2	20.7	6.4	20
4	16.6	23.8	10.0	24
5	19.0	24.4	14.3	97
6	19.9	24.1	16.6	181
7	19.8	23.9	16.9	202
8	19.4	24.1	16.2	204
9	17.8	22.7	14.6	119
10	15.4	20.4	11.8	97
11	11.6	17.4	7.3	42
12	8.2	15.1	3.1	11

주) 최고기온과 최저기온은 월간 평균온도임.

3. 인문

쿤밍은 운귀고원(云贵高原)의 중부에 위치한 아름다운 도시이다. 4계절이 모두 봄 같이 온화하여 "춘성(春城)"이라고도 불린다.

쿤밍 사람들에게는 딱히 무어라 찍어 말할 수 없는 정서가 있다. 그들은 고향에 대한 집착이 강해서 좀체 고향 떠날 생각을 하지 않으며, 그들은 자신들의 그러한 성향에 자부심을 갖고 있다. 쿤밍에는 이제까지 역사적으로 기록될 만한, 이름 있는 전장(战场)이 없으며, 전국적으로 꼽힐만한 규모의 궁전도 없다. 쿤밍에 흔한 것은 이름 하나 반반하게 내세울 게 없는 소시민들, 숙녀들, 아주머니들, 전족을 한 작은 발의 할머니들, 물 담뱃대를 안고 길가에 쭈그리고 앉아있는 남자들, 군침을 돌게 하는 주전부리 감들이다.

옛날, 쿤밍의 이 머나먼 고원에서는 황제라는 것은 아득하기만 한 꿈속의 존재였기에 멀리 중원에서 세력다툼을 하고, 왕조가 바뀌며, 황제가 대물림 하는 것 따위에는 관심조차 없었으리라. 이곳 사람들의 관심사는 오직 사는 것, 배불리 먹는 것이었기에 양지바른 곳에 앉아 차를 마시며 허풍 떨며 이야기 하는 것을 낙으로 삼았을만도 하다.

쿤밍의 생활리듬은 완만하다. 쿤밍의 방언에 "요우요우느(悠悠呢)."라는 말이 있다. 쿤밍사람들의 정서인 "유한(悠闲)"과 "유연(悠然)"을 한마디 말로 잘 나타낸 것으로 "여유를 가지고 천천히 하다."라는 의미이다. 이러한 고장 이기에 출세의 야망을 품고 있는 사람들의 눈에는 쿤밍이 무기력한 도시, 성공할 기회가 없는 도시로 보일 수도 있겠지만, 평범한 생활에 만족하고 즐기는 사람에게는 이 세상에 다시없는 천당인 것이다. 디앤치(滇池)호숫가 대관루(大观楼)에 이런 글이 있다. 쿤밍 사람들의 정서를 대변하는 글이 아닌가 싶다.

莫辜负, 四围香稻, 万顷晴沙, 三春杨柳, 九夏芙蓉°
주위에 자라고 있는 곡식들, 드넓게 펼쳐진 물가의 깨끗한 모래밭, 춘삼월 버드나무, 한여름의 청초한 연꽃, 이것들을 하찮게 보지 말라.

4. "이커인(一颗印), 남방특색의 4합원(四合院)

4합원은 중국의 전통가옥 양식으로, 정원을 가운데에 두고 사면에 건물을 앉힌 것이다. 북쪽 변에 정방(正房)이 있고, 동·서 양변에 곁방(厢房)이 있으며, 그리고 길에 접한 남쪽 면에 도좌(倒座 사랑채)가 있는 형식이다. 그런데 남방의 4합원을 "이커인(一颗印)"이란 이름으로 부르는 데는 그 나름의 특색이 있어서이다.

얼마 전까지만 하더라도 쿤밍의 옛 성에 가면 삐거덕 소리를 내며 열리는 대문의 이커인(一颗印)들이 꽤 많았다. 윈난토착의 소수민족들이 그들만의 이채로운 방식으로 지은 이 이커인(一颗印)은 윈난의 지리와 기후, 그리고 사회여건에 잘 적응될 수 있도록 창안된 것으로, 그 전체적인 모양이 하나의 인장(印章) 같다고 해서 그렇게 불리는 것이다.

이커인 　　　　　　　　　　　　　　　　이커인 부락

　이커인(一颗印)의 북쪽 변에 지어지는 정방(正房)은 세 칸이고, 집안의 윗사람이 기거한다. 좌우 곁방은 두 칸씩으로 가족들이 기거하고, 도좌에는 더 아랫사람들이 산다. 곁방 아래층은 주방과 더불어 가축의 우리들이 있고, 정방의 위층에는 일반적으로 불상과 조상의 위패가 진설된다. 북방의 4합원에 비하여는 공간이 협소한 편이다. 원형의 이커인도 있다.

5. 관광자원

　쿤밍은 중국 국무원이 1차로 공포한 24개 역사문화명성 중 하나이다. 국가급·성급·시급·현(구)급 문물보호대상이 200여개가 된다. 롱탄샨(龙潭山)에 있는 3만 년 전의 "쿤밍인 유지(昆明人遺址)", 이천 년 전의 "전왕의 인장(滇王之印)", 고당(古幢, 幢은 불교의 경문을 새긴 돌기둥을 말함), 대관루장련(大观楼长联), 육군강무당유지(陆军讲武堂遺址) 등은 쿤밍의 역사문화가 얼마나 유구하고, 두터운지를 잘 말해준다.

6. 교통

항공편

　쿤밍의 우쟈바지챵(巫家坝机场) 공항을 모항(母港)으로 하는 중국원난항공공사(中国云南航空公司)가 국내선과 국제선에 비행기를 띄우고 있으며, 외국의 항공기도 우쟈바지챵에 취항하고 있다. 시내 중심에서 공항까지는 남쪽으로 5km 거리이며, 택시로 20분 정도 걸린다.

열차

쿤밍시에는 기차역이 두 군데에 있다. 하나는 쿤밍시 북부의 베이훠쳐짠(北火车站)으로, 이곳에서는 남쪽 국경지대의 도시인 허코우(河口)행 열차가 출발한다. 월남으로 들어가는 국제선 열차이기도 하다. 다른 하나는 쿤밍훠쳐짠(昆明火车站)으로, 윈난성 밖으로 나가는 열차와 성 내의 다른 도시로 가는 열차가 이곳에서 출발한다(2009년 현재, 1일 40편).

시외버스와 시내버스

윈난성에는 8개의 국도노선이 있는데, 그 중 4개 노선이 쿤밍을 경유한다. 108번국도, 213번국도, 320번국도, 324번국도가 그것이다. 이들 국도는 전성(全省)의 주요 관광지에 닿으며, 성(省) 밖의 다른 지역으로 연결된다. 시외버스 터미널은 쿤밍시가지의 동(东)·서(西)·남(南)·북(北) 쪽 교외에 한 곳씩 있으며, 시외버스에서 내리면 시내 각처로 향하는 시내버스 터미널이 맞붙어 있다.

쿤밍의 버스는 종점기준으로 아침 6시에 운행을 시작하고, 저녁 10시에 운행을 마감한다. 요금은 기본이 1위안이고, 기본 거리를 넘어가면 1위안이 추가된다.

택시

택시는 대형택시와 소형택시로 구분되고, 요금체계에 차이가 있다. 대형택시는 3km까지의 기본요금이 8위안이고, 추가 km당 1.8위안인데 비해 소형택시는 기본 7위안에 추가 2.4위안이다. 밤 10시 이후에는 요금이 할증된다. 대형은 기본 9.6위안에 추가 2.7위안이고, 소형은 9.6위안에 추가 2.4위안이다.

7. 숙박

쿤밍은 윈난성의 정치 경제 사회 문화의 중심지이다. 그러한 위상에 걸맞게 윈난의 숙박시설은 각자의 경제형편에 맞춰 이용할 수 있도록 다양화되어 있다. 성급(星级) 호텔, 빈관(宾馆), 초대소(招待所), 민간여관(民间旅馆) 등으로 나눠볼 수 있는데, 성급호텔은 1일 숙박료가 기백 위안을 넘고, 일반 초대소의 표준방인 경우 150위안 수준이다. 여러 명이 공동으로 숙박하는 경우 50위안을 기준삼아 보면 된다.

배낭여행 차 쿤밍에 왔다면 가볼만한 곳으로 ❶ 윈난대학 국제학술교류중심의 유학생동, ❷ 국제청년려사(国际青年旅舍), ❸ 위엔빠이메이시이지챵(原白玫洗衣机厂)이 있다. 윈난대학의 국제학술교류중심은 외국인의 숙박편의를 위해 마련된 시설로서 여유시설을 여행자에게 제공하고 있다. 국제청년여사는 쩡시에빈관(政协宾馆, 昆明市 翠湖南路 94号, 0871-5167131) 구내에 있으며, 세계 여러 나라의 배낭여행자들이 들려간다. 위엔빠이메이도 잘 알려진 배낭여행자들의 숙소이며, 이곳 경영자는 윈난성의 구석구석을 잘 아는 사람으로 도움이 되는 여행정보를 제공해 주고 있다. 이곳에서 마음이 통하는 사람들끼리 동아리가 되어 여행을 하는 것도 여러모로 도움이 될 것이다.

8. 먹을거리

지난 날, 쿤밍에는 먹을거리가 이루 세어 넘길 수없을 정도로 많았다고 한다. 타이핑까오(太平糕)나 량까오(凉糕)처럼 까오(糕, 쌀가루나 밀가루 따위에 다른 재료를 섞어서 찐 떡)가 붙는 떡류라든지, 위미바바(玉米粑粑)나 마이바바(麦粑粑)처럼 바바(粑粑)가 붙는 떡류도 있었다. 딩딩탕(丁丁糖)과 같이 탕(糖)자가 붙는 사탕들도 있고, 챠오송즈(炒松子, 볶은 잣)나 먼송즈(焖松子, 삶은 잣)처럼 여러 먹을 수 있는 재료들을 갖가지 방식으로 맛을 내는 먹을거리들을 다양하게 쏟아내었다. 하지만 오늘날에는 그간의 세월과 더불어 많이 사라지고 없는데, 그래도 어딘가에서 마주친다면 먹어보는 것이 좋을 것이다. 아침 세수 후 화장하기 전의 얼굴과 같은 쿤밍의 분위기를 접해볼 수 있을 것이다. 다음은 그 중 몇 가지이다.

얼콰이(饵块)는 새해를 맞으면서 많이들 먹는 음식이다. 평시에도 즐겨 먹는다. 얇고 넓게 민 전병을 숯불에 올려 노리끼리하게 구어지면 참기름간장, 고추장, 고추씨기름 등을 칠하여 먹던 것이 이제는 취향에 따라 각종 야채와 육류를 싸서 먹는 형태로 발전했다. 무엇을 싸느냐에 따라 그 맛이 달라지기 때문에 지방색과 민족색이 잘 나타나는 음식이라 할 수 있다.

궈챠오미시앤(过桥米线)은 윈난의 먹을거리로 이름이 나 있는 음식이다. 궈챠오미시앤의 기본은 탕(汤)이다. 건강한 어미닭과 다 자란 오리를 통째로 함께 삶아 조려 만든다. 물은 원료의 6배로 잡고, 6시간 동안 삶아 조리는 것이다. 탕을 낼 때는 걸러서 건더기를 제거하며, 맛을 더하기 위해 후추와 조미료를 첨가한다. 겉으로는 전혀 뜨거워 보이지 않기 때문에 간혹 그대로 마시다가 혀와 식도를 데이는 경우가 있다. 조심한다. 음식값도 서민적이어서 10위안을 넘지 않는다. 그 이상은 바가지요금이라고 봐도 좋다.

루빙(乳饼)은 양젖을 원료로 하는, 일종의 치즈이다. 신선한 양젖을 끓이면서 산(酸)을 가해 단백질을 응고시키고, 이를 압착, 탈수시켜 만든다. 1~2kg 크기의 두부모 모양으로, 약간의 황색이 도는 백색이며, 기름이 번지르르한 표면과는 다르게 그 속살은 치밀하다. 루빙 중에서도 인기가 있는 것은 훠쟈루빙이다. 루빙절편과 뒷투이(云腿, 윈난산 햄으로 비계와 살코기가 반반정도씩 섞여있음)절편을 한데 켜를 지어 푹 찐 것으로 고기향과 우유향이 한데 어우러져 코끝을 간지럽게 한다. 남국의 술안주거리로도 인기가 있으며, 여성들도 즐겨 먹는다.

루샨(乳扇)은 루빙 보다 더욱 독특하다. 수분함량이 매우 적은 치즈절편을 숯불에 구어 대나무 막대에 말은 다음 초콜릿 액이나 여러 가지의 과일 엑기스를 바른 것으로 향이 좋고, 입에 넣으면 사르르 녹는다. 친구들끼리 루샨을 먹으며, 조잘대고 걷는 여학생들의 모습을 쿤밍거리에서 종종 볼 수 있다.

샤오도우푸(烧豆腐)는 두부를 소금에 절여 발효시킨 후에 다시 독 속에 넣고 석회로 봉해 만든, 익숙하지 않은 사람에게는 냄새가 고약한 식품이다. 지앤슈이(建水) 지방의 것이 평판이 나 있으며, 1변 3cm크기의 정6면체이다. 서소문(西小门)의 판쟈완(潘家湾) 식료품시장 입구에 가면, 늘어선 좌판에 당일 실려 온 샤오도우푸가 있으며, 그 깜찍한 모양 못잖게 맛도 훌륭하다. 1위안에 10개로 값도 싸다.

치궈지(汽锅鸡)는 치궈라는 용기에 찐 닭이다. 치궈(汽锅)는 윈난지방의 요리에 사용되는 자기(陶)제품의 냄비이다. 잘 손질한, 적당한 크기의 햇닭과 파, 생강을 함께 치궈에 담아 찌는 것인데, 센 불에 4~5시간 걸린다. 요즈음은 대형 식당에서 대량으로 만들어 소분판매하고 있다. 하지만 시늉만 내는 것이 대부분이고, 특히 용기에 공기구멍(에어콕)이 나있지 않은 것은 10중 8,9가 위조된 불량품으로 보아도 무방하다.

9. 볼거리

다음은 비교적 잘 알려진, 쿤밍의 볼거리를 모은 것이다. 쿤밍의 1일 관광코스로 ❶ 세계원예박람원(世界园艺博览园)－금전(金殿), ❷ 서산(西山)－해경(海埂)－민족촌(民族村), ❸ 대관루(大观楼)－화조시장(花鸟市场)－취호인문경관(翠湖人文景观)의 세 갈래길이 있다.

(표) 윈난 쿤밍시의 주요 볼거리

경 점	개 요	소재지
세계원예박람원 (世界园艺博览园)	인간과 자연이란 주제로 1999년에 열렸던, 66만평 넓이의 국제원예박람회장임.	쿤밍시 북쪽교외 4km
금전 (金殿)	금전은 태화궁(太和宫)의 주전(主殿)임. 태화궁은 명(明)나라의 14대 황제 만력(万历, 1572~1620)년간에 창건된 것으로 유궁문(有宫门)·영성문(棂星门)·종고루(钟鼓楼)·금전(金殿) 등이 있음. 금전은 청(清)나라 4대 황제 강희(康熙, 1661~1722)년간에 중수한 것임.	쿤밍시 동북부교외 7 km, 명봉산 (鸣凤山)
서산풍경구 (西山风景区)	해발 2,500m의 서산에 자리 잡고 있으며, 산 아래 디앤치(滇池)호수와의 고도차는 470m임. 서산 봉우리들이 연이어 서있고, 고목이 하늘을 가리는 삼림공원임. 화정사(华亭寺)·태화사(太华寺)·용문석굴(龙门石窟)·디앤치(滇池)호수 등이 있음.	쿤밍시 서남부교외 15km
디앤치(滇池)호수	해발 1,185m의 고원단층 함락호로 300km² 넓이임. 디앤치호수의 동쪽 기슭은 물도 맑고, 모래도 깨끗하며, 햇볕도 잘 들어 "해경지빈(海埂之滨)"이라고 부름. 경(埂)은 둔덕을, 그리고 빈(滨)은 물가를 의미함.	쿤밍시 서남부교외 15km
대관루 (大观楼)	청(清)나라 4대 황제 강희(康熙, 1661~1722)년간에 창건됐으며, 현재 건물은 11대 황제 광서(光绪, 1875~1908)년간에 중건된 것임. 6대 황제 건륭(乾隆, 1735~1796)년간에 손염(孙髯)이 썼다는, 180자의 장련(长联)이 널리 알려져 있음. 상련(上联)에는 디앤치호수의 풍물이, 그리고 하련(下联)에는 윈난의 역사가 각각 기술되어 있음.	쿤밍시 서부교외
윈난민족촌 (云南民族村)	윈난의 26개 소수민족의 생활풍정을 재현해 놓은 곳으로 40만평의 넓이임. 그들의 건축·복식·축제행사 등을 통해 중국 소수민족의 풍정과 사회, 그리고 문화 등을 이해할 수 있음.	쿤밍시 남부교외, 디앤치호반
윈난성박물관 (云南省博物馆)	1964년에 개관됐으며, 지역 소수민족의 고유문물과 진귀한 지역문화유물 13만 건을 소장, 전시하고 있음.	쿤밍 동풍서로 (东风西路)
대리국경당 (大理国经幢)	송(宋, 960~1279)나라 때, 대리국(大理国, 937~1254)의 고관이었던 위엔도우광(袁豆光)이 샨챤(鄯阐, 지금의 쿤밍) 제후 까오밍(高明)의 공덕을 기려 세운, 8.3m 높이의 7층8각 기둥임. 경당에는 쿤밍지역이 대리국에 속해 있었으며, 송나라 조정과도 긴밀한 관계에 있었다는 정황이 새겨져있음.	쿤밍시 퉈뚱루(拓东路), 쿤밍시박물관

경 점	개 요	소재지
동사탑(东寺塔) 서사탑(西寺塔)	당(唐)나라 21대 임금 예종(懿宗, 859~873)년간에 창건된 동사(东寺)와 서사(西寺)의 탑으로 멀리서 동서 간으로 마주보고 있음. 동사탑은 40m높이의 13층4각 벽돌탑으로 청(清)나라 11대 황제 광서(光绪, 1875~1908)년간에 중건됐으며, 탑 꼭대기에 구리로 만든 닭 4마리가 있어 금계탑(金鸡塔)으로도 불림. 서탑은 35m높이의 13층 4각 벽돌탑으로 명(明, 1368~1644)나라 때 중수된 것임	쿤밍서 서림가 (书林街) 남단
원통사 (圆通寺)	원통산(圆通山)에 자리 잡고 있으며, 당(唐, 618~907)나라 때 창건되고 청(清)나라 4대 황제 강희(康熙, 1661~1722)년간에 중건된 사찰임. 윈난의 옛 건축물의 하나로 예술성이 뛰어남. 원통산은 해발 50~60m높이의 8만평 산으로 해마다 봄이면 벚꽃·해당화·복숭아꽃이 만발하여 상춘객이 줄을 이음.	쿤밍시 동북지역
추이후 (翠湖, 취호)	시내 중심에 자리 잡고 있는 호수임. 1980년대 초반부터 해마다 봄이면 수많은 붉은부리갈매기가 날아와 사람들과 함께 어울림으로써 인간과 자연이 조화를 이룸.	쿤밍시내 오화산 (五华山)
묘잠사(妙湛寺) 금강탑(金刚塔)	명(明)나라 8대 황제 천순(天顺, 1457~1464)년간에 창건되고, 1982년에 보수된 4.8m높이의 벽돌 탑임. 폭 9.7m의 네모꼴 탑 아랫도리는 네 방향으로 통하게 되어 있어 천심탑(穿心塔)이라고도 하고, 탑 위에 불탑 5개가 있어 금강탑(金刚塔)이라고도 함	쿤밍시 동부교외 10km
공죽사 (筇竹寺)	원(元, 1206~1368)나라 초년에 중원(中原)의 선종(禅宗) 불교가 윈난으로 들어오면서 첫 번째로 지어진 사찰임. 흙을 빚어 조각한 500나한(罗汉)이 널리 알려짐.	쿤밍시 서북쪽 10km (玉案山)
흑룡담 (黑龙潭)	한(汉, BC206~AD220)나라 익주군(益州郡)의 흑수사(黑水榭), 당송(唐松, 618~1279)시대의 도관(道观), 원(元, 1206~1368)나라 때의 용천관 등이 있음. 흑수사의 세 가지 명물로 당매(唐梅), 송박(宋柏), 산동백(山茶花)을 꼽음.	쿤밍시 북부교외 15km 용천산(龙泉山)
조계사 (曹溪寺)	당(唐, 618~907)나라 초기에 창건됨. 전국적으로도 드문 송(宋)나라 건축풍의 대웅전과 목조화엄3성상(木雕华严三圣像)이 보존되어 있음. 대전의 처마 밑에 직경 30cm의 둥근 구멍이 나있는데, 갑자년(甲子年) 한가위 때면 이곳을 통해 들어온 달빛이 부처의 이마부터 시작하여 콧등과 목을 거쳐 배까지 내려온다 함. 사람들은 이런 현상을 "월영불두(月影佛肚)"라고 말하며, 이곳 조계사의 기경(奇景)으로 꼽음.	안녕시 (安宁市)

경 점	개 요	소재지
삼주향 (三炷香)	노천에 있는 불교대형조각군(佛教大型雕刻群)임. 풍격이 독특하고, 그 발상이 신기함. 말, 코끼리, 연꽃, 법륜, 탑, 사자 등 대형의 돌 조각물들을 통해 불교의 역사발전과정을 나타냄. 20m높이의 구리불상은 전신이 찬란한 빛을 발하는데, 그 모습이 장관임.	쿤밍 서부교외 20km
법화사(法华寺) 석굴(石窟)	송(宋)나라 대리국(大理国) 때 조성된 굴 25개가 있음. 남쪽 절벽에 4.3m길이의 와불과 더불어 젖먹이는 여인, 불경을 짊어지고 있는 소 등의 석각물이 있음.	안녕시 (安宁市)
지유쌍 (九乡,구향)	지유쌍은 20km² 의 풍경구로 디에홍챠오(叠虹桥), 따샤바(大沙坝), 싼후동(三湖洞), 아루롱(阿路龙), 밍위예후(明月湖) 등의 5개 구역으로 나뉘어 있음. 전통적인 이족(彝族) 사람들의 거주지역임.	쿤밍시 동쪽 90km
석림 (石林)	고생대에 형성된 암용지모(岩溶地貌)·대석림(大石林)·소석림(小石林)·외석림(外石林)·석림호(石林湖)·자운동지하석림(紫云洞地下石林)·사자림(狮子林)·사자못(石林池)·검봉못(剑峰池)·연화못(莲花池)·장호(藏湖)·대첩수폭포(大叠水瀑布) 등이 있음.	쿤밍시 북쪽 90km, 석림현

루취앤쟈오즈설산(禄劝轿子雪山)

루취앤쟈오즈설산은 해발 4,223m로 진중(滇中)지역에서 가장 높다. 눈 덮인 산의 모양이 꽃가마 같다고 해서 붙여진 이름이라고 한다. 쿤밍시의 동천구(东川区)와 루취앤이족묘족자치현(禄劝彝族苗族自治县)의 경계에 있으며, 상대고도차(相对高度差)가 3,400m인 이 산에는 일년 4계절이 공존한다.

쟈오즈설산의 눈은 만년설이 아니다. 연중 2~3개월간은 눈이 없는 준설산(准雪山)이다. 산봉우리와 절벽에는 눈 녹은 물이 만드는 폭포들이 걸려있고, 원시림은 망망대해처럼 펼쳐져 있다. 계곡에 자리 잡고 있는 호수들은 신비로울 정도로 맑고, 갖가지 꽃과 나무들은 다투어 자태를 뽐내며, 진귀한 산새와 짐승들이 눈앞에서 노닌다. 쿤밍에서 그리 멀지 않은 거리에 있지만, 사람들이 별로 드나들지 않는 호젓한 곳이다. 산 위는 평평하며, 눈이 두텁게 쌓인 겨울에는 동계체육훈련장이 되고, 봄과 여름에는 온갖 기화요초들이 싱그럽다. 쟈오즈설산 위에는 대흑정영지(大黑菁营地)라는 이름의 숙박시설이 갖춰져 있다.

루취앤쟈오즈설산

쟈오즈설산의 호수

Close Up

석림(石林)

석림(石林)은 쿤밍 시내로부터 86km 거리에 있는, 석림이족자치현(石林彝族自治县) 경내에 있다. 중국의 4대 자연경관중의 하나이며, "조형지모천연박물관(造型地貌天然博物馆)"으로도 불린다.

석림의 표지바위

관광객을 맞는 석림의 인사

해발높이 1,750m의 400km² 넓이(제주도 면적의 1/5)에 자리 잡고 있는 석림풍경구는 대석림(大石林)·소석림(小石林)·내 석림(乃石林)·대첩수(大叠水)·장호(长湖)·월호(月湖)·지운동(芝云洞)·기풍동(奇风洞)의 7개 구역으로 나뉜다.

2부 권역별 명소_ **247**

이곳의 지모(地貌, 땅거죽의 생김새)는 암용(岩溶)이다. 소위 암용지모라고 하는 것은 석회암(石灰岩)과 같은 가용성 암석이 물에 침식되고, 침전되며, 무너져 내리거나 함몰하여 퇴적되는 등의 과정을 거쳐 형성된 특수지모이다. 석림(石林)·석봉(石峰)·석아(石牙)·낙수동(落水洞)·지하하(地下河) 등의 형태로 나타나는 암용지모는 카스터(喀斯特, caster)라고도 하는데, 이 명칭은 유고슬라비아의 서북부 카스터고원에서 그 전형을 볼 수 있기 때문에 그러한 명칭으로 불리는 것이다.

망봉정에서 보는 석림의 일부

검봉석림

거북이 상

고양이상 석림

소석림 입구

소석림의 일부

석림이 생기기 시작한 것은 2억8,000만 년 전의 고생대 때부터이다. 이 시기에 이곳은 바다였고, 석회암층이 바닷물에 끊임없이 씻기면서 수많은 골(沟)과 기둥이 생겨났다. 훗날 이곳의 지각이 융기되면서 해저가 올라와 육지가 됐고, 물에 들어난 돌기둥은 더욱 빠르게 침식되면서 오늘날과 같은 모양의 석봉(石峰)·석주(石柱)·석순(石笋)이 되었다. 이들 경관을 멀리서 바라보면 마치 나무가 우거진 숲처럼 보이는데, 그래서 사람들은 이를 석림(石林)이라 했다. 지금도 지각의 융기는 계속되고 있다고 한다.

석림풍경구가 개발된 것은 1940년대이며, 오랜 세월을 거치는 동안 이곳의 관광시스템은 그 기틀이 매우 잘되어 있다는 평가다. 석림풍경구 관광의 중심은 대석림과 소석림이다. 대석림의 미로(谜路)와 같은 사이 길은 자칫 방향을 잃고 헤매일 수가 있으므로 개별 여행일 경우에는 어느 한 관광 팀에 붙어 따라다니는 것도 괜찮은 방법이 될 것이다. 가끔은 무거워진 다리를 쉴 수 있도록 사자정(狮子亭)·망봉정(望峰亭)과 같은 정자와 석대(石台)·돌의자(石凳)와 같은 설치물도 있다.

석림의 수많은 돌과 돌기둥의 형상은 참으로 기기묘묘하여 "천하제일기관(天下第一奇观)"으로 회자된다. 바위의 모양이 마치 창검을 가지런히 세워놓은 것 같다하여 "검봉(剑峰)"이라 했듯이 석림의 여러 기관(奇观)에 대해 형상 따라 이름들이 많이 붙어 있다. 그런 중에 "아쉬마(阿诗玛)"와 "서우망월(犀牛望月, 씨니유왕위예)"이라는 것이 있는데, 이에 관해 다음과 같은 이야기가 전해온다.

① 아쉬마

아쩌디(阿着底)마을에 이족(彝族) 처녀 아쉬마(阿诗玛)가 살았다. 총명하고, 아리따우며, 마음씨 착한 아쉬마는 한 마을의 건실한 청년 아헤이(阿黑)와 사랑하는 사이였다.

이러한 아쉬마에게 마을 촌장의 아들인 아쯔(阿支)가 흑심을 품고 있었다. 어느 날, 마을의 잔치마당에서 아쉬마를 희롱하다가 면박을 당했다. 오래도 아쯔는 흑심을 버리지 않고, 중매

아쉬마(중앙)

장이를 내세워 청혼을 하였다. 그러나 이번에도 거절을 당하자, 그는 아쉬마의 정인인 아헤이가 양떼를 몰고 멀리 풀을 뜯으러 간 틈을 타서 아쉬마를 끌어다 가두고 협박을 하였다. 아쉬마는 아헤이와 사랑을 속삭일 때면 주고받던 동백꽃을 계곡물에 띄어 보냈다. 이를 본 아헤이는 아쉬마에게 무슨 일이 있음을 직감하고 마을로 달려오는데, 든 산이 앞을 가로막았다. 아헤이가 신궁에 살을 메겨 산을 향하여 쏘니 산이 관통되어 길이 열렸다. 아헤이는 말고삐를 당겨

아쉬마

속력을 내어 달렸다. 아헤이가 달려오는 사이에 아쯔는 아쉬마를 위협도 하고, 회유도 하였건만 아쉬마가 끝까지 냉담하매 험한 매를 치려하였다. 바로 그 순간 아헤이가 도착해서 위기를 모면하였다.

아쯔는 아헤이에게 제안하기를 노래를 잘 부르는 사람이 아쉬마를 차지하는 것으로 하자고 하였다. 아헤이가 이겼다. 그러나 아쯔는 내기 결과에 승복하지 않고 아헤이를 죽이려 하였다. 이에 화가 난 아헤이가 신궁에 살을 메겨 아쯔네 집의 신주 위패를 향해 활을 쏘았다. 아쯔는 졸개들을 시켜 화살을 뽑으려 하였으나 미동도 하지 않았다. 그 제서야 아쯔는 겁에 질려 아쉬마를 풀어주었다. 아쉬마와 아헤이가 재회를 기뻐하며 집으로 돌아오는 길에 물가에서 잠깐 쉬었다. 그 틈에 아쯔는 졸개들을 시켜 신궁을 훔치게 하였으며, 계곡물을 모아둔 둑을 헐어 홍수를 일으켰다. 급작스럽게 쏠려 내려오는 물에 손을 쓸 사이도 없이 아쉬마는 떠내려가다가 익사를 했다. 아헤이는 목청껏 아쉬마를 불러댔지만, 아쉬마는 이미 석상이 되어 우뚝 솟아있었다.

② 서우망월

안탕산(雁汤山)의 어느 한 부락에 위젼(玉贞)이라는 이름의 한 소녀가 살았다. 그녀는 여섯살 때 부모를 여의고, 의지할 데가 없자 한 마을에 사는, 탐욕스럽고 여색을 탐하는 화라오차이(花老财)가 데려다가 소를 돌보게 하였다. 위젼은 꼭두새벽에 일어나 밤늦게까지 일을 해야 했으며, 외롭고 힘든 나날을 소에 의지하고, 위안을 받으며 견디어 냈다. 위젼이 자라면서 아름다운 자태가 피어나자 호색한인 화라오차이는 위젼에게 흑심을 품기 시작하였다.

어느 날 밤, 화라오차이는 졸개들을 시켜 위젼을 묶어놓고 겁탈하려 하였다. 이때 위젼의 보살핌을 받아오던 소가 그 쇠사슬 같은 꼬리로 화라오차이의 얼굴을 후려치고, 뾰족한 두 뿔로 화라오차이의 두 눈을 찔렀다. 이어 위젼을 묶은 오라 줄을 물어뜯은 소는 그녀를 등에 태우고 쏜살같이 산등성이를 향해 달려 올라갔다. 산꼭대기에 이르렀을 때 화라오차이의 졸개들이 몰려올라와 주위를 에워싸매 어찌할 방도를 찾지 못한 그 소는 뿔 하나를 뽑아 옥젼을 태워 하늘로 올려 보내고 자신은 뿔이 하나뿐인 코뿔소가 되어 돌로 굳어졌다. 본래 그 소는 하늘에서 내려온 신선이었던 것이다.

이렇게 하여 위젼은 천상의 월궁으로 들어갔고, 돌이 된 코뿔소는 그 옛날 자신을 돌보아 주던 위젼을 그리워하며 오늘도 그녀가 올라간 하늘을 하염없이 바라다보고 있다는 것이다.

서우망월(야경)

지유쌍(九乡)

지유쌍 정문

　지유쌍은 암용동혈(岩溶洞穴) 계통의 동굴로서 쿤밍으로부터 90km거리의 이량현(宜良县) 지유쌍이족회족향(九乡彝族回族乡)에 있다. 지유쌍 동굴은 6억 년 전, 바다에 침전물이 쌓여 만들어진, 띠 모양의 백운암(白云岩)이 갈라지고 침식되어 만들어진 것으로 학계에서는 보고 있다. 지유쌍 동굴에는 옛날의 해양미생물이 켜로 쌓인 첩층석(叠层石), 치아를 거꾸로 세워놓은 듯한 도석아(倒石牙), 생물의 잔해가 쌓여 만들어진 생물카스터(生物喀斯特), 암석층이 횡으로 갈라지면서 만들어진 지하대청(地下大厅), 지하에서 "V"자형으로 깎아지른 내린 지하대협곡 등이 입체적으로 층을 이루며 들어있다. 즉, 입체층형동체(立体层型洞体)이즈- 다층동혈(多层洞穴)인 것이다. 100여 곳의 소용동(小溶洞)으로 세분되며, 용동의 모든 것을 포괄하고 있다 해서 "용동박물관(溶洞博物馆)"으로도 불린다.

　지유쌍동굴의 주요 경점으로는 음취협(萌翠峽), 경혼협(惊魂峽), 웅사청(雄狮厅), 선녀궁(仙女宫), 와룡동(卧龙洞), 신전(神田), 임음채(林荫寨), 편복동(蝙蝠洞), 장구동(张口洞) 등이 있다.

지유쌍 표지석

　음취협은 길이 600m의 물이 있는 협곡으로 배를 타고 양쪽 절벽의 종유석 등을 관람한다. 경혼협은 길이 700여 m의 지하 대협곡으로 이제까지 중국에서 발견된 것 중 가장 길며, 수직으로 서 있는 양쪽의 절벽은 도끼로 찍어 내린 듯 깔끔하다.

웅사청은 4,500여 평 넓이의 지하광장이다. 지하광장의 지붕격인 위쪽은 이음새가 없는, 암석판 하나로 덮여있으며, 암석에는 소용돌이치는 모양의 흔적이 여럿 나 있다. 선녀궁은 전형적인 카스터풍광의 모습을 갖추고 있다. 조명을 받아 영롱하게 빛나는 종유석들이 선녀들의 여러 자태를 연상케 한다는 데서 그 이름이 비롯되었음 직 하다.

와룡동에는 높이 30m의 폭포가 쌍을 이뤄 걸려있다. 갈수기에는 폭포 한 줄기가 사라진다. 폭포 옆 절벽에 부처 둘이 폭포소리에 귀 기울이는 듯한 모습이 새겨져 있어 관음청폭포(观音听瀑布)라는 이름이 붙어있다. 신전은 비탈을 따라 이루어진, 계단식 논 모양을 하고 있어 붙여진 이름으로, 과학적 명칭은 석패(石坝)이다. 임음채는 지하 100m에 차려진 이족풍정원(彝族风情园)으로 이족 사람들이 관광객을 위해 공연을 함과 아울러 민족전통상품을 판매한다.

편복동은 천정에 달려있는 종유석의 모양이 마치 박쥐가 매달려있는 것과 같다하여 그런 이름으로 불린다. 일반적으로 천정에 달린 종유석은 아래로 향한 끝이 뾰족하다. 이는 위에서 녹아 흐르는 암석의 물이 아래쪽으로 흐르며 굳어지기 때문인데, 이곳의 종유석은 굴속의 불규칙한 공기의 흐름으로 흘러내리던 암석의 물이 여러 방향으로 퍼지면서 마치 거꾸로 매달린 박쥐형상을 하며 굳어졌기 때문이다.

지유쌍의 지하 동굴 감상이 끝나면 되돌아오는 길의 지상 1km가량은 케이블카를 타게 된다. 이 때 타고 넘는 산간계곡 아래가 장구동 고인류유적지(古人类遗迹地)이다. 케이블카 요금은 별도로 계산된다.

음취협

경혼협

맹어

임음채

웅사청　　　　　선녀궁　　　　　신전

관음청폭　　　장구동 고인류유적지　　　편복동

금마벽계방(金马碧鸡坊)

쿤밍시는 산수(山水)가 빼어나게 아름다운 고장이다. 북(北)으로는 뱀산(蛇山, 2,365m)을 베고 있으며, 남(南)으로는 디앤치(滇池, 330km²)호수에 접해있다. 동(东)으로는 맑디맑은 금마산(金马山)이 구불구불 이어지고, 서(西)로는 험준한 벽계산(碧鸡山)이 우뚝 솟아있다. 이 쿤밍시를 서북쪽에서 동남쪽으로 통과하는 간선도로에 진비루(金碧路, 금벽로)라는 이름의 거리가 있다. 쿤밍시의 한복판인 금비로의 중간쯤에 금마벽계방(金马碧鸡坊)이 있는데, 다음과 같은 이야기가 전해온다.

아주 오랜 옛날, 거울처럼 맑은 디앤치호수에 눈부시게 번쩍이는, 황금빛깔의 신마(神马)가 나타났으며, 어쩌다가 평범한 말과 교배라도 하면 하루에 수백 리(里)도 거뜬히 달리는 디앤치 노새(滇池驹)가 태어나곤 했다. 이 신마가 살고 있는 곳은 쿤밍 동쪽의 소나무 숲이었는데, 어쩌다가 그 모습을 들어 낼 때면, 번쩍이는 금빛이 사방으로 번져나갔으며, 주변의 온갖 초목들에 생기가 돌았다. 사람들은 이 신마가 살고 있는 소나무 숲의 산을 금마산(金马山)이라고 하였다.

한편, 비취처럼 아름다운 서산(西山)에는 벽옥(碧玉)같은 봉황(凤凰)이 살고 있었는데, 이 새의 노래 소리는 수십 리 밖까지 퍼져나가 사람들의 귀를 즐겁게 하였으며, 그 날개를 펼칠 때 펴져 나오는, 오색찬란한 빛은 사람들의 눈을 부시게 하였다. 이곳 사람들은 이 새가 봉황이라는 것을 알지 못해 그냥 벽계(碧鸡)라 하였고, 그 산을 일러 벽계산(碧鸡山)이라고 하였다.

훗날, 사람들은 금마산 자락에 금마사(金马寺) 절을, 그리고 벽계산 자락에 벽계사(碧鸡祠) 사당을 지었으며, 절과 사당 앞에는 금마패방(金马牌坊)과 벽계패방(碧鸡牌坊)을 세웠다. 이 두 패방 사이의 거리가 금마벽계방(金马碧鸡坊)이었고, 오늘날의 진비루(金碧路)인 것이다. 후세 사람들은 또한 금마산에 서관(西关)을, 그리고 벽계산에는 동관(东关)을 세워 쿤밍의 서쪽과 동쪽으로 통하는 관문으로 삼았다.

이렇게 천년이 흘러오는 동안, 금마와 벽계는 쿤밍의 상징이자 쿤밍의 표지성(标志性) 건물이 되었는데, 지금도 쿤밍의 나이든 사람들은 다음과 같은 얘기를 흥미진진하게 덧붙이고 있다. 12년마다 돌아오는 닭띠 해의 한가윗날 저녁이면 서쪽에 넘어가는 석양의 노을빛 잔광(残光)과 동쪽에서 떠오르는 푸르른 달빛이 이곳 금마벽계방에서 한 데 뒤섞여 무어라 표현할 수 없는 장관을 이루었었다는 것이다. 이는 고대 쿤밍 사람들의 수학·천문학·건축학에 관한 지식수준이 상당히 높았으며, 그 종합된 지식을 바탕으로 금마벽계방을 설계했기에 가능했다는 것이다. 학자들은 이런 현상에 대하여 지구를 공전하는 달과 스스로 자전하며 태양을 공전하는 지구 및 태양 간의 각도 차에서 비롯될 수 있는 것으로 보고 있다.

지금은 진비루(金碧路) 거리의 한 공간에 금마패방(金马牌坊)과 벽계패방(碧鸡牌坊)이 함께 서 있다. 1990년대 말에 새로 지은 것이다. 이들 패방도 그 옛날의 기이하고 장엄했던 경관이 재현되기를 소망하고 있는지 모를 일이다.

윈난민족촌(云南民族村)

윈난민족촌은 40만평의 대지 위에 자리 잡고 있는, 윈난 26개 소수민족 사람들의 전통생활 전시촌이다. 쿤밍시 남쪽 64km되는 곳에 위치하며, 북쪽으로는 쿤밍 시가지가 있고, 남쪽으로는 디앤치(滇池)호수에 접해있으며, 서쪽으로는 서산풍경구가 펼쳐져있다. 주변의 산수경색이 빼어나다.

이곳에는 민족 별로 전통부락이 있으며, 그 전통부락에는 민족단결광장, 민족가무공연장, 민족박물관, 민족인물들의 밀랍상관(蜡像馆) 등이 갖춰져 있다. 그곳에는 저들의 역사, 문화, 민족풍정, 건축예술, 음악무도, 종교신앙, 생활환경 등이 모두 담겨 있다. 이곳에서 생활하는 사람들은 모두 그 고장에서 나고 자랐으며, 그래서 그들의 몸놀림 하나하나와 표정에서 저들의 민족적인 정서가 곧바로 느껴진다. 윈난지역을 두루 돌아볼 여유가 없는 사람들은 이곳을 관람하는 것만으로도 윈난 소수민족의 문화를 만끽할 수 있다.

윈난민족촌 옆에는 윈난민족박물관(云南民族博物馆)이 있다. 16개의 전시장에 12만 점의 소장품이 전시돼 있고, 화랑과 더불어 1,800여 평의 공연장이 부설되어 있다. 잘 둘러보았다는 느낌을 갖게 하는 곳이다.

민족촌 배치도

민족촌 입구

징푸오족 마을

징푸오족의 모친숭배 장식

다이족 마을

다이족 백탑

누족의 가옥

부랑족 가옥

리수족의 도간광장

두롱족 가옥

야오족 민가

몽고족가옥의 내부

몽고족 촌

아창족 마을

와족 촌

와족 아가씨들

빠이족 전통민가

빠이족 마을

이족촌

이족 복식

지누워족 마을

장족 마을

장족 민가

장족의 구리북

장족가옥의 실내

장족의 복식

푸미족 가옥

세계원예박람원(世界园艺博览园)

세계원예박람원 정문

그냥 줄여서 세박원(世博园)이라고도 한다. 중국정부가 1999년에 이곳에서 개최했던 세계원예박람회장이다. 65만평의 대지에 5대실내전시관(五大室内展示馆)·6대전문주제전시원(六大专题展园)·3대실외전시구(三大室外展区)가 설치되어 있다.

5대실내전시관(五大室内展示馆)은 중국관(中国馆)·국제관(国际馆)·인간과 자연관(人间与自然馆)·과학기술관(科技馆)·대온실(大温室) 이다. 중국관에서는 중국의 역사유물 및 특산물과 더불어 중국의 원림예술에 관한 모든 것을 전시하고 있다.

6대전문주제전시원(六大专题展园)은 죽원(竹园)·소채과과원(蔬菜瓜果园)·약초원(药草园)·다원(茶园)·분경원(盆景园)·수목원(树木园)이고, 3대실외전시구(三大室外展区)는 중국실외전구(中国室外区)·국제실외전구(国际室外展区)·기업실외전구(企业室外展区)이다. 중국실외전구에서는 전국각지 원림의 특색비교, 민족문화, 지구환경, 전통예술 등에 관한 내용들이 전시되어 있다. 이곳을 돌아보면서 세계 여러 나라의 원예풍격을 이해해 볼 수 있다.

야외 전시작품

꽃 가꾸는 사람들

야외 설치 조형물

옥공예 병풍(일부, 중국관)

야외 설치물(旭日东升)

제 12 장

위씨시
玉溪市

위씨시의 위치

위씨시의 약도

위씨(玉溪)는 윈난성의 중부에 위치하며, 15,300km² 의 면적(제주도의 8배)에 210만 명의 인구가 살고 있다. 행정상으로는 홍타구(红塔区)·쟝촨현(江川县)·청쟝현(澄江县)·통하이현(通海县)·화닝현(华宁县)·이먼현(易门县)·아샨이족자치현(峨山彝族自治县)·신핑이족다이족자치현(新平彝族自治县)·위엔쟝하니족이족자치현(沅江彝族傣族自治县) 등 1구5현3자치현(一区五县三自治县)으로 편제되어 있다. 이 지역은 진중고원(滇中高原)의 대형 함몰분지 안에 들어있으며, 전반적인 지세는 북쪽이 높고, 남쪽이 낮다. 위씨시의

2부 권역별 명소_ 261

해발높이는 1,620m이며, 가장 높은 지역은 서북부의 까오루샨(高魯山)으로 해발 2,614m이다. 이곳에서 발원되는 여러 물줄기들은 위씨허(玉溪河)를 이루고, 위씨허는 난판쟝(南盘江) 강으로 들어간다.

푸씨앤호수와 씨유샨

이곳의 기후는 아열대고원계절풍기후(亚热带高原季节风气候)로서 연평균 기온은 15.9℃이고, 가장 더운 달과 가장 추운 달은 각각 20.9℃와 8.7℃이며, 연간 강수량은 888mm이다.

주요 볼거리로는 푸씨앤후(抚仙湖), 씨유샨(秀山), 마오티앤샨(帽天山) 등이 있다. 푸씨앤후 호수는 청쟝(澄江)·쟝촨(江川)·화닝(华宁)의 세 현(县) 틈에 끼어있으며, 쿤밍으로부터는 60km거리이다. 남북방향의 지층이 내려앉으면서 생긴 푸씨앤 호수는 남북길이 30km에 동서 간의 최장 폭 12km이며, 수심에 있어서는 지린성(吉林省) 챵바이샨(长白山)의 천지(天池) 다음으로 깊다. 물도 맑아 평균 투명도는 8m이다.

통하이현(通海县)의 씨유샨(秀山)은 쿤밍의 진마샨(金马山)·비지샨(碧鸡山), 다리(大理)의 디앤창샨(点苍山)과 더불어 윈난의 4대 명산으로 꼽힌다. 이곳의 씨유샨원린(秀山园林)은 일찍이 윈난의 불교성지였으며, 용진스(涌金寺)·칭량스(清凉寺)·푸광스(普光寺) 등과 같은 사찰이 남아있다.

청쟝현(澄江县)의 마오티앤샨(帽天山)은 현성으로부터 8km 거리에 있으며, 5억 년 전의 무척추동물화석군 발견으로 유명해진 곳이다.

발견된 화석의 하나

화석군 연구소

제 13장

홍허하니족 이족자치주
红河哈尼族彝族自治州

홍허주의 위치

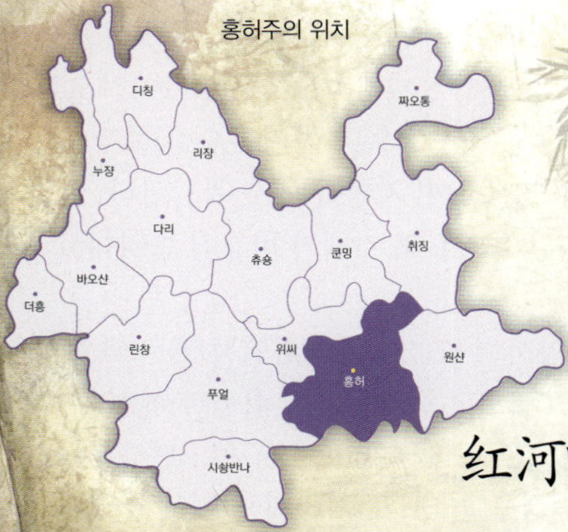

1. 전체모습

홍허하니족이족자치주(红河哈尼族彝族自治州)는 북으로 쿤밍(昆明)에 이어지고, 남으로는 월남(越南)과 848km에 걸쳐 접해있다. 홍허자치주에는 326번 도로가 남북으로 관통하고, 쿤밍에서 월남의 하노이까지 가는 국제선 철도가 역시 홍허자치주를 남북으로 관통한다.

홍허주 약도

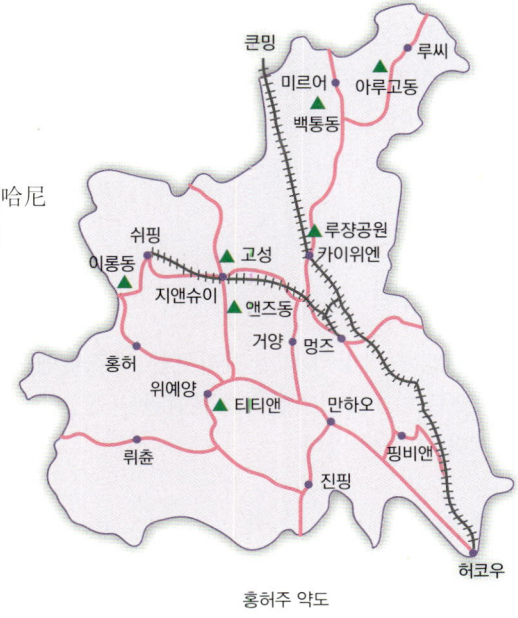

홍허자치주의 면적은 3만2,930km² (제주도 면적의 18배)로 성 전체면적의 10%를 차지하며, 전반적으로 서북쪽이 높고, 동남쪽이 낮다. 홍허자치주의 남부에서 서북-동남의 방향으로 흐르는 위엔쟝(沅江)강을 경계로 하여 동쪽은 진동고원(滇東高原)이고, 서쪽은 헝두안산맥에 이어 붙은 아이라오샨(哀牢山) 지역이다. 홍허자치주의 서남쪽은 고원(高原)·아이라오샨(哀牢山)·위엔쟝(沅江) 지역으로 산이 높고, 경사가 심하며, 지형이 매우 복잡하다. 반면 홍허자치주의 동북쪽은 남판쟝(南盘江)강 유역으로 지세가 비교적 순하다.

홍허자치주는 현(县)급의 거양시(个阳市)·카이위엔시(开远市)와 더불어 미르어(弥勒)·멍즈(蒙自)·위엔양(元阳)·홍허(红河)·쉬핑(石屏)·루씨(泸西)·뤼춘(绿春)·지앤슈이(建水)·허코우(河口)·핑비앤(屏边)·진핑(金平)의 11개 현(县)으로 나뉘며, 자치주의 주정부는 멍즈(蒙自)에 있다. 허코우(河口)에는 월남과 통하는 출입국관리사무소가 있다.

2. 교통

쿤허선(昆河线: 昆明-河口, 468km) 철도와 멍바오선(蒙宝线: 蒙自-宝秀, 142km) 철도가 관내에 깔려있다. 쿤허선의 허코우(河口)는 월남과의 국경지대에 있는 고장으로 쿤밍에서 이곳까지 오는 데는 17시간이 소요된다. 자동차로는 10시간이 소요된다. 쿤허선은 남북 방향으로, 그리고 멍바오선은 동서방향으로 각각 운행된다.

3. 먹을거리

홍허(红河)지방의 먹을거리로는 멍즈니앤까오(蒙自年糕)·쉬핑샤오도우푸(石屏烧豆腐)·카이위엔쌰오쥐앤펀(开远小卷粉)·지쓰차오야(鸡丝草芽)·치궈지(汽锅鸡) 등이 있다.

멍즈니앤까오(蒙自年糕)는 찹쌀·설탕·참깨·장미·땅콩·햄 등을 혼합해 기름에 튀겨 만든 것으로 겉은 파삭파삭하고, 속은 부드러운데다가 향기가 있고, 달콤하다. 쉬핑샤오도우푸(石屏烧豆腐)는 쿤밍(昆明)·통하이(通海)·위씨(玉溪)·쉬핑(石屛) 등 여러 고장의 간단한 향토음식이다. 발효시켜 냄새가 나는 두부를, 그 표면이 노리끼리하게 구운 다음 갖은 양념을 곁들여 먹는다. 카이위옌쌰오쥐앤펀(开远小卷粉)은 카이위옌 잉쉬(应市)의 독특한 먹을거리이다. 진하게 쑨 쌀죽의 수분을 증발시켜 만든 가루로 만두피를 만들고, 이것으로 소(陷)를 싸서 기름에 튀겨먹는 음식이다. 지쓰차오야(鸡丝草芽)는 지앤슈이(建水) 일대에서 재배되는 채소 차오야(草芽)와 채를 썬 닭고기를 함께 익혀먹는 음식이다. 치궈지(汽锅鸡)는 닭고기를 치궈(汽锅, 윈난지방의 요리용 도자기냄비)에 끓인 요리로서 윈난의 미식(美食)으로 소개되고 있지만, 사실상의 본고장은 이곳이다.

4. 볼거리

홍허자치주의 볼거리는 지앤슈이(建水)와 위옌양(元阳)으로 압축된다. 쿤밍에서 오전 일찍 버스로 출발하면, 4시간 정도 걸려 점심 무렵에 지앤슈이에 도착한다. 지앤슈이에서는 문묘(文庙)·쮸쟈화원(朱家花园)·구징(古井)·구지에(古街)·투안샨민쥐건축군(团山民居建筑群)을 보고, 위옌양으로 간다. 위옌양으로 가는 차편은 많다. 위옌양에서는 계단식논밭(梯日)과 연자동(燕子洞)을 본다. 다음은 홍허자치주의 볼거리들을 정리한 것이다.

(표) 윈난 훙허하니족이족자치주의 볼거리

경 점	개 요	소재지
빠오화샨스 (宝华山寺)	거양시(个阳市) 동남쪽 1km되는 곳의 기린산(麒麟山)에 있음. 청(清)나라 4대 황제 강희(康熙, 1661~1722)년간에 창건된 도교(道教) 건축물임. 중국 국내에서도 보기드믄 옥제(玉帝)·관경(关圣)·관음(关音)·영관(灵官) 등 7자리의 동상이 있음.	거양시
윈워스 (云窝寺)	카이위옌시(开远市) 썅슈이춘(响水村)에 있음. 청(清)나라 8대 황제 도광(道光, 1820~1850)년간에 창건됨. 대웅전이 험난한 절벽에 달아 붙여져 있으며, 산문 밖에는 중국의 희귀종 나무인 백년홍두수(百年红豆树)가 있음.	카이위옌
지앤슈이풍경구 (建水风景区)	지앤슈이현 관내에 있음. 고성경구(古城景区)·얜즈동(燕子洞) 카스터풍경구·환원산(焕文山)홍허민족풍정경구로 나뉨.	지앤슈이

경 점	개 요	소재지
챠오양루 (朝阳楼)	명(明)나라의 주원장이 태조(太祖, 1368~1398)로 재위할 때 세워졌음. 성루(城楼)는 처마가 세 층이며, 지붕은 산마루 모양임. 베이징의 티앤안먼(天安门)을 닮았으며, 그보다는 28년 앞서 지어짐. 윈난에서 가장 웅장하고, 보전이 잘 된 옛 성루임.	지앤슈이
문필탑 (文笔塔)	지앤슈이현성 남쪽의 빠이포샨(拜佛山)에 있음. 청(淸)나라 8대 황제 도광(道光)년간에 세워짐. 높이 31.4m의 청석 벽돌탑으로 하체는 8면체로, 가운데 부분은 4면체로, 그리고 위의 부분은 밋밋하게 되어 있는데, 그 경계가 분명치 않아 조형상의 독특함이 엿보임.	지앤슈이
쌍룡교 (双龙桥)	지앤슈이현 서쪽 5km되는, 루쟝(庐江)과 타츙허(塌冲河)의 두 강이 만나는 곳에 놓인 다리임. 속칭 "17공교(十七孔桥)"로도 불리는 이 다리는 길이 150m에 폭이 35m이며, 덩어리가 큰 청석(青石)으로 지어짐. 다리에는 "전남대관루(滇南大观楼)"라는 이름의 3층 누각이 있음. 윈난의 고대 석공교(石孔桥, 아치형 돌다리) 중 과학성과 예술성을 함께 지닌 다리로서 중국교량사(中国桥梁史)에서 차지하는 비중이 큰 것으로 평가됨.	지앤슈이
쮸쟈화원 (朱家花园)	윈난 남부지역의 민가건축군(民居建筑群)으로 청(淸)나라 말기에서 민국(民国, 1912~1949) 초기에 걸쳐 조성된 것임. 현재 사당(祠堂)·공연장(戏台)·정각(亭阁)·화청(花厅)·정원(园苑) 등이 남아있음.	지앤슈이
앤즈동 (燕子洞)	지앤슈이현의 동쪽 28km 거리의 루쟝(庐江)강 협곡에 있음. 동굴 속에 운집해있는 수많은 칼새(雨燕) 떼가 장관을 이룸.	지앤슈이
아루구동 (阿庐古洞)	루씨현(泸西县) 서북쪽 2km 되는 곳에 있으며, 아루구동으로부터 서쪽으로 78km되는 곳에 쿤밍의 석림(石林)이 있음. 전형적인 카스터지모용동군(喀斯特地貌溶洞群)으로 그 구조가 기이하고, 특이함. 주굴(主洞)의 길이는 1,300m정도이며, 2층으로 되어 있는데, 위층의 굴은 건조한 한동(旱洞)이고, 아래층의 굴은 바닥에 물이 흐르는 수동(水洞)임. 동굴 내부의 전체적인 경색은 온화하고 아름다움. 동굴 바닥에 흐르는 개울에는 투명한 물고기가 살고 있는데, 매우 보기드믄 어족으로 알려져 있음.	루씨현
아이라오샨 (哀牢山)	거양시의 서남부에 있음. 산비탈을 따라 꼭대기까지 올라가며 조화롭게 일구어 놓은 조각밭이 인상적임. 산위에서 내려다보는 조각논의 물에는 마치 하늘과 구름이 내려앉아있는 것 같아 보임. 윈난 남부 산악지대의 특색경관으로 이름이 나있음.	위옌양현

지앤슈이고성(建水古城)

영휘문과 챠오양루

　지앤슈이고성은 쿤밍의 남쪽 220km되는 곳에 있으며, 예전에는 부토우(步头) 또는 바디앤(巴甸)으로도 불렸다. 지앤슈이성은 옛날 난쨔오(南诏) 때 쌓은 토성(土城)을 명나라의 주원장이 태조(太祖, 1368~1398)로 재위할 때 벽돌로 다시 쌓은 것이다. 이후 이정국(李定国)이 린안성(临安城)을 점령할 때, 남(南)·북(北)·서(西)의 세 성루가 불타버렸으며, 청(清)나라의 4대 황제 강희(康熙, 1661~1722)년간에 복구하였으나, 이 역시 훼멸되었다. 하지만 동문(东门)인 챠오양루(朝阳楼)는 여러 차례의 전란과 지진에도 불구하고 이제까지 600여 년간을 잘 버티어오고 있다.

　원(元, 1206~1368)나라 때, 이곳 지앤슈이현에 묘학(庙学)을 지었으며, 명(明, 1368~1644)나라 초에는 린안부학(临安府学)을, 14대 황제 만력(万历, 1572~1620)년간에는 지앤슈이주유학(建水州学)을 세웠다. 청(清, 1616~1911)나라 때에 이르러 숭정(崇正)·환군(焕文)·숭문(崇文)·곡강(曲江)의 4대 서원을 세웠다. 이와 같은 학문기관을 통해 유능한 인재들이 배출되었는데, 당시 "임반방(临半榜)"이라는 이름의 과거시험에서 이곳 출신의 선비들이 합격자의 절반이 넘었다고 한다.

　중국국무원은 1994년에 이곳을 중국의 역사문화명성(历史文化名城)으로 지정하였다.

챠오양루의 망중한

지앤슈이의 옛 거리

지앤슈이구징(建水古井)

　지앤슈이구징 옛 우물은 지앤슈이고성의 이름난 고적(古迹) 중의 하나이다. 여러 방위(方位)에 있는 이 우물들은 대부분 100년 이상의 역사를 지니고 있으면서도 이제껏 말라본 적이 없다고 한다. 성의 서문 밖 쌰오지에징(小节井, 소절정)은 물이 맑고 차며, 약간의 모래 맛이 난다. 성의 동남부에 있는 위지에징(玉洁井, 옥결정)은 물맛이 달고 깨끗하다. 예로부터 이 물로 종이를 만들면 광택이 난다하여 제지공장이 들어서기 시작했으며, 지금은 거리를 이루고 있다. 성의 동쪽 동촌(东村)에는 쩐쮸징(珍珠井, 진주정)이 있다. 샘물이 솟을 때 섞여 나오는 공기방울이 마치 진주 같다 하여 붙여진 이름이다. 성 남쪽의 야바스(哑巴寺) 절 앞에는 위예야징(月牙井, 월아정)이 있다. 이렇듯 지앤슈이고성에는 우물이 많지만, 유명하기로는 뚱먼징(东门井, 동문정)과 씨먼징(西门井, 서문진)을 따라가지 못한다. 예전에는 이곳 사람들이 이 두 우물물로 생활했지만 이제는 인총도 늘어나고 수돗물이 들어옴으로써 사람들의 일상용수와는 거리가 생겼다. 수질이 좋기로는 씨먼징이고, 그래서 이 근방에 두부공장 거리가 생겼다. 새벽이면 거리에는 두부향기가 흘러넘치며, 금황빛 두부는 맛이 싱싱하다. 지난날에는 일상적으로 씨먼징이나 뚱먼징의 물로 차를 끓여 마셨지만, 오늘날에는 이들 우물물을 찻물로 쓴다는 것은 사치에 속할 정도로 귀한 물이 되어 있다.

뚱먼징

씨먼징

지앤슈이쮸쟈화위엔(建水朱家花园)

　쮸쟈화위엔은 청(清)나라 때의 민간주거지로 지앤신지에(建新街) 거리에 있다. 청(清)나라 말기에 이곳의 부호였던 쮸웨이칭(朱渭卿) 형제가 지은 주택 및 사당으로 "전남대관원(滇南大观院)"이라는 이름으로도 불린다. 청(清)나라의 11대 황제 광서(光绪, 1875~1908)년간에 착공

하여 마지막 황제인 12대 선통(宣统, 1908~1911)년간에 이르기까지 30년에 걸쳐 지어진 이 건물들은 6,000여 평의 대지에 건물 1,500여 평 규모이며, 건물들은 가로4열에 세로3열로 배치됨으로써 지앤슈이 전형의 병렬연배조합식(并列联排组合式) 민간건축군을 이루고 있다.

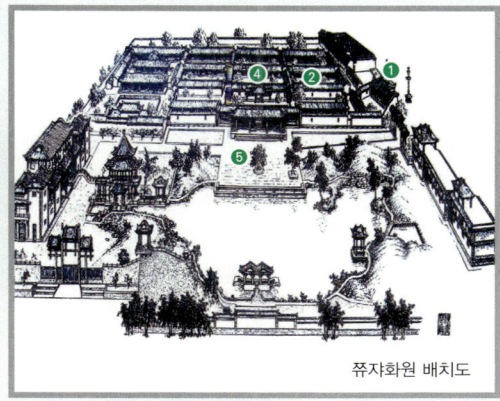

쮸쟈화원 배치도

집의 짜임새와 격식은 질서가 정연하고, 정원은 연이어 있는데, 크고 작은 것을 모두 합쳐 42개가 된다. 전체적으로 건물들은 용마루가 가파르고, 기둥에는 품위가 있고 화려한 그림들이 그려져 있다. 정원과 대청은 서로 잘 어울리고, 공간은 풍부하면서도 차등화 되어 있어 그 안에 들면 미로(迷路)와 같은 느낌을 받는다. 쮸쟈화위엔의 전반적인 분위기를 통해 당시 쮸쟈(朱家)의 생활수준이 상당했음을 미루어 짐작할 수 있다. 쮸쟈화위엔은 내지문화(内地文化)와 변강문화(边疆文化)가 결합된 건축물로서 전문가들은 그 예술사적 가치를 크게 보고 있다.

쮸쟈화원 정문 (배치도 중 ❶)

쮸쟈화원 내택통문 (배치도 중 ❷)

쮸쟈사당 (배치도 중 ❸)

쮸쟈화청 (배치도 중 ❹)

쮸쟈 화청 (배치도 중 ❺)

화청연못의 돌배정자
(배치도 중 ❻)

지앤슈이앤즈동(建水燕子洞)

　　지앤슈이앤즈동은 윈난에서 가장 특색이 있는 동굴로, 지앤슈이현성의 동쪽 28km되는 곳에 있다. 앤즈동(燕子洞)은 동굴 밖의 자연경관과 한동(旱洞), 그리고 수동(水洞)의 세 부분으로 나뉘며, 볼거리로는 동굴 속의 기이한 경관, 운집해있는 칼새(春燕 , 雨燕), 종유동에 걸린 편액(匾額) 등이 있다.

　　굴 밖으로는 깎아지른 듯한 계곡들 사이로 고수명목(古樹名木)이 가득이 들어서 있고, 들어난 암벽으로는 수많은 칼새들이 뒤덮고 있다. 앤즈동이란 이름도 동굴의 안팎으로 지천인 칼새 떼에서 비롯된 것이다.

해마다 음력 2월 그믐이 되면 앤즈동에서는 전통적으로 사당치례(庙会)가 열린다. 이 때의 민속적인 전례행사를 구경하고, 칼새집 요리를 맛보기 위해 많은 사람들이 모여든다. 또한 음력 3월21일에는 칼새맞이(迎春燕) 축제가 열린다. 고수(高手)들이 50m높이의 종유석에 올라가 편액(匾额)을 단다. 음력 8월8일에는 "앤워지에(燕窝节)"라 하여 칼새집(燕窝)을 채취하는 활동을 벌인다. 이때에도 수많은 사람이 모이며, 높이 달린 종유석 사이를 섭렵하며 칼새집을 따는 묘기를 손에 땀을 쥐고 관람한다.

앤즈동

위옌양티티앤(元阳梯田)

티티앤(梯田, 제전)은 산 아래 계곡에서부터 산꼭대기에 이르기까지 계단식으로 조성된 논과 밭을 말한다. 위옌양티티앤(元阳梯田)은 대부분이 위옌양(元阳)-뤼츈(绿春)간 140여 km 도로의 양편에 있으며, 그 중에서 위옌양 기점 5km되는 곳의 투궈쨔이티티앤(土锅寨梯田)과 위옌양 기점 16km 쯤의 멍핀티티앤(猛品梯田)이 유명하다. 투궈쨔이의 것은 아침경관이 좋고, 멍핀의 것은 황혼녘 경관이 아름다운 것으로 알려져 있다. 티티앤이 있는 위옌양은 아이라오샨(哀牢山) 지역이다

사람들은 이곳 티티앤(梯田)의 풍경을 표현하여 이르되, 산 전체가 계단모양으로 논밭전지가 되고, 그것이 층이 되어 수많은 계단을 이루니, 그 광대하면서도 정교한 모양은 마치 천상에서 지상으로 내려뜨린 천제(天梯)사다리 같다고 한다. 드높은 사다리 형상의 논은 하늘을 찌를 듯 한데, 그 계단 하나하나는 잔잔한 물결처럼 온화하고 정교하며, 갓 잡아 올린 물고기의 비늘처

럼 선명한 물결무늬를 이룬다. 다락 논의 물 위로 햇빛이 쏟아져 내리면, 금빛 파편이 온 산에 깔리고, 되쏘아진 햇살이 만산에 그득하다.

 천년이 넘는 세월에 걸쳐 다른 민족의 사람들이 꿈과 열정을 가지고 도시문화를 만들어 갈 때, 하니족의 사람들은 온 힘과 온 정성을 다해 산을 일궈 논밭전지를 쌓아갔다. 하니족이 아닌 사람들의 눈에는 그것이 기적처럼 보이지만, 대를 이어가며 자루가 짧은 호미를 가지고 논밭을 일궈온 하니족 사람들은 그 누구도 그 맑디맑은 다락 논밭을 대하면서 그것을 기적이라고 생각하는 사람은 없다. 자신들의 생존과 발전을 위해 할 일을 한 것이고, 자신들도 모르게 형성된 나름대로의 문화 속에서 자연과 더불어 지내고 있는 것이다.

위옌양의 하니족 마을풍경

해뜨는 다락논

다락논 풍경

아이라오샨(哀牢山)

홍허주의 아이라오샨

　아이라오샨(哀牢山)은 윈난의 서북쪽에 위치한 윈링(云岭)의 남쪽 줄기이다. 윈난의 중서부 다리(大理)에서 시작하여 남쪽의 홍허(红河)까지 1,000km에 걸치며, 이 산 줄기의 서쪽은 헝두안산(横断山) 지역이고, 동쪽은 윈꾸이고원(云贵高原)이 된다. 즉, 아이라오샨이 윈꾸이고원의 서쪽 끝인 셈이다. 아이라오샨은 전반적으로 해발고도가 2,000m이상이며, 해발 3,000m가 넘는 봉우리만도 9개가 된다. 최고봉은 따쉐궈샨(大雪锅山)으로 3,166m이다.

　아이라오샨은 산봉우리가 첩첩이 싸여있는데다가 산은 높고 골은 깊은데, 이곳에 구름이 피어오르고 놀이 비낄 때면 그 경치가 참으로 화려하고 찬란하다. 그 끝을 알 수 없는 이곳의 원시림은 울울창창하며, 그 속에 사는 소수민족들은 민족색채가 농후한 인문역사경관을 가꾸며 살아왔다. 동남아로 향하는 차마고도(茶马古道)도 그 중의 하나였다.

　아이라오샨(哀牢山)의 차마고도는 쿤밍(昆明)-위씨(玉溪)-가사(嘎洒)-아이라오샨(哀牢山)-쩐위옌(镇沅)-란창(澜沧)-미얀마(绵甸)로 이어지는 국제통도(国际通道)였으며, 이 통도에 접해있는 마을들은 번창하였다. 그 중에서도 관심을 끄는 것은 화야오다이(花腰傣) 사람들이다. 화야오다이(花腰傣)는 홍허(红河)강 중상류의 신핑현(新平县)과 위옌쟝현(沅江县)의 다이족(傣族)사람들을 일컫는 말이다. 이들은 여러 색깔로 아름답게 수를 놓은 띠로 허리를 장식했는데, 화야오다이(花腰傣)라는 이름도 그러한 복식에서 비롯됐다고 한다. 그들은 해마다 음력2월의 화지에지에(花街节, 화가절)가 되면 그들의 소박하면서도 격식을 차린, 우아하고 아름다운 복식을 갖춰 입고 축제를 벌이며, 청춘남녀들은 여러 행사를 통해 서로를 알고, 사랑을 속삭였다고 한다.

홍허주의 아이라오샨 풍광

아이라오샨풍광

화야오다이 어른들

화야오다이 소녀들

화야오다이 소년과 소녀

화야오다이 복식

제 14장
원샨짜앙족 먀오족자치주
文山壯族苗族自治州

　원샨자치주(文山自治州)는 윈난성의 동남부에 위치하며, 3만2,200km² 의 면적(제주도의 17배)에 343만 명의 인구가 살고 있다. 전체 면적의 97%가 산지와 구릉인 원샨자치주는 원샨(文山)·마관(马关)·시쵸우(西畴)·마리푸오(麻栗坡)·푸닝(富宁)·광난(广南)·앤샨(砚山)·치유뻬이(邱北)의 8개 현(县)으로 나뉘며, 주 정부는 원샨현(文山县)에 있다.

대부분이 석회암지형인 원샨주는 해발고도 1,000~1,800m 사이에 자리 잡고 있으며, 이 지역에 난판쟝(南盘江)·씨양쟝(西洋江)·판롱쟝(盘龙江)의 세 강이 흐른다. 원샨자치주는 북회귀선이 동서로 지나는 지역으로, 아열대기후대에 속하며, 연평균기온은 19℃ 이고, 년간 강수량은 780mm 수준이다.

원샨자치주에는 쫭족(壮族)·먀오족(苗族)·한족(汉族)·이족(彝族)·야오족(瑶族)·후이족(回族)·빠이족(白族)·다이족(傣族) 등의 소수민족이 살고 있으며, 전체인구의 57%를 이들이 차지하고 있다. 원샨주의 주요 볼거리로는 광난빠바오경구(广南八宝景区), 취뻬이푸쩌헤이(邱北普者黑), 마리푸오(麻栗坡) 등이 있다.

쫭양족 여인들

먀오족 소녀들

광난빠바오경구는 올망졸망한 산봉우리 동굴 소하천(小河川) 폭포 들이 볼만한 풍경구로 빠바오(八宝)·허예(河野)·탕나용동(汤纳溶洞)·싼라폭포(三腊瀑布)의 4개 구역으로 나뉜다. 광난빠바오는 68km² 넓이의 분지에 상대고도 50~100m의 종 모양 산들이 소하천과 조화를 이루며 올망졸망 서 있다. 허예의 빠쟈(八甲)로 향하는 뱃길 6.5km는 그 경치가 매우 아름다워 소계림(小桂林)으로 불린다.

취뻬이의 푸쩌헤이는 전형적인 카스터지모 이다. 푸쩌헤이후(普者黑湖), 허화후(荷花湖), 덩롱후(灯龙湖) 등 16개의 호수가 연이어 있으며, 총면적 400만평에 평균수심은 4m이고, 가장 깊은 곳은 30m가 넘는다고 한다. 마리푸오는 월남과의 국경지역에 있으며, 소하천에 떠있는 산과 거기에 있는 동굴들이 볼거리로 되어있다.

푸쩌헤이 풍경

광난빠바오 풍경

푸쩌헤이 풍경

제 15장

취징시
曲靖市

취징시의 위치

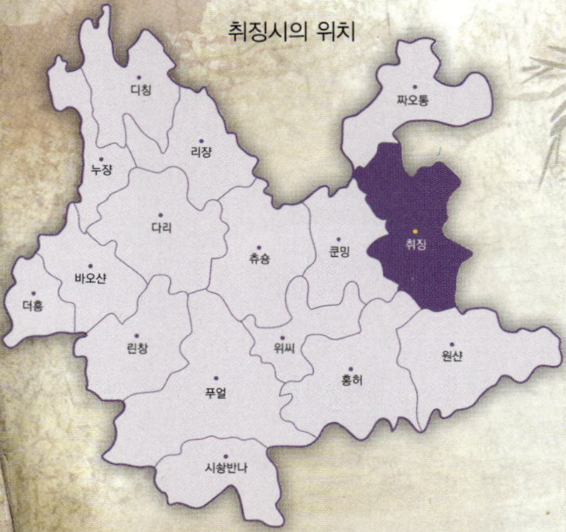

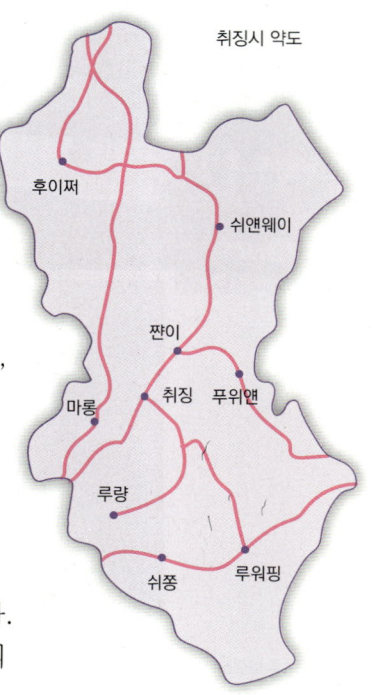

취징시 약도

취징시는 윈난성에서 두 번째로 큰 도시로, 윈난성의 중동부에 위치하며, 중국의 동남부에서 윈난성으로 들어올 때 거치게 되는 길목이다. 전형적인 카스터지모의 취징은 산지 · 구릉 · 분지로 이루어졌으며, 치린구(麒麟区) · 쉬옌웨이시(宣威市)와 더불어 루량(陆良) · 후이쩌(会泽) · 푸위옌(富源) · 루워핑(罗平) · 마롱(马龙) · 쉬쫑(师宗) · 짠이(沾益)의 7개 현(县)으로 나뉘어 있다.

취징시는 추안문화(爨文化)의 발상지이다. 동진(东晋, AD317~420) 때부터 당(唐)나라의

소찬비 비명   대찬비 비문

현종(玄宗, 712~756)년간에 이르기까지 400여 년간에 걸쳐 추안씨(爨氏) 가문이 이곳의 루량(陆良)에서 자신들의 차별화되는 역사문명을 발전시켰던 것이다. 그 역사문명이 찬보자비(爨宝子碑)와 찬보용언비(爨宝龙颜碑)에 기록으로 남아있다. 찬보자비는 AD405년에 세워졌으며, 현재 취징제일중학교에 소재하고 있다. 찬보용언비는 AD458년에 세워졌으며, 루핑정원보소학교에 소재한다. 크기 면에서 찬보용언비가 높이 4m에 폭 1.5m로 찬보자비 보다 크므로 대찬비(大爨碑)라 하고, 찬보자비를 소찬비(小爨碑)라고 한다. 글씨체가 서예에서 갖는 의미 또한 크다고 한다.

취징시의 볼거리로는 대소의 찬비와 더불어 쭈쟝발원지(珠江源头), 루워핑뚜워이허(罗平多依河), 루부거협곡풍경구(鲁布革峡谷风景区) 등이 있다.

쭈쟝발원지는 마쑝샨(马雄山) 중턱의 깎아지른 절벽에 있다. 아래위 두 개의 동굴에서 물이 흘러나와 꾸이쬬우성(贵州省)과 광시자치구(广西自治区)를 흘러 중국의 남해로 흘

쭈쟝 발원지

러들어가는 쮸쟝의 시작인 것이다. 쮸쟝발원저와 관련하여 "일적수삼강원(一滴水三江源)"이란 글귀가 회자된다. 300년 전, 명나라의 저명한 지리학자 쉬씨아커(徐霞客)가 윈난에 들어와 쮸쟝의 발원지를 찾아 헤매다가 이 곳 마쓩샨(马雄山)에 이르러 그 목적을 달성하였는데, 이곳의 지리적 위치가 오묘하여 동편기슭의 물은 쮸쟝으로, 북쪽기슭의 물은 북반강(北盘江)으로, 그리고 서쪽기슭의 물은 진샤쟝(金沙江)의 지류인 니유란쟝(牛栏江) 줄기를 이루었다. "일적수삼강원"이란 말은 한 지역의 물이 세 강의 발원지가 됐다하여 생겨난 말인 것이다.

루워핑뚜이허(罗平多依河)강은 루워핑 현성의 동남쪽 40km되는 곳에 있다. 뚜워짜이(多依寨)마을로부터 계명삼성(鸡鸣三省)의 싼쟝코우(三江口)에 이르는 12km 강줄기에는 뚝뚝 떨어지는 낙차가 있어서 모두 40개의 폭포가 연출되고 있으며, 강의 양 기슭은 자연이 빚어놓은 온갖 예술품의 전시관 같다. 계명삼성(鸡鸣三省)이라 함은 윈난성(云南省)·꾸이쬬우성(贵州省)·광시자치구(广西自治区)의 세 성구(省区)가 맞닿아 있는 곳을 지칭하며, 이곳의 싼쟝코우는 난판쟝(南盘江)·황니허(黄泥河)·뚜워이허(多依河)의 세 강이 만나는 곳을 이르는 것이다.

뚜워이허

"루부거풍경구(鲁布革风景区)" 풍경구의 "루부거(鲁布革)"는 부이족(布依族) 언어이다. "루부거(鲁布革)"의 "루(鲁)"는 "민족"을, "부(布)"는 "맑고 빼어난 산과 물"을, 그리고 "거(革)"는 "마을"을 각각 의미한다. 이로써 "루부거(鲁布革)"는 곧 "산과 물이 맑고 빼어난 부의족의 마을"인 것이다. 20km에 이르는 루부거풍경구는 뚜워이허풍경구와 인접해 있다.

루부거 풍정

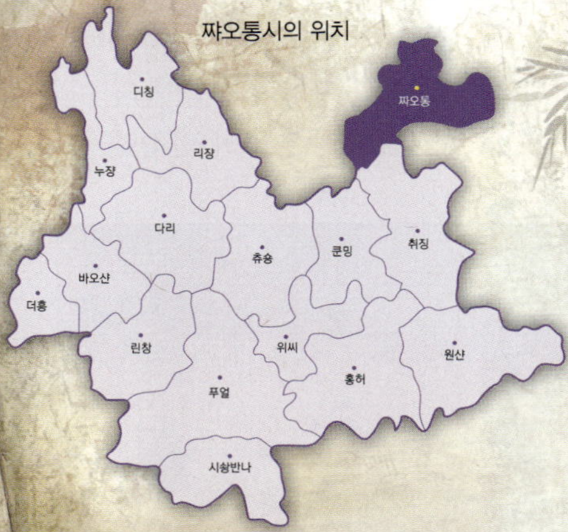

제 16장

쨔오통시
昭通市

쨔오통시는 윈난성의 동북부, 윈난(云南)·꾸이쪼우(贵州)·쓰촨(四川)의 3개 성(省)이 접하는 곳에 위치한다. 쨔오통시는 그 지세가 남고북저(南高北低)이며, 가장 높은 곳의 해발 높이는 4,040m, 가장 낮은 곳은 267m이다. 총면적 2만3,200km² (제주도의 12배)이며, 행정적으로는 1구10현(一区十县)이다. 쨔오양구(昭阳区)와 루디앤(鲁甸)·쨔오쟈(巧家)·앤진(盐津)·따관(大关)·용샨(永善)·수이쟝(绥江)·쩐숑(镇雄)·이량(彝良)·웨이신(围信)·슈이푸(水富)의 현(县)들이 그 것이다.

쨔오통시의 주요 볼거리로는 서부대협곡온천생태원경구(西部大峽谷生态园景区), 양합암풍경구(两合岩风景区), 관두산적조예술(观头山石雕艺术), 천태산용동(天台山溶洞), 대설산원시삼림경구(大雪山原始森林景区), 와석현관(瓦石悬棺) 등이 있다.

서부대협곡온천은 1999년에 개장된, 비교적 신생의 관광지이다. 2만여 평의 산간협곡에 50여 곳의 온천이 솟고 있으며, 수용인원이 5,000여 명이라고 한다. 양합암풍경구는 높이 200m에 폭 20m의 협곡으로 그 길이가 500m정도 된다. 이곳에 높이 80m, 폭 90m의 조불동(朝佛洞) 굴이 있고, 이곳에서 신석기시대의 동물화석이 발굴되기도 하였다. 와석현관은 관(棺)이 깎아지른 절벽에 걸려있는 것인데, 그 자체가 참으로 신비롭기 한량없다.

절벽에 걸려있는 관들

대협곡온천

03부
부록

부록 1.
원난의 주요 볼거리 목록

부록 2.
중국고유명사의 한국어 표기규준

부록 1

윈난의 주요 볼거리 목록

(ㄱ)
가단송짠린스	173
간란빠	206
계족산	98
공룡박물관	226
공샨현성	56
공죽사	245
금전	244

(ㄴ)
난쨔오덕화비	97
난쨔오풍정도	98
납파해	173
녹석림	205
누장대협곡	56

(ㄷ)
다리고성	96
다리풍경명승구	96
다이족원	205
다챠오샨간하이즈	193
대관루	244
대리국경당	244
대보적궁	128
대요백탑	225
동사탑·서사탑	245
동죽림사	174
동파만신원	128
두룽쟝협곡	56
디앤치 호수	244
따멍롱	206

(ㄹ)
라마고원화석지점	226
롱슈왕	84
루부거협곡풍경구	280
루워핑뚜워이허	280
루이리쟝-따잉쟝 풍경명승구	83
루지에후	128
르어하이지질공원	72
리쟝고성	127
리쟝목부	127
리쟝벽화	127
린창대설산	192

(ㅁ)

만각불사	204
만병동탑	205
만완백리장호경구	192
만팅공원	204
만페이롱탑	205
만후이후디에구	206
멍라	206
멍쩐불탑	205
메이리설산	174
묘잠사 금강탑	245
문필탑	266
민족풍정원	204

(ㅂ)

바오샨석두성	128
반나식물원	205
백수대	173
법화사 석굴	246
벽탑해	173
보상사	98
부오난구다오	72
불도사탑	97
비앤마오지에	87
비앤쩐다루워	206
빠오화샨스	265
빠이족박물관	97

(ㅅ)

사자산	226
삼강병류풍경구	56, 174
3월가	97
삼주향	246
서부대협곡온천생태원경구	282
서산풍경구	244
석고진나루터	128
석림	246

석종산석굴	98
세계원예박람원	244
수국사	174
숭성사3탑	97
쌍룡교	266
쌍거리라협곡군	173
씨유샨	262

(ㅇ)

아루구동	266
아이라오샨	266
안탑	225
양합암풍경구	282
앤즈동	266
얼하이	97
얼하이꼰원	97
열대화훼원	204
예썅구	205
오봉루	127
옥봉사	127
옥천공웬	127
옥황각	72
와불사	71
와족원시군거촌락	193
완딩쩐	84
완딩챠으	84
외산고성	98
우라오샨	193
원세조평운남비	70
원시삼림공원	204
원통사	245
위롱설산	127
위옌모우원인유지	226
위옌모우토림	226
윈난민족촌	244
윈난성박물관	244
윈앤타	84

윈워스	265
윈펑샨	72
이콰이비춘	56
이화오	72

(ㅈ)

자계산	156
조계사	245
주성진	98
중심진공당	173
지앤슈이문묘	183
지앤슈이풍경구	265
지에러진타	83
지열화산풍경명승구	52
지유쌍(구향)	246
쮸쟈화원	266
쮸쟝발원지	193

(ㅊ)

창샨	96
창위옌애화	192
챠오양루	266
챵쟝제일만	128
천생교	173

추이후(취호)	245
7선녀	56
취뻬이푸쩌헤이	277
츄숑박물관	226

(ㅌ)

태양력문화원	225
텅총화산군	71
팅밍후	56

(ㅍ)

푸씨앤후	261
푸티스	83
피앤마항영기념관	56

(ㅎ)

허쉰쟈오쌍	72
헤이징구쩐	226
호접천	98
홍성사탑	97
후탸오시아	128
흑룡담	245
희주백족고건축군	98

Close up 된 볼거리

(ㄱ)
가단동쮸린스	182
가단송짠린스	175
간하이즈(sweetmeadow)	140
금마벽계방	253

(ㄴ)
나시구예	145
나파하이호수	177
난쨔오지앤지대종	114
누쟝대협곡	57

(ㄷ)
다리고성	99
다리 3탑	113
더친현성	181
두롱쟝대협곡	61
따리빠이족자치주박물관	111

(ㄹ)
라쉬하이	144
루이리쟝–따잉쟝 풍경명승구	84
루지에후	148
루취앤쟈오즈설산	246
리쟝구청	129

(ㅁ)
마오니유핑, 모우평	141
만페이롱불탑	209
메이리설산	126
무푸	94
미취앤차마고도	100
밍용빙촨	188

(ㅂ)
번즈란	182
부오난구다오, 박남고도	72
비랑샤구 협곡	179
빠이망솥산	187
빠이슈이 타이	180
빠이슈이 허	142

(ㅅ)
3강병류풍경구	66
샨즈도우	142
샹관 과시아관	99
석고진, 쉬구쩐	121
석림	247
세계원여박람원	259
숭성사 3탑	112
쉬위예량	68
시샹반나다이족원	213
시샹반나만팅공원	217
시샹반나열대식물원	211
시샹반나지누워샨쨔이	214
시쪼우딘쥐, 희주민거	109
신화지예	134
쓰팡지예, 사방가	132

(ㅇ)
아이라오샨	273
얼하이 호수	106
예샹구	207
옥하광장	131
완구로우	136
완딩쩐	86
우동관음상	81

위롱쉐샨, 옥룡설산	137
위옌모우원인유적지	227
위옌모우토림	158
위옌양티티앤	271
윈난민족촌	254
윈샨핑, 운삼평	98

(ㅈ)

지앤슈이고성	267
지앤슈이구징	268
지앤슈이앤즈동	270
지앤슈이쮜쟈화위옌	186
지에러따진타	85
지유쌍	251
징홍	206
쪼우청, 주성	110

(ㅊ)

창샨국가급풍경명승구	104
챵쟝디이완, 장강제일만	174

(ㅌ)

텅총화산지열명승구	73
팅밍후호수	65

(ㅍ)

페이라이스	186
풍화설월, 평화쉐위예	101
피앤마쩐	64

(ㅎ)

허쉰챠오썅	79
헤이슈이허	99
헤이징	230
호접천공원	107
후탸오씨아	146
흑룡담	96

부록 2

중국고유명사의 한국어 표기규준

전제 : 한어병음방안(汉语鲭音方案)에 기초를 둠

"한어병음방안"은 라틴어의 자모(字母)를 이용하여 현대 중국어 보통화(普通話)의 음성을 표기하는 방식으로, 중국정부가 1958년에 공포한 것이다. 현재 중국은 표준말이라 할 보통화(普通話)의 보급에 있어서나 사전에서의 발음 표기에 있어서 "한어병음방안"을 채택하고 있으며, 세계 여러 나라들도 중국의 인명 지명등을 표기할때 "한어병음방안"을 기초로하고있다.

표기규준

중국어의 음절은 성모(声母)와 운모(韻母)가 결합하여 이루어진다. 예컨데, "北"의 음절은 "bei"인데, 여기서 b가성모이고, ei가운모이다. 성모는 음절의 처음에 나오는 자음을 가리키고, 운모는 음절에서 성모뒤의 부분을 말한다. 성모와 운모가 결합되어 구성되는 음절의 한국어 표기방법을 다음과같이 한다.

가. 첫 소리가 입술을 맞대어 내는 소리인 경우

성모	운모									
	a	o	e	ai	ei	ao	ou	an	en	ang
b	바	보		바이	베이	바오		반	번	방
p	파	포		파이	페이	파오	포우	판	펀	팡
m	마	모	머	마이	메이	마오	모우	만	먼	망
f	파	포			페이	파오	포우	판	펀	팡

- p와 f가 같은 모양으로 표기 되었으나 영문자의 발음차이와 같음.
- "bo"를 "보"로 표기 하였으나 실제의 발음은 어감상으로 "브오"로 발음되는 느낌이 있음.
- b는 때로는 "ㅃ"으로 발음되기도 하는데, 그런경우 발음을 따라가는 것으로 함.
- 표기예 : 北의 중국어 병음발음은 "bei", 한국어표기는 "베이"
　　　　　白의 중국어 병음발음은 "bai", 한국어표기는 "빠이"

나. 첫 소리가 혀끝과 윗니 뒤쪽이 맞닿아 나는 소리인 경우

성모	운모									
	a	o	e	ai	ei	ao	ou	an	en	ang
d	다		더	다이	데이	다오	도우	단	던	당
t	타		터	타이		타오	토우	탄		탕
n	나		너	나이	네이	나오	노우	난	넌	낭
l	라		러	라이	레이	라오	루우	란		랑

- "de"의 경우 "드어"의 어감이 있음.
- 표기예 : 南의 병음발음은 "nan", 한국어표기는 "난"
　　　　　头의 병음발음은 "tou", 한국어표기는 "토우"
　　　　　德의 병음발음은 "de", 한국어표기는 "더"
- b는 때로는 "ㄸ"으로 발음되기도 하는데, 그런경우 발음을 따라가는 것으로 함.

다. 첫 음이 인후의 여닫음으로 나는 소리인 경우

성모	운모									
	a	o	e	ai	ei	ao	ou	an	en	ang
g	가		거	가이	게이	가오	고우	간	건	강
k	카		커	카이	케이	카오	코우	칸	컨	캉
h	하		허	하이	헤이	하오	호우	한	헌	항

- g는 때로는 "ㄲ"으로 발음되기도 하는데, 그런 경우 발음을 따라가는 것으로 함.
- 표기예 : 高의 병음발음은 "gao", 한국어 표기는 "까오"
  口의 병음발음은 "kou", 한국어 표기는 "코우"

라. 첫 음이 입술을 양옆으로 잡아당긴 상태에서 혀끝과 윗니뒤쪽이 맞닿아 나는 소리인 경우

성모	운 모									
	i	ia	ie	iao	iu	ian	in	iang	ing	iong
j	지	쟈	지에	쟈이	지유	지앤	진	쟝	징	죵
q	치	챠	치에	챠이	치유	치앤	친	챵	칭	촁
x	시	샤	시에	샤이	시유	시앤	신	샹	싱	숑

- 표기예 : 西의 병음발음은 "xi", 한국어 표기는 "시"
  钱의 병음발음은 "qian", 한국어 표기는 "치앤"
  熊의 병음발음은 "xiong", 한국어 표기는 "숑"
- 예컨대, 香(xiong)과 上(shang)에서 둘을 모두 "샹"으로 표기할 경우 구분이 안되므로 "xiong"은 썅(씨앙)으로 표기함.

마. 혀의 형태에 따라 어감이 달라지는 소리의 경우

성모	운 모										
	a	e	-i	ai	ei	ao	ou	an	en	ang	eng	ong
z	짜	쩌	쯔	짜이	쩌이	짜오	쪼우	짠	쩐	짱	쩡	쫑
c	차	처	츠	차이		차오	초우	찬	천	창	청	총
s	사	서	스	사이		사오	소우	산	선	상	성	송
zh	쨔	쪄	쯔		쩌이	쨔오	쪼우	쨘	쩐	찡	쩡	쫑
ch	챠	쳐	츠	챠이		챠오	쵸우	챤	쳔	챵	청	총
sh	샤	셔	스	샤이	셔이	샤오	쇼우	샨	션	샹	성	
r		러	르			라오	로우	란	런	랑	렁	롱

- z c s 는 혀가 윗니뒷면에 닿으면서 단모음으로 발음되나 zh ch sh 는 말아 올린 혀가 입천장에 닿으면서 복모음으로 발음됨. r 역시 zh 등과 같이 혀를 말아 올리는 형태는 같으나 그 발음은 단모음으로 됨.
- "정주(郑州)"의 병음은 "zhengzhou" 이다. 위의 규준대로-면, 우리말 표기로는 "쩡쪼우" 이다. 그런데 이를 "정저우"로 표기하는 경우가 있다. 이와 같이 표기하는 경우 쓰기에 간편함이 있기는 하나 이는 "한어병음방안"의 발음과는 동떨어지므로 이 책에서는 본래의 발음에 충실하게 하기로 한다. 또한 한글표기를 단순화 하기 위하여 "쩡쪼우"로

쓰는 경우가 있는데, 이는 병음 "zengzou"와 발음상으로 혼돈되므로 취하지 않기로 한다.
- "上海"의 병음은 "shanghai"이고, 위의 규준에 따른 우리말 표기는 "샹하이"이다. 그런데 이를 "상하이"로 표기하는 경우가 있다. 이 역시 "한어병음방안"의 발음과는 동떨어지므로 이 책에서는 본래의 발음에 충실하게 하기로 한다.
- s는 때로는 "ㅆ"으로 발음되기도 하는데, 그런 경우 발음을 따라가는 것으로 함.
- 표기예 : 四川의 병음표기는 "sichuan", 한국어 표기는 "쓰촨"

바. 기타

성모	운모									
	u	ua	uo	uai	-ui	uan	un	uang	u	ue	uan	un
d	두		두어		두이	두안	둔					
t	투		투어		투이	투안	툰					
n	누		누어			누안			뉘	네		
l	루		루어			루안	룬		뤼	뤠		
z	쭈		쭈어		쭈이	쭈안	쭌					
c	추		추어		추이	추안	춘					
s	수		수어		수이	수안	순					
zh	쮸	쫘	쮸어	쫘이	쮸이	쮸안	쭌	쫘앙				
ch	츄	차	츄어	차이	츄이	츄안	춘	촹				
sh	슈	솨	슈어	솨이	슈이	슈안	슌	솽				
r	루	롸	루어		루이	루안	룬					
g	구	과	구어	과이	구이	관	군	광				
k	쿠	콰	쿠어	콰이	쿠이	콴	쿤	쾅				
h	후	화	후어	화이	후이	환	훈	황				
j									쥐	줴	쥐앤	쥔
q									취	췌	취앤	췬
x									쉬	쉐	쉬앤	쉰

적용의 한계

- "xiang"과 "xi"의 경우 "썅"과 "샹", "씨"와 "시"로 그 표기가 다를 때가 있는데, 이는 어감에서 비롯되는것임.
- "zhe"과 "ze"의 경우 그 발음표기는 전자는 "ㅉ+ㅕ"로 복모음이고 후자는 "ㅉ+ㅓ"로 단모음이나 관련프로그램 사정상 둘 모두를 단모음 "쩌"로 표기함.

짱워 중국 운남성 관광여행 명소

인쇄 | 2024년 11월 11일
발행 | 2024년 11월 11일

지은이 | 이수헌
발행인 | 이수헌
아트디렉터 | 아트라인
본문디자인 | 아트라인
진행에디터 | 아트라인
펴낸곳 | 도서출판 중우
주소 | 경기도 안양시 만안구 소곡로 20번지 8
전화 | 031-449-7127, 010-5453-0051
팩스 | 031-442-7127
E-mail | shlixx@hanmail.net
찍은곳 | 아트라인플랫폼(02-2269-8316)
등록 | 2006년 4월 28일 제384-2006-000026호

ISBN 979-11-962014-4-9